新訂 吾妻鏡 二

頼朝将軍記 2

文治元年 1185 ～ 文治三年 1187

和泉書院

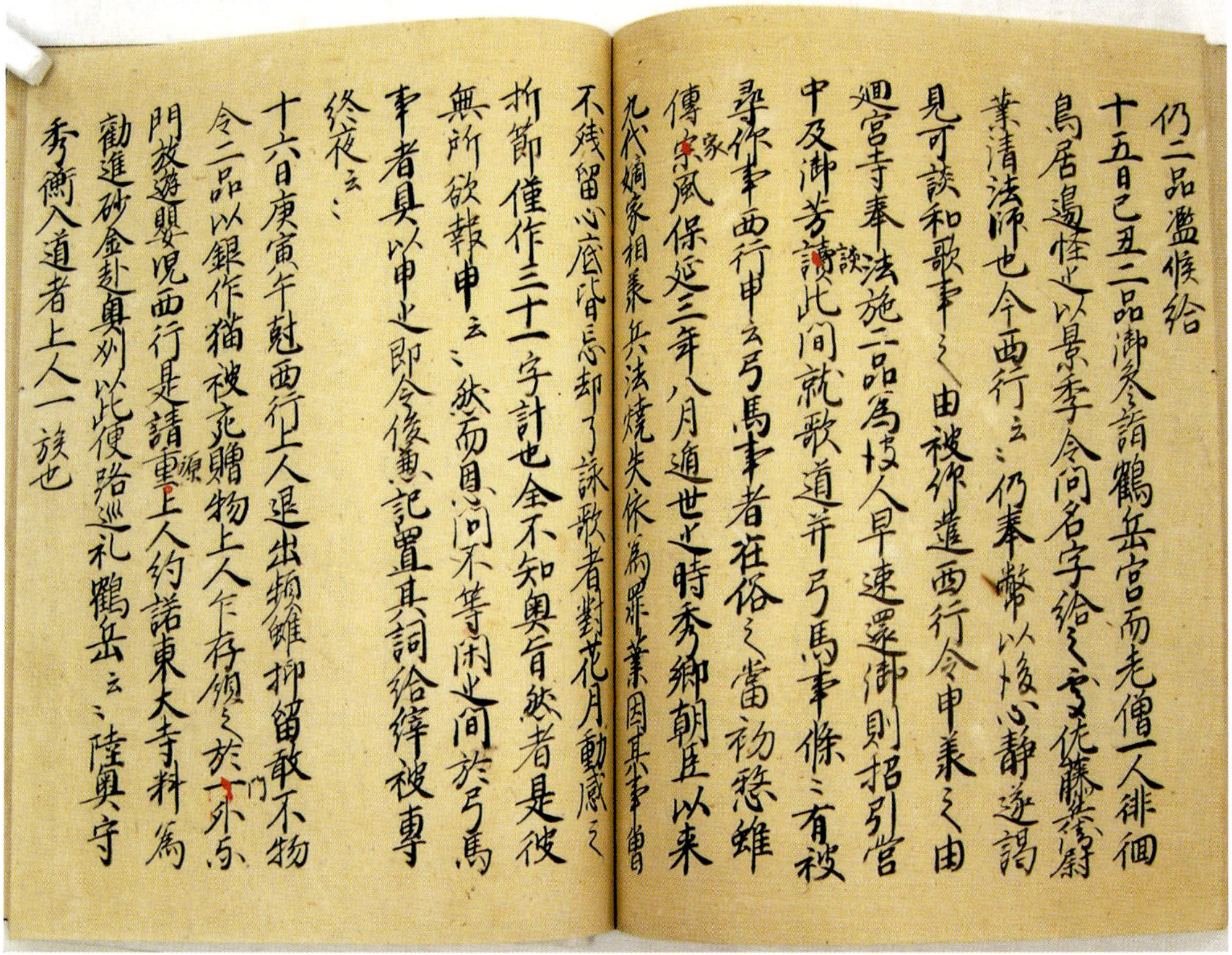

口絵１　吉川史料館（岩国市）所蔵　吾妻鏡　第五（文治２年８月９日～16日）

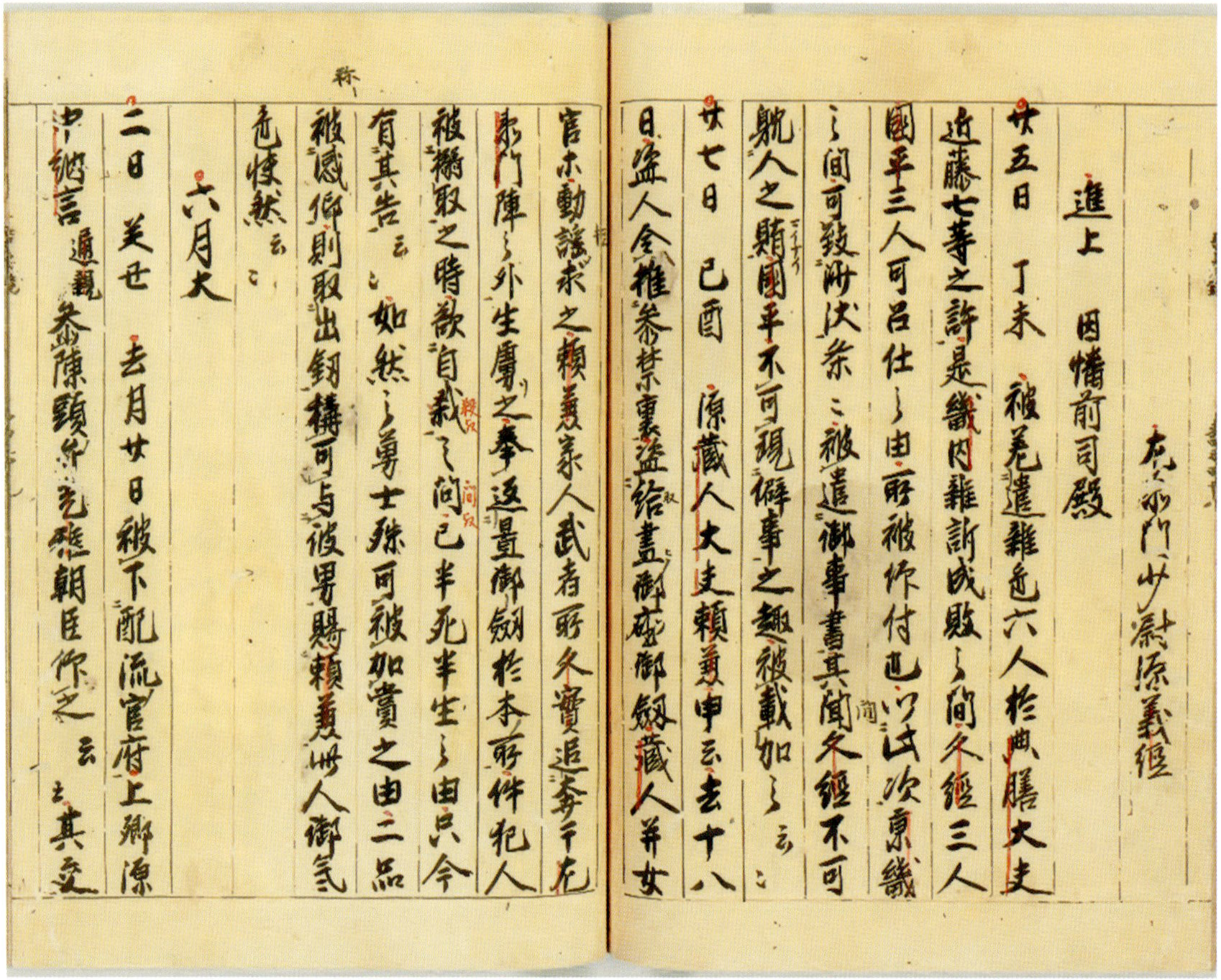

口絵２　国立公文書館所蔵　吾妻鏡　第四（文治元年５月24日～６月２日条）

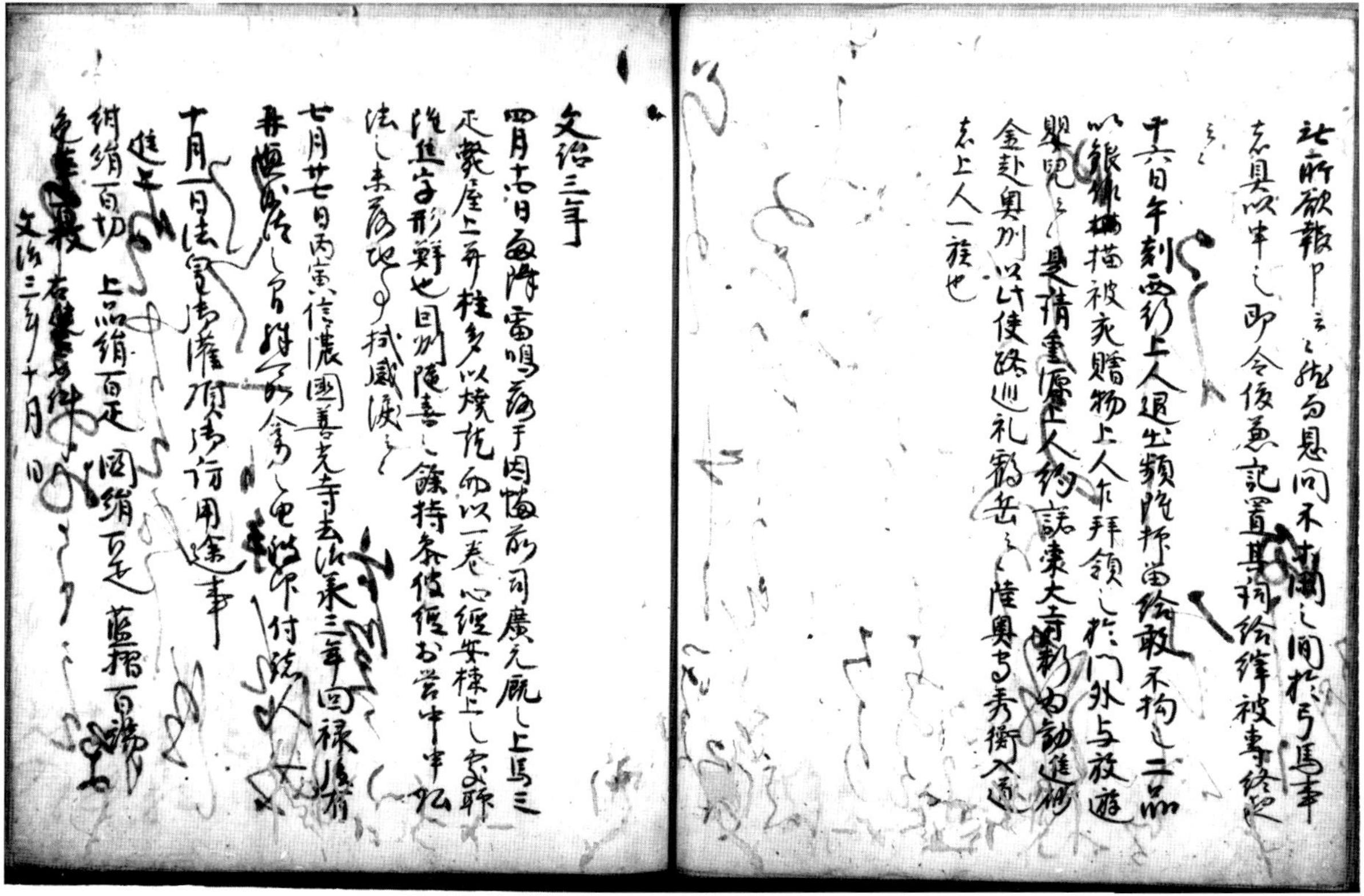

口絵３　宮内庁書陵部所蔵　吾妻鏡抜書（文治２年～３年）

口絵解説

吉川史料館（岩国市）所蔵　吾妻鏡　全四十八冊

大永二年（一五二二）右田弘詮筆。口絵には、第五の六二丁裏・六三丁表にあたる文治二年（一一八六）八月九日～十六日条、西行が登場する記事を中心に掲げた。吉川本に施されている校訂は、誤字の中心や脱字箇所に朱点を打ち、その右傍に正しい文字を書き入れる形をとっている。

国立公文書館所蔵　吾妻鏡　全五十一冊

袋綴装。茶色紙表紙。徳川家康が収集・増補した吾妻鏡で、北条本と呼ばれる。小田原北条氏の旧蔵にちなむ名称であるが、それは伝承に過ぎない。口絵には第四の四八丁裏・四九丁表にあたる文治元年五月二十四日～六月二日条を掲げた。この冊は家康が入手した古い料紙の本で、室町時代後期書写である。北条本には、複数の手による校訂が施されており、この部分にも右傍の朱書や墨書、上部欄外の墨書の校訂が見られる。

宮内庁書陵部所蔵　吾妻鏡抜書　一冊

室町時代後期書写、三条西公条筆か。袋綴装（仮綴）。紺紙表紙。縦二六・七cm、横二二・三cm。楮紙、三七丁（紙背文書有り）。二種類の抜書を合冊したもので、まずは「吾妻鏡〈抜、南都〉」の題がある原表紙の一丁から一七丁表までに、元暦二年（一一八五）三月七日条～文治六年十二月十四条までの四十七日分、東大寺再建や西行・義経に関する記事が写されている。前半の原裏表紙とみられる一八丁を挟んで、「吾妻鏡　寿永三年」の内題をもつ一九丁表からは、寿永三年（一一八四）正月十日条～文治六年十二月十四日条までの五十五日分、朝幕間交渉に関する記事が抄出されている。両者には重複記事もある。前半は巻毎に記されていて、その巻編成は北条本と一致する。口絵には後半部分の二四丁裏・二五丁表にあたる文治二年～三年の記事を掲げた。

目次

口絵　吉川史料館（岩国市）所蔵 吾妻鏡　第五（カラー）
国立公文書館所蔵　吾妻鏡　第四（カラー）
宮内庁書陵部所蔵　吾妻鏡抜書
口絵解説

例　言

吾妻鏡第四
文治元年（元暦二年）……三

吾妻鏡第五
文治二年……一二九

例言

一、本書『吾妻鏡』は、鎌倉幕府によって編纂された歴史書で、治承四年（一一八〇）より文永三年（一二六六）の記事を有する。後世『東鑑』の称も用いられたが、本書では古くから用いられている『吾妻鏡』の名称を用いた。

一、本書の原本は伝来しておらず、すべて写本・刊本の形で伝来している。諸本中善本と思われる吉川史料館（岩国市）所蔵『吾妻鏡』（吉川本）を底本とし、国立公文書館所蔵『吾妻鏡』（北条本、略号㋭）、東京大学史料編纂所所蔵『東鑑』（島津本、略号㋛）、明治大学中央図書館所蔵『東鑑』（毛利本、略号㋲）を以て対校し、必要に応じて別に掲げる他の本を対校に用いた。なお、吉川本に存しない記事は、他の本を底本とし、その旨を示した。

一、本冊には、文治元年（一一八五）から文治三年までの記事を収め、末尾には人名索引を付した。

一、本冊においては、上記の吉川本、北条本（第四～第七）・島津本（第四～第七）・毛利本（第四～第七）のほか、宮内庁書陵部所蔵『吾妻鏡抜書』（三条西本、略号㋚）、前田育徳会尊経閣文庫所蔵『文治以来記録』（略号㋞）に含まれる記事については、これを対校本に用いた。三条西本・文治以来記録に含まれる記事の年月日は以下の通りである。

三条西本　文治元年三月七日条、同年六月二十二日・二十三日条（部分）、文治二年正月二十一日条（部分）、同年二月二十七日（部分）、同年三月六日（部分）・十四日・二十四日条（部分）、同年四月八日・十三日（部分）・二十日条（部分）、同年五月十八日条、同年閏七月二十九日条、

同年八月十五日・十六日条、文治三年三月四日・八日条、同年四月十四日・二十三日・二十七日条・十月一日（部分）・九日条

文治以来記録　文治三年八月四日・十五日条、同年十月二日条

一、底本の丁替りは、各丁表裏の終わりに当たる箇所に」を付して示し、且つ次の表裏の初めに当たる部分の行頭に、丁付け及び表裏を（1オ）（1ウ）の如く表示した。

一、底本ならびに対校本に用いられている文字は、原則として常用漢字体に改めた。ただし、常用漢字にないもの、あるいは慣用的に正字体・俗字体を用いている歴史用語等についてはその限りでない。文書や和歌に用いられている仮名表記は字母によらず、現行の平仮名の字体に改めた。いわゆる合略文字も通常の仮名表記に改めた。

一、校訂に当たって、本文中に読点（、）と並列点（・）を加えた。

一、尊敬を表す闕字はこれを省略した。

一、外題・別筆等の範囲は「」を以て示した。

一、朱書は『』を以て括った。朱の抹消符を用いて本文の文字を抹消している場合は、本文の右傍に『〻』を付した。また文字を摺り消して抹消している箇所はその部分に（摺消）と注記した。

一、本文の文字が重ね書きされており、下の文字が判読可能な場合は、下の文字を左傍に「（×之）」の如く示した。上の文字と下の文字の大きさが異なり、下の文字が小書の場合は「（×〈鞍馬〉）」と示した。

一、底本の脱落を他の本で補う場合には、〔 〕を以て囲んで本文中に入れ、その傍らに補入に用いた写本の略号を付した。私見による場合は、略号を付していない。

一、校訂者の加えた文字には、すべて〔 〕（ ）を付し、或いは○を冠して本文と区別しうるようにした。二種

類の括弧のうち、前者は本文の校訂の注に用い、後者はそれ以外の参考または説明のための注に用いた。校訂に際しては、対校本による場合は、写本の略号を付し、私見による場合には略号を付していない。私見による校訂には、仮名本である八戸市立図書館所蔵『東鏡』（南部本）を参考にした場合もある。大書・小書・細字の違いは、例えば、底本の大書の「清盛」を北条本によって小書に改める必要がある場合には、「〔清盛㋭小書〕」、同じく底本の小書を私見により大書に改める必要がある場合には「〔清盛〇大書〕」の如く示した。また、本文の表記等については、説明を要すると判断した場合には、その日の記事の末尾に○を以て説明を加えた。

一、引用文書や交名の書き出し位置は適宜改めた場合がある。

一、人名・地名等は、原則として、毎月その初出の箇所に傍注を施して、読者の便宜に供した。

一、上部欄外には、本文中の主要な事項、その他を標記した。

一、下部欄外には、本文中に〔 〕を以て示した以外の諸本間の文字の異同を示した。対校本の抹消文字には、朱墨の別によらず、×を付し、追記文字については、墨書は「 」、朱書は『 』で括って示した。追筆による挿入符を用いた挿入は「・之」、同じく朱書による挿入符を用いた挿入は『・之』の如く表記した。追記文字を抹消している場合は追記文字を括って示した後に（抹消）と記した。底本と文字の大きさが著しく異なる場合には、該当部分の文字を示し、底本における通常の大きさの文字を対校本が小書している場合には（小書）、底本における注記の小書部分を通常の大きさの文字で記している場合には（大書）と表記して示した。底本の掲出部分を含めて小書き部分を〈 〉に入れた場合もある。引用の省略箇所は「…」を用いて示した。対校本にその文字がない場合は、ナシと記し、その部分が空いている場合には、アキと記した。また、破損により文字が判読できない場合は、（破損）と記した。対校本に付されている振り仮名、送り仮名、返り点などは省略した。

一、翻刻および口絵写真の掲載に際しては、公益財団法人吉川報效会吉川史料館、独立行政法人国立公文書館、宮内庁書陵部の特別なご高配を得た。特に記して謝意を表したい。

一、本書は、平成二十五年度日本学術振興会科学研究費補助金（奨励研究）「近世大名家における中世テキストの利用と享受に関する研究」（研究代表者髙橋秀樹）、及び平成二十五年度・同二十六年度東京大学史料編纂所一般共同研究「島津家本吾妻鏡の基礎的研究」（研究代表者髙橋秀樹）の成果を含んでいる。

新訂吾妻鏡　二

頼朝将軍記2

文治元年（一一八五）
〜文治三年（一一八七）

（表紙題簽）「吾妻鏡第四」

（1オ）吾妻鏡第四

乙巳　元暦二年　八月十四日改元、

文治元年

」

（1ウ）

」

源頼朝鶴岡八幡宮に参詣す

法華経供養

（2オ）元暦二年乙巳八月十四日為文治元年、

正月大

一日、乙酉、卯刻武衛（源頼朝）御水干、御参鶴岡宮、被奉神馬二匹、黒鹿毛、山上太郎高光・小林次郎重弘等引之、次法華経供養、導師別当法眼尊暁（円カ）也、供養之後、被引御布施、裏物二、右馬助以（橘）広取之、

六日、庚寅、為追討平家在西海之東士等、無船粮絶而失合戦術之由、

刻㋭㋛㋲剋
岡㋭㋛㋲岳
匹㋭㋛㋲疋
華㋭花
術之㋛之術

源範頼の飛脚鎌倉に到着す

武士の本国に逃げ帰るを訴う

雑色に御状を持たせ鎮西に下し遣わす

有其聞之間、日来有沙汰、用意船可送兵粮米之旨、所被仰付東国也、以其趣欲被仰遣西海之処、参河守範頼（源）去年九月二日出京、赴西海、去年十一月十四日（2ウ）飛脚」今日参着、兵粮闕乏間、軍士等不一揆、各恋本国、過半者欲逃帰云々、其外鎮西条々被申之、又被所望乗馬云々、就此申状、聊雖散御不審、[猶]㋭㋛㋲被下[遣]㋭㋛㋲雑色定遠・信方・宗光等、但定遠・信方者在京、自京都可相具之旨、被仰含于宗光、々々帯委細御書、是於鎮西可有沙汰条々也、其状云、

源頼朝書状

平家に奪わるる事を恐れ馬を遣わさず

十一月十四日御文正月六日到来、今日従是脚力を立とし候つるほとに、此脚力到来、仰遣たるむね委承候畢、筑紫の事なとか従さらんとこそ、思事にて候へ、物騒しからすして、能々閑に沙汰し給へし、か」（3オ）まへて〳〵国の者ともににくまれすしておわすへし、馬事、実にさ候事にてはあれ共、平家は常に京城伺ふ事にてあれは、若をのつから道にて被押取なとしたらむ事、聞にも見苦しき事にてあら

帰云々㋭㋛㋲帰云云　馬云々㋭㋛馬云云

自京㋭㋛㋲ナシ

従是㋭㋛㋲自是　ほと㋭㋛㋲程　従さらん㋭㋛㋲従はさらん　思㋭㋛㋲おもふ　閑に㋭㋛㋲国に　沙汰し給㋭㋛㋲沙汰給　者とも㋭㋛㋲者共　おわす㋭㋛㋲おはす　実㋭㋛㋲誠　さ候㋭㋛㋲さるへき　れ共㋭㋛㋲れとも　京城伺ふ㋭㋛㋲傾城うかゝふ　若㋭㋛㋲もし　らむ事㋭㋛㋲らん事は　聞にも㋭㋛聞耳も　あらむ㋭㋛㋲あらん

安徳天皇平時子等に危害を加えずに迎え取るように命ず

平宗盛の生け取りを命ず

むすれは、つかはさぬなり、又内藤六（盛家）か周防の遠石をさまたけ候な
る、以外事也、当時は国の者の心を破らぬ様なる事こそ、吉事にて
あらむすれ、又八島に御座す大やけ（安徳天皇）幷に二位殿（平時子）・女房たちなと、少
もあやまちあしさまなる事なくて、向へ取申させ給へし、かくとた
にも披露せられは、二位殿なとは、大やけ」くしまいらせて、向さ
まにおはする事もあらむ、大方は帝王の御事、今に始ぬ事なれ共、
木曾（源義仲）は山の宮（明雲カ）・鳥羽の四宮（円恵法親王）討奉せて、冥加つきて失にき、平家又三（以仁王）
条高倉宮討奉て、か様にうせんとする事なり、されは能々した丶め
て、敵をもらさすして、閑に可被沙汰なり、内府（平宗盛）は極て憶病におは
する人なれは、自害なとはよもせられし、生取に取て京へくして上
へし、さて世の末にも言伝てあらは、いま少吉事也、返々此大やけ
の御事おほつかなき事なり、いかにも〳〵して、事なきやうにさた
せ」させ給へし、大勢共にも、此由を吉〳〵仰含られ候へし、穴

（3ウ）

（4オ）

文治元年（元暦二年）正月

なり㋭㋛㋲也
遠石㋭とをいし㋛㋲
をいをいしを
候なる㋭㋛㋲候
国㋛㋲くに
あらむすれ㋭㋛㋲あらんすれ
八島に御座す㋭㋛㋲八島御座
向へ取㋛むかへ取㋲むかへとり
あらむ㋭有らん㋛㋲あらん
大方㋛㋲大かた
今に㋭㋛㋲いまに
れ共㋭㋛㋲れとも
山の㋭㋛㋲やまの
事なり㋭㋛㋲事也
沙汰なり㋭㋛沙汰也
おはする㋭㋛㋲おはせる
末㋭㋛㋲すゑ
事なり㋭㋛㋲事也
給へし㋲給ふへし
此由㋛㋲此よし
吉㋭㋛㋲よく

九州の者に憎まれぬ行動を求む

油断せず準備するように命ず

二月十日に関東より船を派遣す

賢々、さては侍共に構〳〵心々ならすして有へきよし、能々被仰
へし、構〳〵、筑紫の者共ににくまれぬやうに、ふるまいせ給へ
し、坂東の勢をは大将〔大将㋭㋛㋲ナシ〕『こゝ』むねとして、筑紫の者ともをもて、八島をは
責させて不忩やうに、閑に沙汰候へし、敵はよわくなりたると、人
の申さんに付て、敵あなつらせ給事、返々有へからす、構〳〵敵を
もらさぬ支度をして、能々したゝめて、事を切せ給へし、猶々
返々、大やけの御事、々なき様に沙汰せさせ給へきなり、二月十日
（4ウ）
の比には、一定船をは」上するなり、さては佐々木三郎（盛綱）筑紫へは下
さかりたるによて、下して備前児島をは責落たる也、構て〳〵、い
かにも物騒しからすして、閑に軍しおほすへし、侍共の事、是によ
り彼によりなとして、さゝやき事なとして、人に見うとまれ給へか
らす、又路々の間、なくなりたるなと、京より方々にうたへ申せ
共、さほとの大勢の草粮料にて上らさりしかは、争かはさなくて有

構〳〵心㋭構て心
構〳〵㋭㋛㋲構ゝて
者共㋭㋛㋲者とも
むね㋭㋛㋲むね
筑紫㋛㋲つくし
者とも㋭者共
八島㋲八島『島イ』
責㋛㋲せめ
不忩㋭㋛㋲不念
よわく㋭㋛㋲よはく
なりたる㋭㋛㋲なり
たり
申さん㋭㋲申さむ

々なき様㋭㋛㋲こと
なきやう
へきなり㋭㋛へき也
十日の比㋭㋛㋲十日
之比
なり㋭㋛㋲也
さては㋭㋛㋲ナシ
備前児島㋭㋛㋲備前
の児島
たる也㋛㋲たるなり
構て〳〵㋭㋛㋲構々
て
軍し㋭軍〳〵
彼に㋭㋛㋲かれに
事なと㋭㋛㋲なと
申せ共㋭㋛㋲申せと
も
草粮料にて㋭㋛㋲軍
粮料候て

源頼朝書状

九州に於る狼藉を戒む

へきと思也、坂東にも其後別事もなし、少も騒事候はす、委は此雑
色に仰含候ぬ、恐々、
（5オ）
千葉介（常胤）ことに軍にも高名しにけり、大事にせ」られ候へし、
正月六日
蒲殿
国の者なと、をのつから落まうてくる事あらは、もてなして、よ
にく〳〵糸惜せさせ給へし、豊後の船たにもあらは、安事なり、四国
をは船少々あらは、自是もせめよと云也、東国の船は、二月十日の
比に、国を立て上するなり、猶々も筑紫の事、能々したゝめて、物
（5ウ）
さはかしからす、事なき様に沙汰せらるへし、又侍共の」さ様に
心々にてあんなる、返々以外也、実に其条さそあるらむ、又方々よ
り、われか事をは、訴あひたれとも、人のとかくいわんに、全よる
文治元年（元暦二年）正月

思也㋭㋛㋲おもふなり
しにけり㋭しけり
をのつ㋭㋛㋲おのつ
糸惜㋭糸惜「く」
給へし㋭㋛㋲給ふへし
安事なり㋭やすき事
也㋛㋲やすき事なり
東国の船㋭㋛㋲東国の舟
比に㋭ころに
するなり㋭㋛㋲する
也
能々㋭㋛㋲よく〳〵
事なき様㋭㋲ことなきやう㋛なきやう
せらるへし㋭㋛㋲せられ候へし
あんなる㋛㋲あむなる
あるらむ㋭㋛㋲あるらん
いわん㋭㋛㋲いはむ

小山の重用を求む

九州の武士を動員して四国を攻めるように命ず

（6オ）

へからす、実に能たにもふるまはれは、それそ吉事、又人いはすと
も、そせんなくおはせんするそ、以外者事にて有へき、又小山の者
共、いつれをもことに糸惜しくし給へし、穴賢々々、従是行たる者
は、われをおもはゝ、当時所知所領をしらすとも、さ様の論をすへ
き様なし、件のさまたけ止させ給へく候、当時は構〱国の者をす
かして吉様にはからはせ給へ、筑紫の者にて、四国」をは責させ給
へく候、此使は雑色宗光・定遠・信方三人遣也、信方・定遠は京に
あるを下也、宗光そ国より上する、委事は宗光か持たる文に申たる
なり、万能々計沙汰すへし、穴賢々々、

正月六日

参川守殿　御返事、

重仰、

御下文一枚進候、国者共に見せさせ」給㋭㋛㋲へく候、わうわく法師の事

実に㋭㋛㋲誠に
吉事㋭よき事「なり」
㋛㋲よき事
いはす㋭㋛㋲云す
そせん㋭㋛㋲そせむ
以外者事㋭㋛㋲以外事
いつれをも㋭㋛㋲いつれも
ことに㋭㋛㋲殊に
しくし給へし㋭㋛㋲し給へし
従是㋭㋛㋲自是
おもはゝ㋭思は、
しらすとも㋭㋛㋲しらす候とも
さ様㋭さやう
給へく㋭㋛㋲給ふへく
構〱㋭㋛㋲構々て
吉様に㋭㋛㋲よき様に
あるを㋭㋛㋲有を
下也㋛㋲下なり
持たる㋭㋛㋲もちたる
万㋭㋛㋲よろつ
計沙汰㋭計「せ」沙汰

参川守㋭㋛㋲参河守

一枚㋭㋛㋲一まい
進候㋭㋛㋲進し候
国者㋭㋛㋲国の者

甲斐国の者の内加々美長清の重用を命ず

九州の御家人に下文を遣わす

源頼朝下文

範頼の下知に随い平家を追討すべき事を命ず

用させ」給へからす候、穴賢々々、甲斐の殿原の中に、いさわ(信光)殿・
か丶美殿ことに糸惜しくし申させ給へく候、か丶美太郎(光朝)殿は次郎(長清)殿
の兄」にて御座候へとも、平家に付、又木曾に付て、心ふせんにつ（6ウ）
かひたりし人にて候へは、所知なと奉へきには及はぬ人にて候也、
只次郎殿をいとをしくして、其をはく丶みて候へきなり、
又御下文一通被遣于九国御家人中、其状云、
下　鎮西九国住人等、
　可早為鎌倉殿御家人且安堵本所且随三川守下知同心合力追討朝敵
　平家事、
右、仰彼国々之輩、可追討朝敵之由、院宣先畢、仍鎌倉殿御代官両(源
範頼・同義経)人上洛之処、参河守向九国、以九郎判官所被遣」四国也、爰平家縦（7オ）
雖在四国、雖着九国、各且守院宣旨、且随参河守下知、令同心合
力、可追討件賊徒也者、九国官兵宜承知、不日全勲功之賞矣、以
文治元年（元暦二年）正月

中に㋭㋛㋲中には
か丶美㋭㋛㋲か丶み
糸惜㋭㋛㋲いとを
へく候㋲へし
か丶美㋭㋛㋲か丶み
次郎㋭㋛㋲二郎
候へとも㋭候へ共
ふせん㋭㋲ふせむ
つかひ㋭つかい
候也㋭候なり
只次郎㋭㋛㋲た丶二郎
其を㋭是を㋛㋲これを
はく丶みて㋭㋛㋲はく丶み
候へきなり㋭㋛㋲候へき也
三川守㋭㋛㋲参河守
且随㋭㋛㋲随
官兵㋲守兵

下、

元暦二年正月日

前右兵衛佐源朝臣

範頼赤間関に到るも兵粮乗船無く逗留す

十二日、丙申、参州自周防国到赤間関、為攻平家、自其所欲渡海之処、粮絶無船、不慮之逗留及数日、東国之輩頗有退屈之意、多恋本国、如和田小太郎義盛猶潜擬帰参鎌倉、何況於其外族乎、而豊後国住人臼杵次郎惟隆・同弟緒方三郎惟栄者志在源家之由、兼以風」聞之間、

豊後国住人与力の風聞により豊後国より博多津を責めんと議定す

（7ウ）

召船於彼兄弟、渡豊後国、可責入博多津（筑前国）之旨有議定、仍今日三川守帰周防国云々、

範頼周防国に戻る

頼朝御台所を伴い粟浜明神に参詣す

廿一日、乙巳、武衛依御宿願参粟浜（相模国）明神給、御台所（北条時政女）同令伴給[云々]㋭㋲、

先日鴨御祖社に寄進せし出雲国安来郷を冬季御神楽料所と為す

廿二日、丙午、以出雲国安楽〔来〕郷先日令寄附于鴨祖神領給畢、而可為冬季御神楽料所之旨被仰遣、広元（中原）施行之、

臼杵惟隆緒方惟栄兵船を献ず

廿六日、庚戌、惟隆・惟栄等含参州之命献八十二艘兵船、亦周防国住

周防国㋭㋛㋲周防
猶㋭×於「猶」
次郎㋭㋛㋲二郎　在㋭㋛㋲ナシ
博㋭転「博」　議㋭㋛㋲儀　三川守㋭㋛㋲参州
国云々㋭㋛国云云
給云々㋛給云云
安楽㋭㋛㋲安東　祖㋭祖『社歟』㋛㋲社　畢㋭㋛㋲訖

範頼豊後国に渡る

渡海者交名

人宇佐那木上七遠隆献兵粮米、依之参州解纜、渡豊後国云々、　那㋭㋛㋲郡

（8オ）同時進渡之輩、

北条小四郎（義時）　足利蔵人義兼

小山兵衛尉朝政　同五郎宗政

同七郎朝光　武田兵衛尉有義

斉院〔斎㋭㋛㋲〕次官親能（中原）　千葉介常胤

同平次常秀　下河辺庄司行平

同四郎政能　浅沼四郎広綱　浅沼㋭浅×治「沼」広綱㋭㋛㋲広縄

三浦介義澄　同平六義村

八田武者知家　同大〔太㋭㋛㋲〕郎知重

葛西三郎清重　渋谷庄司重国

同二郎高重　比企藤内朝宗

同藤四郎能員　和田小太郎義盛　同藤四郎㋭㋛㋲比企藤四郎

同三郎宗実　　同四郎義胤
大多和三〔二カ〕郎義成　　安西三郎景益
同大〔太㋭㋛㋲〕郎明景　　大河戸太郎広行
同三郎（行元）　　中条藤次家長
加藤次景廉　　工藤一﨟祐経
同三郎祐茂　　天野藤内遠景
一品房昌寛　　土佐房昌俊
小野寺太郎道綱」

常胤景廉行平の功

（8ウ）此中常胤者不為事衰老、凌風波進渡焉、景廉者忘病身相従矣、行平者粮尽而雖失度、投甲冑買取小船、最前棹、人怪之、〔云㋭㋛㋲〕着甲冑令参大将軍船、全身可向戦場歟云々、行平云、於身命者本自不為惜之、然者雖不着甲冑、乗于自身進退之船、先登欲任意云々、将帥解纜、爰三州曰、周防国者西隣宰府、東近洛陽、自此所通子細於京都与関東、可廻計略

土佐㋭㋛㋲土左
焉㋭㋛㋲ナシ
怪之着㋭怪云「・不シテ」着
軍船㋭㋛㋲軍御船
歟云々㋛歟云云
意云々㋛意云云
三州㋭三州「河イ」

範頼の命により三浦義澄周防国に留まる

之由有武衛兼日之命、然者留有勢精兵、欲令守当国、可差誰人哉[者]㋭㋛㋲、常胤計申云、義澄為精兵、亦多勢者也、早可被仰云々、仍被示

（9オ）

其旨於義澄之処、義澄辞申云、懸意於先」登之処、徒留此地者以何立功哉云々、然而ｏ「撰」勇敢被留置之由、所命及再三之間、義澄結陣於防州云々、

○㋭㋛㋲は二十二日条の「施行之」の下に「二十六日、庚戌」以下をつなげて記す。底本は「北条小四郎」以下の人名を「同時進渡之輩」につなげて記すが、㋭㋛㋲により二段組で示した。

之由㋛由　差㋭×着「差」
哉云々㋛哉云云　撰勇㋭㋛㋲撰勇
州云々㋛州云云

範頼豊後国に渡り葦屋浦に於て原田種直等と合戦す

二月小

一日、乙卯、参州(源範頼)渡豊後国、北条小四郎(義時)・下河辺庄司(行平)・渋谷庄司(重国)・品河三郎(清実)等令先登、而今日於葦屋浦太宰少貳種直(原田)・子息賀摩兵衛尉(種益)等引随兵相逢之挑戦、行平・重国等廻懸射之、彼輩雖攻戦、為重国被討訖、行平誅美気三郎敦種云々、

太宰㋭大宰
討訖㋭㋛㋲射畢
種云々㋛種云云

中原久経近藤国平使節として上洛す

五日、己未、典膳大夫中原久経・近藤七国平為使節上洛、先々雖為使節、他人相努、今度〔替㋭㋛㋲〕（9ウ）治定云々、是追討平氏之間、寄事於兵粮、散」在武士於畿内近国所々致狼藉之由有諸人愁訴、仍雖不被相待平家滅亡、且為被停止彼狼藉、所被差遣也、先相鎮中国近辺之十一箇国、次可至九国、悉以経奏聞、可随院宣、此一事之外、不可交私之沙汰之由被定仰云々、今両人雖非指大名、久経者故左典廐（源義朝）御時殊有功、又携文筆云々、国平者勇士也、有廉直誉之間、如此云々、依仰各可致憲法沙汰之趣、進起請文云々、

院宣に随い武士の狼藉を停止す

久経国平の経歴

十二日、丙寅、武衛（源頼朝）令赴伊豆国給、是為建立伽藍、於狩野山日来被求材木、仍為濫〔監㋭㋛㋲〕臨之也、

頼朝寺院建立のため伊豆国に赴く

（10オ）十三日、丁卯、為平家追討御祈禱、於鶴岡宝前召聚」鎌倉中僧徒、被転読大般若経、京都又被始行廿壇之秘法云々、今日伊沢五郎（信光）書状自鎮西到着于武衛御旅館、其詞云、為廻平家追討計、雖入長門国、彼国飢饉依無粮、猶欲引退于安芸国、又欲攻九州之処、無乗船之間、不進戦

平家追討のため鶴岡八幡宮に於て大般若経を転読し京都に於て秘法を修す

伊沢信光の書状鎮西より到着す

兵粮無き事等を報ず

定云々㋛定云云
諸人愁訴㋭㋛㋲諸人之愁緒
彼狼藉㋭㋛㋲彼狼唳
箇国㋭㋘国
九国㋭㋛㋲九国四国
私之沙汰㋭㋛㋲私沙汰
筆云々㋛筆云云
此云々㋛此云云
文云々㋛文云云
祈禱㋭㋛㋲祈請
召聚㋭㋛㋲聚
始行㋭㋛㋲行
法云々㋛法云云

頼朝四国に渡り平家と戦う事を命ず

範頼の飛脚伊豆国に到着す

頼朝書状を遣わし範頼等を励ます

源義経摂津国より讃岐国に向け進発す
高階泰経義経の出陣を諫む

之由云々、即御返事云、依無粮、退長門之条、只今不相向敵者、有何事哉、攻九国事当時不[可]〔㋭㋛㋲〕然歟、先渡四国、与平家可遂合戦云々、

十四日、戊辰、参州日来在周防国之時、武衛被仰遣云、令談于土肥次(実平)郎・梶原平三(景時)、可召九国勢、就之善〔若㋭㋛㋲〕見帰伏之形勢者、可入九州、不(10ウ)然者、与鎮西不可好合戦、直渡四国、可攻平家者、而今参州欲赴九国、無船而不進、適雖渡長門国、粮尽之間、又引退周防国、〔訖㋭㋛㋲〕、『〻』軍士等漸有変意不一揆之由被歎申之、其飛脚今日参着伊豆国、仍今度不遂合戦、令帰洛者有何眉目哉、遣粮之程令堪忍可相待之、平家之出故郷在旅泊、猶励軍帳「旅」『〻』之儲、況為追討使盍抽勇敢志乎之由、被遣御書於参州并御家人等中云々、

(11オ)
十六日、庚午、関東軍兵為追討平氏赴讃岐国、廷尉(源)義経為先陣今日酉刻解纜、大蔵卿(高階)泰経朝臣称可見彼行粧、自昨日到廷尉旅館、而卿諫之〔云㋭㋛㋲〕、泰経雖不知兵法、推量之所覃、為大将軍者、未必競一陣歟、先可

由云々㋛由云云
戦云々㋛戦云云
次郎㋭㋛㋲二郎
而不㋭㋛㋲与不
軍帳㋭㋛㋲軍帳
志㋭㋛㋲思
中云々㋛中云云
刻㋭㋛㋲剋

被遣次将哉者、廷尉云、殊有存念、於一陣欲棄命云々、則以進発、尤可謂精兵歟、平家者館〔結㋭㋛㋲〕陣於両所、前内府〔平宗盛〕以讃岐国屋島為城墎、新中納言知盛〔平〕〔知盛㋭小書〕相具九国官兵、固門司関、以彦島定営、相待追討使云々、

今日武衛歴覧山沢之間、於藍沢原付参州廻〔アキマヽ〕季重被遣御書、又被下御書於北条小四郎殿・斉〔斎㋛㋲〕院次官〔中原親能〕・比企藤内〔朝宗〕・同藤四郎〔能員〕等、是征平家之［間］〔㋭㋛㋲〕、各可同心之由也、」

○底本は「今日武衛」以下を前行につなげて記す。㋭㋛㋲により改行して示した。

(11ウ) 十八日、壬申、廷尉昨日自渡部〔摂津国〕欲渡海之処、暴風俄起、舟船多破損、士卒船等一艘而不解纜、爰廷尉云、朝敵追討使暫時逗留、可有其恐、不可顧風波之難云々、仍丑刻先出舟五艘、卯刻着阿波国桂〔椿㋭㋛㋲〕浦、常行程三ケ日也、則率百五十余騎上陸、召当国住人近藤七親家、為仕承発向屋島、於路次桂浦攻桜庭介良遠散位成良〔粟田〕弟、［之］〔㋭㋛㋲〕処、良遠辞城逐電云々、入夜武衛自伊

平宗盛屋島に城郭を構え同知盛彦島に陣す

頼朝山沢を歴覧す

北条義時等に書状を遣わす

昨日暴風により義経の士卒等出船せず

義経五艘のみにて出船し阿波国椿浦に着き屋島に向かう

桂浦に於て桜庭良遠を攻む

命云々㋛命云云
内府㋭内符
城墎㋭㋛㋲城郭
使云々㋛使云云
廻　季㋭㋛㋲廻季
之由㋭㋛㋲由
日㋛目
難云々㋛難云云
丑刻㋭㋛㋲丑剋
卯刻㋭㋛㋲卯剋
桂浦㋭椿「勝」浦
上陸㋭上×陛「陸」
藤七㋭藤七「六歟」
伊豆㋭㋛㋲豆州

頼朝伊豆国より鎌倉に還御す
勝長寿院事始
頼朝御台所渡御す
熊野社領の両荘を湛快女子に安堵す
女子の前夫行快源家に好有るにより左右無く下知す
義経屋島内裏の向浦に到り民屋を焼き払う

豆還着鎌倉給云々、

十九日、癸酉、南御堂事始也、武衛香御水干、駕鴾毛「御」㋭㋛㋲馬、渡御其所、御堂地南山麓構仮屋、御台所（北条時政女）同入御、為今日儀覧也、〔覧今日儀也㋭㋛㋲〕申刻匠等賜禄、被引御馬云々、（12オ）其後熊野山領参河「国」㋭㋛㋲竹谷・蒲形両庄事、有其沙汰、当庄根本者、開発領主散位俊成奉寄彼山之間、別当湛快令領掌之、譲附女子、件女子始為行快僧都之妻、後嫁前薩摩守平忠度朝臣、忠度於一谷被誅戮之後、為没官領武衛令拝領給之地也、而領主女子令懇望于本夫行快云、早愁申子細於関東、可令安堵件両庄、若然者、可譲未来於行快子息、女子「腹㋭㋲云々」、就此契約、行快僧都自熊野差進使者、僧栄坊、〔増㋭㋛㋲〕所言上也、謂行快者行範一男、為六条廷尉禅門為義（源）、外孫、於源家其好已異他、仍自本被重之処、此愁訴出来之間、無左右加下知給、且又御敬神之故云々、

（12ウ）又廷尉義経、昨日終夜越阿波国与讃岐之境中山、今日辰刻到于屋島内

給云々㋛給云云
申刻㋭㋛㋲申剋
匠等㋭「・番」匠等
馬云々㋛馬云云
件女子㋭㋛㋲ナシ
拝領㋭拝「・領」
腹云々㋛腹云云
自本被重㋭㋛㋲本自重
下知㋭㋲下地
故云々㋭㋲故也云々
㋛故也云云
辰刻㋭㋛㋲辰剋

安徳天皇宗盛等海上に逃る

裏之向浦、焼払牟礼・高松民屋、依之先帝（安徳天皇）令出内裏御、前内府又相卒〔率〕一族（㋭㋲）等浮海上、廷尉着赤地錦直垂、紅下濃鎧、駕黒馬、相具田代冠者信綱・金子十郎家忠・同余一近則・伊勢三郎義盛等、馳向汀、平家又棹船、互発矢石、此間

佐藤継信等内裏を焼き払う

佐藤三郎兵衛尉継信・同四郎兵衛尉忠信・後藤兵衛尉実基・同養子新兵衛尉基清等焼失内裏幷内府休幕以下舎宅、黒烟聳天、白日蔽光、于

平家との合戦により継信射取らる　義経継信を葬し僧に秘蔵の名馬を与う

時越中二郎兵衛尉盛継（平）・上総五郎兵衛尉忠光（藤原）平氏家人、等下自船而陣宮門（13オ）前合戦之間、廷尉家人継信被射取畢、廷尉太悲歎、屈〔嘱㋭㋛㋲〕一口衲衣葬」千株松本、以秘蔵名馬号大夫黒、元院御厩御馬也、行幸供奉時、自仙洞（後白河法皇）給之、毎向戦場駕之、賜件僧、是撫戦士之計也、莫不美談云々、

住吉社神主上洛し鳴鏑の霊験を奏聞す

同日住吉神主津守長盛参洛、経奏聞称、去十六日当社行恒例御神楽之間、及子刻鳴鏑出自第三神殿、指西方行云々、此間奉仕追討御祈、霊験掲焉者歟、

○底本は「又廷尉…」を前行につなげて記す。㋭㋛㋲により改行して示した。

志度合戦

廿一日、乙亥、平家籠于讃岐国志度道場、廷尉引八十騎兵、追到彼

民屋㋭氏『民歟』屋
垂㋛乗
義盛㋭㋛㋲能盛
汀㋭河「汀」
棹船㋭㋛抑船㋲（アキ）船
互㋲牙
佐藤㋭㋛㋲左藤
舎宅㋭㋛㋲舎屋
黒烟㋭㋛黒煙
太㋭㋛㋲大
衲衣㋭衲「僧」衣
談云々㋛談云云
称㋭㋛㋲アキ
子刻㋭㋛㋲子剋
行云々㋛行云云

河野通信義経に加わる
熊野別当源氏合力の由京都に風聞す
梶原景時以下屋島に到着す
平家追討のため賀茂社に於て御神楽を行う
加藤景員頼朝に息景廉の状を献ず
頼朝感涙を拭いながら書状を覧る

所、平氏家人田内左衛門尉（成直）帰伏廷尉、亦河野四郎通信粧三十艘之兵船参加矣、義経主既渡阿波国、熊野別当湛増為合力源氏同渡之由、今日風聞洛中云々、

（13ウ）
廿二日、丙子、梶原平三景時以下東士、以百四十余艘着屋島」礒云々、

廿七日、辛巳、入夜為追討御祈於賀茂社被行御神楽、有宮人曲云々、

廿九日、癸未、加藤五（景員）入道参宮中、披置一封状於御前、不事問落涙数行、小時申云、愚息景廉為参州御共下向鎮西、而去月自周防国欲令渡豊後国給之刻、景廉沈重病、然而乗病身於一葉之船、猶為御共之由申送之、則此状也、凡奉為君臨戦場、入万死数、於今者亦被侵病、殆難免死歟、再不合眼者、老耄存命甚無所拠云々、武衛乍拭御感涙、覧景（14オ）廉之状、和字、其趣常可」候御坐右之旨、兼日雖奉厳命、臨天下重事之時、猶不可留[之]《㋭㋛㋲》由思定候間〔之㋭㋛㋲〕、愁以赴西海之処、病痾已及危急、縦雖墜命、為国敵被討[之]《㋭㋛㋲》由、可被思食候歟之趣、可披露者、

帰伏㋭㋛㋲帰伏于
河野㋭×阿「河」野
通信㋭「・通」信
加矣㋛加〈矣〉
中云々㋛中云云
礒云々㋛磯云云㋲磯云々
曲云々㋛曲云云
加藤五㋭㋛㋲加藤五郎
披置㋭㋛㋲被置
参州㋭㋛㋲三州
刻㋭×列「刻」
拠云々㋛拠云云
御坐㋭㋛㋲御座
已㋭㋛㋲也
思食候㋭㋛㋲思食准

西国の飛脚参着し鎌倉騒動す

去夜の渋谷重国の飛脚原田種直討滅を報ず

内蔵寮領山城国精進御薗の領掌を信親に下知す

源義仲妹美濃国より上洛す

姦曲の輩不知行所を寄進し押妨す

頼朝この女を物狂の女房と呼び濫吹停止を命ず

三月大

一日、甲申、入夜西国飛脚参着、合戦事歟之由成推量之間、鎌倉中諸人馳参云々、

二日、乙酉、去夜飛脚者渋谷庄司重国之使也、云〔去㋭㋛㋲〕正月参州（源範頼）自周防国被渡豊後国之時、最前渡海、討種直（原田）之由申之、今日内蔵寮領山城国精進御薗事、止給人景清」妨、可令刑部丞信親領掌之旨、武衛（源頼朝）直令下知給云々、

（14ウ）

三日、丙戌、有左馬頭義仲（源）朝臣妹公（菊）、是先日武衛・御台所（北条時政女）有御猶子[之]㋭㋛㋲契、而自美濃国一村有御志間、在国、上洛、募御息女之威、在京[之]㋭㋛㋲間、姦曲之輩多以属之、捧往日棄捐古文書、寄附不知行所々於件姫公之後、又称其使節、押妨権門庄園等、此事当時人庶之所愁也、既達関東御遠聞之間、号之物狂女房、且停止[彼]㋭㋛㋲濫吹、且可搦進相順族之由、今日被

参云々㋛参云云

之時㋭㋛㋲ナシ

薗㋛㋲園

給云々㋛給云云

濃国㋭㋛㋲濃

志間㋲聞『間』

棄捐㋭棄指×『措歟』「捐」

庄園㋭㋛㋲庄公

憐愍により関東参向を内々に命ず

仰遣近藤七国平幷在京畿御家人等之許、但於御一族之中姦濫人相交之
(15オ)
条、依恥世謗給、於御書之面雖被載物狂之由、潜有憐愍」御志、可参
向関東之趣内々被諌仰云々、

頼朝在洛武士の狼藉を聞き後白河院に弁明す

四日、丁亥、為鎮畿内近国狼戻、以典膳大夫久経(中原)・近藤七国平為御
使、被差遣之、然而猶在洛武士現狼藉之由、依令聞及給、為散叡疑之
恐、被言上其子細云々、

源頼朝書状

武士之上洛候事者、為令追討朝敵候也、朝敵不候「者㋭㋛㋲、武士又不可
令上洛」、武士又不令上洛者、不可致狼藉候歟、而敵人隔海之間、
于今不遂追討、経廻之武士、国々庄々、無四度計事其聞多候、仍被
追討以後、可令沙汰直之由、雖存思給候、於近国者、且為令糺定、
(15ウ)
使者二人所令上洛候也、其以前不覚者候、只守院宣、相」副御使、
為廻行許候、不可然「者㋭㋛㋲」令進退候者、定似自由之沙汰候歟、募頼朝
威武士濫妨事、令停止候之許也、子細勒状、「給」使者候畢、以此旨可

幷在京畿㋭㋲幷京畿内㋛〈幷〉京畿内
之由㋭×之×由㋛㋲ナシ

仰云々㋛仰云云

戻㋭㋛㋲唳

之然㋭㋛已訖㋲已『之歟』訖
狼藉㋭狼籍

細云々㋛細云云

四度計㋭四『支歟』度
解㋛㋲支度解
被追討㋭㋛㋲追討
沙汰直㋭㋛㋲沙汰
於近国者㋭㋛㋲近国者
且為令㋭㋛㋲為令

許㋭×許「計」㋛㋲計
不可然㋭㋛㋲不然

勒状㋭㋛㋲勤状
使者㋭㋛㋲給使者

令中沙汰[給](ホ)(モ)候、恐々謹言、

三月四日　　頼朝

謹上　藤（定能）中納言殿

頼朝加藤景廉の療養帰参を範頼に命ず

六日、己丑、景廉（加藤）所労事、武衛御歎息殊甚、仍景廉病痾事、尤可加療養、平愈之後者早可帰参之由可被示付之趣、被献御書於三州、亦被遣

景廉に御書御馬を送り病を見舞う

（16オ）慇懃御書於景廉、被訪仰病悩事、剰被引送御馬御厩小鴾毛、（大庭）景茂〔義(ホ)(シ)(モ)〕進、一疋、」駕之可参之〔云々(ホ)(モ)〕、因幡前司（中原広元）奉行之、

頼朝東大寺に書状を遣わし重源に奉加物を送る

七日、庚寅、東大寺修造事、殊可抽丹誠之由、武衛被遣御書於南都衆徒中、又被送奉加物於大勧進重源聖人歟〔訖(ホ)(シ)(モ)(サ)〕、所謂八木一万石・砂金一千両・上絹一千疋云々、

源頼朝書状

御書云、

東大寺事、

右当寺者、被滅〔破(ホ)(シ)(モ)(サ)〕平家之乱逆、遂逢回禄之厄難、仏像為灰燼、僧徒及

三州(ホ)(シ)(モ)参州　参之(シ)参云云　庚寅(サ)ナシ　疋云々(シ)疋云云　御書云(サ)御書

没亡、積悪之至比類惟少之者歟、殊以所歎思給也、於今者、如旧令
遂修復造営、可被奉「祈」㋭㋛㋲㋚鎮護国家也、世縦雖及澆季、君猶令施舜徳
者、王法仏法共以繁昌「候」㋭㋛㋲㋚歟、御沙汰之条、法皇(後白河)定思食知御歟、然
而如」当時者、朝敵追討之間、依無他事、若令遅々御歟、且又当寺
事、可致丁寧之由、所令相存「候」㋭㋛㋲也、仍勒状如件、

三月七日　　　　前右兵衛佐源朝臣

(16ウ)

○底本及び㋚は「御書云」を前行につなげて記す。㋭㋛㋲により改行して示した。

没亡㋭没已「亡」
惟少㋭㋛㋲㋚少
復㋭複「復歟」
造営㋭造×栄「営」
澆季㋭×繞「澆」季㋚
繞季
猶㋭㋛㋲於
知御歟㋭㋛㋲㋚知候
歟
朝敵㋚朝家
々御歟㋭㋛㋲㋚々候
歟
当寺事㋚当時事
勒状㋭㋛㋲勤状

義経の飛脚西国より参着し阿波国への渡海屋島合戦等を報ず

八日、辛卯、源廷尉義経、飛脚自西国参着、申云、去十七日僅卒〔率㋭㋛㋲〕百五十騎、凌暴風、自渡部(摂津国)解纜、翌日卯刻着于阿波国、則遂合戦、平家従兵或被誅、或逃亡、仍十九日廷尉被向屋島(讃岐国)訖、此使不待其左右馳参、而於幡〔播〕磨国顧後之処、屋島方黒烟聳天、合戦已畢、内裏以下焼亡無其疑云々、

去㋭㋛㋲去月
卯刻㋭㋛㋲卯剋
烟㋭㋲煙

範頼西海より書状を献じ豊後国への渡海等を報ず

熊野別当追討使として九州に遣わされん事を聞き範頼これを愁う

頼朝範頼に返事を遣わし熊野別当の渡海を否定す常胤の重用を求む

北条義時等に御書を遣わし功を讃う

（17オ）
九日、壬辰、参河守自西海被献状云、就為平家之在所」近々、相構着豊後国之処、民庶悉逃亡之間、兵粮無其術、和田太〔太㋭㋛㋲〕郎（義盛）兄弟（宗実・義胤）・大多和次郎（義成）・工藤一臈（祐経）以下侍数輩推而欲帰参之間、抂抑留之、相伴渡海畢、猶可被加御旨歟、次熊野別当湛増依廷尉門級〔引 汲㋭㋛㋲〕、承追討使、去比渡讃岐国、今又[可]㋭㋛㋲入九国之由有其聞、四国事者義経奉之、九州事者範頼奉之処、更又被抽如然之輩者、匪啻失身之面目、已似無他之勇士、人之所思尤為恥云々、

十一日、甲午、被遣参州御返報、湛増渡海事無其実[之]㋭㋛㋲由被載之、又自関東所被指〔差㋭㋛㋲〕遣之御家人等皆悉可被憐愍、就中千葉介常胤不顧老骨堪（17ウ）忍旅泊之条、」殊神妙、抜傍輩可被賞翫者歟、凡於常胤大功者、生涯更不可尽報謝之由云々、[又]㋭㋛㋲北条小四郎殿（義時）幷小山小四郎朝政・同五郎宗政・斉〔斎㋛㋲〕院次官親能（中原）・葛西三郎清重・加藤次景廉・工藤一臈祐経・宇佐美三郎祐茂・天野藤内遠景・新田四郎忠常・比企藤内朝宗・同藤四郎

逃㋛焼

無其術㋭㋛㋲依無其術

次郎㋭㋛㋲二郎

一臈㋭一藤「臈」

恥云々㋛恥云云

更㋭×東『×不×審』「更」

輩者㋭㋛㋲輩

憐㋲鄰「憐」

旅㋭×様「旅」

者歟㋭㋛㋲者

由云々㋛由云云

幷㋛（小書）

加藤次㋭㋛㋲加藤二

美㋛三

能員、以上十二人中被遣慇懃御書、各在西海、殊抽大功之故也、令同

以上㋲以下

心渡豊後国神妙趣、所在御感也、伊豆・駿河等国御家人同可承存此旨之由云々、

由云々㋛由云云

兵粮米を積み伊豆停泊の兵船に出航を命ず

十二日、乙未、為征罰平氏、兵船三十二艘日来浮于伊豆国鯉名奥幷妻

妻良㋭㋛㋲妻郎津

(18オ)

良、被納兵粮米、仍早可解纜之由被仰」下、俊兼（藤原）奉行之、

藤原親光上道のため過書を範頼に遣わす

十三日、丙申、対馬守親光（藤原）者武衛御外戚也、在任之間、為平氏被襲之

在任㋭在任『住歟』

由、依有其聞、可迎取之旨、今日被仰遣参河守之許、剰作過書、所被

仰遣㋭㋛㋲仰送

遣也、

源頼朝下文

下　西海・山陽道諸国御家人、

可令早無事煩勘過対馬前司

上道事、

右、彼対馬前司自任国所被上道也、[諸国]㋭㋛㋲路次之間、無事煩、無狼

任国㋭㋛㋲住国

藉、可令勘過之状、所仰如件、以下、

文治元年（元暦二年）三月

元暦二年三月十三日

前右兵衛佐源朝臣」

○底本は下文の事書部分をつなげて記す。㋭㋛㋲により改行して示した。

範頼に御書を遣わし神器無為帰還の配慮を求む

（18ウ）十四日、丁酉、雨〔南㋭㋛㋲〕鬼窪小四郎行親為使節下向鎮西、被遣御書於参州、是追討可廻遠慮事、賢所幷宝物等無為可奉返入事等、被載之云々、

賢㋭賢「×内×竪」㋛アキ㋲『・賢』　之云々㋛之云云

勝長寿院の木屋より匠地に墜つ所願仏意に叶うによりその身に煩い無し

十八日、辛丑、於南御堂匠一人字観能乎者誤而自木屋上落[地]㋭㋛㋲、然而其身無殊煩、諸人成奇異之思、是真実御所願叶仏意之故、此男不及死悶、始終有恃之由、武衛御自愛再三云々、

匠㋭「・番」匠㋲『・番』匠　字観能乎者㋭㋛㋲〈字歓能（アキ）者〉　三云々㋛三云云

義経甚雨により壇浦発向を延引す

廿一日、甲辰、甚雨、廷尉為攻平氏、欲[発]㋭㋛㋲向壇浦之処、依雨延引、

周防国在庁船所船を献ず義経船所を鎌倉殿の御家人と為す

爰周防国在庁船所五郎正利、依為当国舟船奉行、献数十艘之間、義経（19オ）朝臣与書於正利、可為鎌倉」殿御家人之由云々、

之由云々㋛之由云云

義経壇浦に向け出航す

廿二日、乙巳、廷尉促数十艘兵船、差壇浦解纜云々、自昨日聚乗船廻

促㋭役「促歟」㋲役　纜云々㋛纜云云

義澄大島津に参会す

計云々、三浦介義澄聞此事、参会于当国大島津、廷尉曰、汝已見門司

義経義澄に先登を命ず
平家彦島より出船し田之浦に陣す
壇浦合戦
平氏敗れ時子安徳天皇海底に没す
建礼門院按察局守貞存命す
平教盛以下入水す
宗盛清宗生け捕らる
神鏡神変を顕す
神鏡の由来

関者也、今可謂案内者、然者可先登者、義澄受命、進到于壇浦奥津
辺、去平家陣卅余町也、于時平家聞之、棹船出彦島、過赤間関在田之浦云々、
廿四日、丁未、於長門国赤間関壇[浦]㋭㋛㋲海上、源平相逢、各隔三町、漕
向舟船、平家五百余艘分三手、以山峨兵藤次秀遠幷松浦党等為大将
軍、挑戦源氏之将帥、及午剋平氏終敗傾、二品（平時子）禅尼持宝剣、按察局奉
（19ウ）抱先帝（安徳天皇）春秋八歳、」共以没海底、建礼門院（平徳子）藤重御衣、入水御之処、渡部党源五馬（番）
允以熊手奉取之、按察〔大納言㋭㋛㋲ナシ〕大納言局同存命、但先帝終不令浮御、若宮（守貞）今上兄、（後鳥
羽天皇）者御存命云々、前中納言（平）教盛、号門脇、入水、前参議（平）経盛、出戦場、至陸地出
家、立還又沈波底、新三位中将（平）資盛、・前少将（平）有盛朝臣等同没水、前内
府（平）宗盛、・右衛門督（平）清宗、等者為伊勢三郎義盛被生虜、其後軍士[等]㋭㋛㋲乱
入御船、或者欲奉開賢所、于時両眼忽暗而神心惘然、〔平㋭㋛㋲〕亜大納言時忠、
加制止之間、彼等退去歟〔訖㋭㋛㋲〕、是尊神別体、朝家惣持也、神武天皇第十代
崇神天皇御宇、恐神威、同殿被奉鋳改云々、〔後脱〕朱雀院御宇長暦年中、内

然者㋭㋛㋲ナシ　壇浦㋭㋛㋲壇浜
田之浦云々㋭田×浜「浦」云々㋛田浦云云㋲田浦云々
漕㋭㋛㋲艚
峨㋛城㋲×峨「城」　幷㋛（小書）　大将軍㋭㋛㋲将軍
挑戦㋭㋛㋲挑戦于
重㋲×重「壺」
命云々㋛命云云
衛門督㋭衛『・門』督　義盛㋭㋛㋲能盛
惣㋛㋲捴
改云々㋛改云云

琳猷土佐国より鎌倉に参る

琳猷源希義の墓所を造り没後を弔う

希義の鬢髪を首に懸けて参向す

頼朝対面す

頼朝の申請により豊後国住人に恩賞を約する院庁下文の案文鎌倉に到着す

後白河院庁下文

（20オ）裏焼亡之」時、円規［已］㋭㋛㋲雖虧、平治逆乱之時者、令移師仲（源）卿之袖給、其後奉入［新造］㋭㋛㋲櫃、献送、為蔵人頭民部卿資長（藤原）沙汰云々、［澆㋭㋛㋲季之今、猶顕神変、可仰、可恃焉］、

廿七日、庚戌、土佐国介良庄住侶琳猷（猷㋭㋛㋲）上人参上于関東、是有功［于］㋭㋛㋲源家者也、去寿永元年武衛兄弟（舎㋭㋛㋲）土佐冠者希義（源）於彼国為蓮池権守家綱被討取之時、欲曝死骸於遐邇、爰土人之中、自雖有尋忠（存㋭㋛㋲）之輩、怖平家後聞、不及葬礼沙汰、而此上人以往日師檀、墳田郷内点墓所、訪没後未怠、又取幽霊鬢髪、今度則懸頸所参向也、属走湯山住僧良覚、申子細（20ウ）之間、武衛有御対面、以上人」之光臨用亡魂再来之由、被尽芳讃云々、

廿九日、壬子、平氏追討事、武衛依被申、為令励軍旅之功、被下庁御下文於豊後国住人等之中、是雖為先日事、彼案文今日［所］㋭㋛㋲到来関東也、

院庁下　豊後国住人某等

裏㋛㋲裡
其後…沙汰云々㋭㋛㋲（小書）
献送為蔵人頭㋭㋛㋲ナシ
卿㋭×可「卿」
資㋭×盗「資」
沙汰云々㋭㋛㋲為蔵人頭沙汰之
澆㋭×繞「澆」
焉㋛（小書）
土佐国㋭㋲土左国
住侶㋭「・住」侶
檀㋭㋛壇
墳㋭埴㋛垣㋲埴『恒イ』
点㋭×黙「点」
鬢㋲鬓
属㋭㋛㋲属于
来之由㋭㋛㋲来由
讃云々㋛讃云云
某㋭㋛㋲（小書）

可弥専征伐遂勲功期勧賞事、

右、平家謀叛党類往反四国辺島、蔑爾朝憲之間、鎮西辺民多入焉〔烏ホシモ〕合之群、令致狼唳之企、而当国軍兵等堅守王法不与凶醜、遂艤数船迎取官軍、可令服従九国輩之由有其聞、殊以叡感弥増、鋭兵可令討滅彼凶」徒也、［各］（ホシモ）随其勲功、依請可有賞賜也、当国大名等宜承知、勿令違越者、所仰如件、故下、

元暦二年二月二日

（21オ）

入モ人『入イ』　堅守ホ堅「・守」　凶ホシモ兇　其聞ホ『其』聞

○ホシモは「所仰如件」で改行し、次行に「故下」を記す。

義経去夜平家討滅を京都に報じ今日傷死生虜交名を後白河院に奉る長門国に勅使を派遣し神器の無為帰還を義経に命ず

四月小

四日、丁巳、平家悉以討滅之由、去夜源廷尉義経、使馳申京都、今日又以源兵衛尉弘綱註傷死・生虜之交名奉仙洞（後白河法皇）云々、

洞云々シ洞云云

五日、戊午、大夫尉信盛（藤原）為勅使赴長門国、征伐已顕武威、大功之至殊

勝長寿院立柱頼朝監臨す

義経頼朝に合戦記を進め壇浦合戦を報ず

合戦記

所感思食也、又宝物等無為可奉入之由、依被仰義経朝臣也、

（21ウ）十一日、甲子、未刻南御堂柱立也、武衛（源頼朝）監臨給、此間西海飛」脚参、申平氏討滅之由、廷尉進一巻記、中原信泰書之云々、是去月廿四［日］㋭㋛㋲於長門国赤間関海上浮八百四十余艘兵船、平氏又艚向五百余艘合戦、午刻逆党［敗北］㋭㋛㋲、

一、先帝（安徳天皇）没海底御、

入海人々、

二位尼上（平時子）

門脇中納言教盛（平）〔教盛㋭㋛㋲小書〕　新中納言知盛（平）〔知盛㋭㋛㋲小書〕

平宰相経盛（平）〔経盛㋭㋛㋲小書〕先出家歟、　新三位中将資盛（平）〔資盛㋭㋛㋲小書〕

小松小将〔少㋭㋛㋲〕有盛（平）　左馬頭行盛（平）

一、若宮（守貞）幷建礼門院（平徳子）無為奉取之、

生虜人々

感思食㋭㋲思食
被仰㋭被『・仰』
未刻㋭㋛㋲未剋
巻記㋛巻訖
之云々㋛之云云
艚㋭×艙「艚」
午刻㋭㋛㋲午剋
人々㋲人云々
生虜㋭㋛㋲一生虜

（22オ）

前内大臣（平宗盛）　平大納言時忠〔時忠㋭㋛㋲小書〕
右衛門督清宗（平）〔清宗㋭㋛㋲小書〕　前内蔵頭」信基（平）被疵、
左中将時実（平）同上、　兵部少輔平明（尹㋭）（藤原）
内府子息六歳童字副将丸、
此外
美濃前司則清（源）　民部大夫成良（粟田）
源大夫判官季貞　摂津判官盛澄（平）
飛驒左衛門尉経景（藤原）　後藤内左衛門尉信康
右馬允家村
女房
師典侍（藤原領子）〔帥㋭㋛㋲〕先帝御乳母、　大納言典侍（藤原輔子）重衡（平）卿妻、
帥局（平時信女）二品妹、　按察局奉抱先帝雖入海存命、

前内蔵頭信基㋲『前内蔵頭信基』
信基㋭（小書）
被疵㋲ナシ
左中将…平明㋛ナシ
左中将時実㋲『左中将時実』
時実㋭（小書）
同上㋲『被疵』
兵部少輔平明㋲『兵部少輔尹明』
童㋭㋛㋲童形
丸㋭㋛㋲ナシ
民部大夫成良㋲『民部大夫成良』

二品妹㋛（大書）
抱㋭把
雖㋲×雖『雖』
入海㋭㋛入水㋲人水

藤原邦通合戦記を読み申す

頼朝合戦記を取り鶴岡八幡宮の方に向かい座す御所に帰り合戦の子細を使者に尋ぬ

平家滅亡後の西海の沙汰に就き群議す

僧

僧都全真　律師忠快」

法眼能円　法眼行明熊野別当、

為宗分交名且如此、此外男女生取事追可注申、又内侍所・神璽雖御坐、宝剣紛失、愚慮[之]㋭㋛㋲所覃奉捜求之、

（22ウ）

藤判官代(邦通)跪御前、読申此記、因幡守(中原広元)并俊兼(藤原)・筑前三郎(惟宗孝尚)等候其砌、武衛則取之、自令巻持之給、向鶴岡方令坐給、不能被発御詞、柱立・上棟等事終、匠等賜禄、漸令還営中給之後、召使者、合戦間事具被尋下之云々、

○底本は人名をつなげて記すが、㋭㋛㋲により二段で示した。ただし、㋲は「美濃前司則清」で改行している。

十二日、乙丑、平氏滅亡之後、於西海可有沙汰条々、今日被[経]㋭㋛㋲群議云々、参河守(源範頼)暫住九州、没官領以下事可令尋沙汰之、廷尉相具生虜等

此外㋭㋛㋲々外
雖㋭㋛㋲ナシ

代㋲伐

岡㋭㋛㋲岳

之云々㋛之云云

条々㋭条×之「々」
議云々㋛議云云

参河守㋭㋛㋲参州

武蔵国威光寺院主寺領の押領を訴うにより返付を命ず

泰経の使者鎌倉に参着し後白河院の意を伝う

波多野経家鎮西より帰参す

御前に召し合戦の子細を問う

頼朝関東御家人の任官を難じ下文を遣わす

（23オ）
可上洛之由被定云々、則雑色時沢（浜）」・里長等為飛脚赴鎮西云々、

十三日、丙寅、武蔵国威光寺院主長栄懇（祈㋭㋛㋲）行日夜不怠、然平家滅亡畢、有御感沙汰之処、為小山太（太㋭㋛㋲）郎有高被押領寺領之由、捧去年九月所給御下文、所訴申也、仍今日被経沙汰、帯御下文之上者、失其功成濫妨非能治之計、如元可返付之由、因幡守広元依加下知、主計允行政（藤原）・右馬允遠光（〔元〕）（足立）・甲斐小四郎秋家（大中臣）・判官代邦通・筑前三郎孝尚等連署云々、

十四日、丁卯、大蔵卿泰経（高階）朝臣使者参着関東、追討無為、偏依兵法之
（23ウ）
巧也、叡感少彙之由可申之趣、所被」院宣也者、武衛殊謹悦給云々、

今日波多野四郎経家号大友、自鎮西帰参、是斉（斎㋛㋲）院次官親能（中原）之舅也、則召御前、令問西国合（海㋭㋛㋲）戦間々（々㋭㋛㋲ナシ）事給云々、

十五日、戊辰、関東御家人、不蒙内挙、無功幾（兮）多以拝任衛府・所司等官、各殊（殊㋭㋛㋲）奇怪之由被遣御下文於彼輩之中、件名字載一紙而被注加其不可云々、

定云々㋛定云云　里長㋭㋲重長　西云々㋛西云云

者㋭㋛㋲ナシ

下知㋭下知×下×知

代㋲伐　署云々㋛署云云

巧㋛功㋲巧「功イ」　少彙㋭×少「×尹」×景「少彙」　悦給云々㋛悦給云云

事給云々㋛事給云云

幾㋭㋛㋲号

而㋭㋛㋲面々

可云々㋛可云云

源頼朝下文

下　東国侍内任官輩中、
可令停止下向本国各在京勤仕陣直公役事、
副下　交名注文壹通、
(24オ)
右、任官之習、或以上日之労賜御給、或以私物償朝家之」御大事、各浴朝恩事也、而東国輩徒抑留庄薗年貢、掠取国進官物、不募成功、自由拝任、官途之陵遅已在斯、偏令停止任官者、無成功之便者歟、不云先官・当職、於任官輩者永停城外之思、在京可令勤仕陳〔陣〕役、〔㋭㋛㋲〕已厠朝烈、何令籠居哉、若違令下向墨俣以東者、[且]㋭㋛㋲各被召本領、且又可令申行斬罪之状如件、
元暦二年四月十五日

東国住人任官輩交名

東国住人任官輩事、
鎌倉殿[ハ]㋭悪主也、木曾〔源義仲〕ハ吉主也ト申テ、始文〔父㋭㋛㋲〕、相具親昵[等]㋭㋛㋲、令参木曾殿ヌ〔メン㋭㋛㋲〕シト申テ、鎌倉殿ニ祗候セハ、[終ニハ]㋭㋛㋲落人ト給云々〔給云々㋭㋛〕被処ナムトテ〔㋲ナシ〕候シハ、何ニ令忘却歟、希有悪兵衛尉哉、
兵衛尉義廉

壹㋭㋛㋲一
償㋭×儐「償」
薗㋛㋲園
国進官物㋭㋛㋲国衙進官
官途㋭官×運「途」
烈㋛㋲列
俣㋲役
被召㋭㋛㋲改召
殿ハ㋲殿『ハ』
曾ハ㋛曾㋲曾『ハ』
也ト㋛也
申テ㋭「・申シテ」㋛
申㋲申シテ
殿ニ㋭㋛㋲殿
希有㋛希有ノ

兵衛尉忠信（佐藤）
秀景〔衡㋭㋛㋲〕之郎等令拝任衛府事、自往昔未有、計涯分、被坐ヨカシ、其気
ニテヤラン、是ハ猫ニヲツル、（藤原）」

兵衛尉重経
御勘当ハ粗被免ニキ、然者可令帰付本領之処、今ハ本領ニ［ハ］㋭㋛㋲不被
付、カシ、〔申シ㋭㋛㋲〕

渋谷馬允（重助）
父（重国）在国也、而付平家令経廻［之］㋭㋛㋲間、木曾以大勢攻入［之］㋭㋛㋲時、討木曾〔付㋭㋛〕
留ヌ、判官殿御入京シ時又前参、〔落㋭㋛㋲〕度々合戦ニ心ハ甲ニテ有ハ、免
前々御勘当可被召仕之処、衛府シテ被斬頸スルハ、イカニ能用意シ
テ語于加治、頸玉ヲ厚ク頸ニ可巻金也、

小河右馬允
少々御勘当免テ、可有御糸惜之由思食之処、色様
不吉、何料任官ヤラン、

兵衛尉基清（後藤）
目ハ鼠眼ニテ只可候之処、
任官希有也、

馬允有経
少々奴、木曾殿有御勘当之処、少々令免給
タラハ、只可候之、〔ニ㋭〕五位ノ馬允未曾有事也、

刑部丞友景（梶原）
音様シワカレテ、後鬢
サマテ刑部カラナシ、

同男兵衛尉景員
〔貞㋭㋛㋲〕合戦之時心甲ニテ有由聞食、仍可有
御糸惜之由思食之処、任官希有也、

兵衛尉景高
悪気色シテ本自白者ト御覧セシニ、任官誠見苦シ、

馬允時経（中村）
大虚言計ヲ能トシテ、エシラヌ官好シテ、松斐庄者
不知、アワレ水駅ノ人哉、悪馬細工シテ有カシ、

兵衛尉季綱（海老名）
御勘当スコシ免シテ可有
之処、無由任官哉、」

文治元年（元暦二年）四月

往㋛ナシ
ヨカシ㋭ヨ×申『カ』
シ
猫㋭抽「提イ」㋛㋲抽
帰付㋭帰符㋛㋲帰府

ヌ㋭㋛㋲又
シ㋛之
度々㋛度度
斬頸㋭×刺「斬」頸
用意シテ語于加治㋭
㋛㋲用意頸ニ語加治
テ
玉ヲ㋭㋛㋲玉ニ
厚ク㋛厚
頸ニ㋭㋛㋲ナシ
巻㋭×奉「巻」
右馬允㋭㋛㋲馬允
任㋛㋲仕
目ハ㋛目
任㋲仕
少々令㋭㋛㋲令
候之㋛㋲候
ノ馬㋭㋛㋲ノ補馬
シワ㋛㋲シハ
鬢㋛㋲鬓

誠㋭㋲誠ニ
計㋭㋛㋲許
松斐庄者㋭××指「松」
×斐「双」庄××云㋛㋲
松双庄
アワレ㋭㋛㋲アハレ
可有之処㋭㋛㋲有へ
キ処

（25オ）

馬允能忠（本間）　同、

豊田兵衛尉（義幹）　色ハ白ラカニシテ、顔ハ不覚気ナルモノ、只可候ニ、任官希有也、
又於下総度々有召ニ不参シテ、東国平ラレテ後参、不覚歟、
〔父ハ㋭㋛㋲〕

兵衛尉政綱

兵衛尉忠綱　本領少々可返賜之処、任官シテ、今ハ不可〔可㋭㋛㋲ナシ〕
相叶、鳴呼人哉、

㋭㋛㋲［馬允有長］（平子）

右衛門尉季重（平山）

左衛門尉景季（梶原）　〔久日源三郎㋭㋛㋲季重の下にあり〕久日源三郎

縫殿助　〔顔ハ…任官哉㋭㋛㋲季重の下にあり〕顔ハフワ〳〵トシテ、
希有シ任官哉、〔之㋭㋛㋲〕

宮内丞舒国　於大井渡声様誠憶病気ニテ、
任官見苦事歟、

刑部丞経俊（山内）　官好無其要用事歟、
アワレ無益事哉、

（25ウ）

此外輩、其数雖令拝任、文武官之間、何官何職分」明不知食及之
故、委不被載注文、雖此外、永可令停止城外之思歟矣、

右衛門尉友家（八田）

ナルモノ㋭㋛㋲ナモノ
ラレテ㋭「ラレテ」×ラメシ
賜㋭㋛㋲給
鳴呼人㋭鳴呼ノ人
左衛門尉景季㋭㋛ナシ
日㋛目
フワ㋲フハ
誠㋭㋛㋲ナシ
ワ㋛㋲ハ
令停止㋭令倚停止
思㋲×思『由』
矣㋭㋛㋲（小書）

頼朝三島社に所領を寄進す

河原谷三薗を臨時祭料所と為し糠田長崎を放生会料所と為す

景時鎮西より書状を献じ合戦次第義経の不義を報ず

梶原景時書状

兵衛尉朝政（小山）
件両人下向鎮西之時、於京令拝任事、如駘馬之道草喰、同心不可〔以㋭㋛㋲〕
下向之状如件、
○底本は「兵衛尉朝政」を前行につなげて記す。㋭㋛㋲により改行して示した。

廿日、癸酉、今日迎伊豆国三島社祭日、武衛為果御願、被寄附当国糠田郷於彼社、而先之御奉寄地三ケ所有之、今已為四箇〔所〕㋭㋛㋲也、〔相〕㋭㋛㋲分之、以河原各〔谷㋭㋲〕・三薗募六月廿日臨時祭料所、被付神主盛方（伊豆）、号東大夫、以糠田・長崎為八月放生会二宮八幡宮、料所、被付〔神主〕㋭㋛㋲盛成（伊豆）、号西大夫、是皆北条（時政）（26オ）殿御奉令施」行給云々、

廿一日、甲戌、梶原平三景時飛脚自鎮西参着、差進親類、献上云状〔書㋭㋛㋲〕、始申合戦次第、終訴廷尉不義事、其詞云、
西海御合戦間、吉端〔瑞㋛㋲〕多之、御平安事、兼神明之所示祥也、所以者阿『く』

任㋛仕
糠㋲粮
三ケ㋛三箇　四箇㋭㋛㋲四ケ
各㋛田　薗㋛㋲園
糠㋲粮
給云々㋛給云云
始㋭始ハ
吉端㋭吉端「瑞」　阿㋭㋛㋲何

景時郎従の夢想

先三月廿日景時郎従海大〔太㋭㋛㋲〕成光夢想ニ、浄衣男捧テ立文来、是ハ石清
水御使カト覚エ披見之処、平家ハ未日可死ト載タリ、覚之後、「彼㋭㋛
男」㋲相語ル、仍未日相構テ可決勝負之由存思之処、果而如有、〔旨㋭㋛㋲〕又巧〔攻
㋭㋛㋲〕落屋島戦ｏ「場」之時ハ、御方軍兵不幾、而数万勢マホロシニ出現シテ、

大亀の吉瑞

(26ウ)
敵人ニ見云々、次去々年長門国合戦「之」㋭㋛㋲時、「大」亀一出来、始浮海
上、後ニハ昇陸、仍海人怪之、参河守殿御前ニ攻参、〔持㋭㋛㋲〕以六人「力」㋭㋛㋲猶
持煩之程也、于時可放其甲之由相議之処、先ニ有夢之告、忽思合ト
テ、参河守殿加制禁テ、剰付テ簡放遣畢、然臨平氏最後ニ件亀再浮

白鳩の吉瑞

出テ〔于㋭㋛㋲〕源氏御船前、以札知之、次白鳩二羽翻舞テ〔于㋭㋛㋲〕船屋形上、当其時、平氏ノ

白旗の吉瑞

宗人々入海底、次周防国合戦之時、白旗一流出現于中虚、暫見御方
軍士眼前、終ニ収雲膚云々、

又曰、

判官殿ハ為君御代官副遣御家人等、被遂合戦畢、而頻雖被存一身之

想ニ㋛想
捧テ立文㋭捧立文テ
㋛捧立文
是ハ㋛是
カト覚エ㋭〈カト〉覚
〈エ〉㋛覚
家ハ㋭家〈ハ〉㋛㋲家
未日㋭㋲未ノ日
死ト㋭死〈ト〉㋛死
載タリ㋭載〈タリ〉
語ル㋭語〈ル〉㋛語
構テ㋭構〈テ〉㋛構
戦㋭㋛㋲戦場
時ハ㋛時
而数㋭而ニ数
出現シテ㋭㋛㋲出現
〈テ〉
人ニ㋭人〈ニ〉㋛人
見云々㋛見云云
始㋭㋲始〈ハ〉
後ニハ㋭後〈ニハ〉㋛
後
前ニ㋭前〈ニ〉㋛前㋲
前『ニ』
相議㋭㋛相儀㋲相儀
『議』
先ニ㋭㋛㋲先之
合トテ㋭㋲合〈テ〉㋛
合
禁テ㋭禁〈テ〉㋛禁
付テ簡㋭㋛㋲付簡
〈テ〉
放遣㋭㋛㋲被放遣
後ニ㋭後〈ニ〉㋛後㋲
後『ニ』
札㋭㋛㋲簡
氏ノ㋭㋲氏〈ノ〉㋛氏
宗人々㋭㋲宗〈ノ〉人
々
中虚㋭×中「中」虚

義経の自専に御家人等離反す

義経景時の諫言を聞き入れず

侍別当義盛所司景時は軍士等の奉行のため範頼義経に付けらる

範頼は頼朝の仰せに背かず

義経は仰せを守らず自由の張行を致す

功由、偏依多勢之合力歟、謂多勢、毎人不思判官殿、悉奉仰君之

（27オ）

故、励同」心之勲功畢、仍討滅平家之後、判官殿形勢殆過日来之儀、士卒之所存皆如蹈薄氷、敢無真実和順之志、就中景時為御所近士、慭伺知厳命趣之間、毎見彼非拠、可違関東御気色歟之由、諫申之処、諷詞遂〔還㋭㋛㋲〕為身讎、動招刑者也、合戦無為之今、祗候無所拠、早蒙御免欲帰参云々、者、

凡和田小太郎義盛与梶原平三景時者、侍別当・所司也、仍被発遣舎弟両将於西海之時、軍士等事為令奉行、被付義盛於参州、被付景時於廷尉之処、参州者本自依不乖武衛仰、大小事示合于常胤〔千葉〕・義盛等、廷尉

（27ウ）

者挿自専之慮、」曾不守御旨、偏任雅意、致自由之張行之間、人々成恨、不限景時云々、

眼前㋭眼前ニ㋲眼前『ニ』
終ニ㋛㋲終
膚云々㋭㋛㋲膚畢
殿ハ㋭㋲殿〈ハ〉㋛殿
悉㋭㋛㋲志
殆過㋭㋛㋲殆超過
士卒㋭㋛㋲士率
蹈㋭㋲踏
身讎㋭㋛㋲身之讎
今㋭㋛㋲命
参云々㋛参云云
武衛仰㋭㋛㋲武衛之仰
大小㋭㋛㋲大少
自由之張行㋭自由帳行㋛㋲自由張行
人々㋛㋲人之
時云々㋛時云云

○底本は「其詞云」の下に「西海御合戦」以下をつなげ、「又曰」の前後の改行、「凡和田」の前の改行もないが、㋭㋛㋲及び内容により、それぞれ改行し、発言引用部分を一字下げて示した。

神鏡神璽近江国今津に着く

桂川に於て大祓を行う

太政官の朝所に渡御す

この間義経神鏡神璽に供奉す

範頼の三河守辞状鎌倉に到着す

近国惣追捕使実平景時両人の代官の押領停止を命ず

源頼朝下文

廿四日、丁丑、賢所・神璽令[着]㋭㋛㋲今沢(津㋭㋛㋲)(近江国)辺御、仍頭中将通資(源)朝臣参其所、入夜藤中納言経房、・寄(宰㋭㋛㋲)相中将泰通(藤原)、・権右中弁兼忠(源)朝臣・左中将公(藤原)時朝臣・右少将範能(藤原)朝臣・蔵人左衛門権佐親雅(藤原)等参向桂河、大秡之後、経朱雀大路幷六条、自[大]㋭㋛㋲宮入御待賢門、渡御官朝所、経東門、此間、大夫判官義経着鎧供奉、候官東門、看督長著布衣、取松明在前云々、又範頼朝臣其身在九州、辞参河国司、其辞状今日到着于関東、親能執進之、仍[可]㋭㋛㋲有院奏云々、」

（28オ）廿六日、己卯、近年兵革之間、武勇之輩耀私威、於諸庄薗致濫行歟、依之、去年春之比、宜従停止之由被下綸旨(訖㋭㋛㋲)歟、而関東以実平(土肥)・景時被差定近国惣追補(捕㋭㋛㋲)使之処、於彼両人者雖存[廉]㋭㋛㋲直、所補置之眼代等各有猥所行之由、漸懐人之訴、就其早可令停止之旨、所被成御下文也、俊兼奉行之、

下　畿内近国実平押領所々、

賢㋲×竪『賢』
秡㋭×秡「渡」㋛渡㋲×抜『渡』
幷㋛（小書）
宮㋲×官『宮』
渡㋛院
官朝㋲×官『宮』朝
官東㋲×官『宮』東
看㋭㋛㋲アキ
前云々㋛前云云
進㋭㋛㋲達
奏云々㋛奏云云
間武勇之輩㋭「・間武勇之輩
薗㋛㋲園
従㋭×従「令」㋲×従『令』
眼代㋲『眼』代
就其㋭㋛㋲就之
可令㋛㋲可
俊兼㋭㋲俊×恵兼
奉行之㋭㋛㋲奉行之云々

可令早任院宣状停止実平

濫妨知行事、

右、畿内近国庄公、無指由緒空以押領、各代官輩偏居住郡内、不随

（28ウ）

本所下知、忽緒国宣・庁催、或掠取年貢、」或犯用官物、所行之至尤

以不当事也、於今者早随被下院宣、不論是非、令退出堺内之後、帯

理者可令言上子細之状如件、以下、

本所㋭㋛㋲平家預所

尤以㋭尤尤以

者可㋭㋲者近可㋛者
追可

以下㋛ナシ

元暦二年四月廿六日

［下《㋭㋛㋲》　畿内近国景時押領所々、

源頼朝下文

可令早任院宣状停止景時濫妨知行事、

右、畿内近国庄公、無指由緒空以押領、各代官輩偏居住郡内、不随

〔本〕平家預所〔所〕下知、忽緒国宣・庁催、或掠取年貢、或犯用官物、所行之

至尤以不当事也、於今者早随被下院宣、不論是非、令退出堺内之

後、帯理者可令言上子細之状如件、以下、

文治元年（元暦二年）四月

後白河院宗盛以下の入洛を見物す

宗盛等義経の六条室町亭に入る

罪状定を行う

建礼門院吉田に渡御す

守貞藤原信清の七条坊門亭に入る

近江国住人市重遠在京武士の譴責を訴う

元暦二年四月廿六日」

今日前内府已下生虜、依召可入洛之間、法皇(後白河)為覧其体、密々被立御車於六条坊城云々、申刻各入洛、前内府・中納言〔平大納言㋭㋛㋲〕各駕八葉車、後簾、開物見云々、〔上㋭㋛㋲〕前・右衛門督、乗父車後、各浄衣、立烏帽子、土肥次郎実平黒糸威鎧、在車前、伊勢三郎能盛肩白赤威鎧、在同後、其外勇士相圍車、又美濃前司以下同相具之、信其〔基㋭㋛㋲〕・時実等者、依被疵用閑路云々、皆悉入廷尉六条室町亭云々、同日則有」罪状定、前内府父子幷家人等可被処死罪之由、明法博士章貞(中原)進勘文云々、

(29オ)

○底本は「濫妨知行事」を前行の「実平」につなげて記す。㋭㋛㋲により改行して示した。

〔廿八日㋭㋛㋲、辛巳、建礼門院渡御于吉田辺、律師実憲坊、又若宮(後鳥羽天皇)今上兄、御坐船津之間、侍従信清(藤原)令参向奉迎之、奉入七条坊門亭云々」、

今日近江国住人前出羽守重遠(市)参上、是累代御家人也、齢八旬云々、武衛哀其志召前、舎弟十郎幷僧蓮仁等加扶持、重遠申云、平治合戦之

内府㋭内符　為覧㋭為「・御」覧㋛為御覧　城云々㋛城云云　申刻㋭㋛㋲申剋　内府㋭内符　各駕㋛各〈駕〉　見云々㋛見云云　次郎㋭㋛㋲二郎　圍㋭囲　路云々㋛路云云　亭云々㋭㋲第云々㋛第云云　内府㋭内符　文云々㋛文云云　旬云々㋛旬云云

後、存譜代好之間、終不随平家之威権号〔兮㋭㋛㋲〕、送二十余年歟〔訖㋭㋛㋲〕、適逢御執権之秋、可開愁眉之処、還為在京之東士[等]㋭㋛㋲、称兵粮、号番役、譴責之条太以難堪、凡非一身之訴、及諸人之愁、平氏之時曾無此儀、世上未収歟云々、

頼朝濫妨停止を命ず

申状之趣尤叶正理之由有御感、仍停止如然濫妨、可令成安堵之思[之]㋭㋛㋲旨、直有恩裁云々、又国中訴訟事、可有其沙汰之由云々、」

○底本は二十六日条の「進勘文云々」の下に「今日近江国」以下をつなげる。㋭㋛㋲により二十八日条の前半を補い、同じく改行して「今日近江国」以下を示した。

田代信綱に御書を遣わす

(29ウ)
廿九日、壬午、雑色吉持為御使赴西海、是所被遣御書於田代冠者信綱也、

義経に従わざるよう御家人に相触るる事を命ず

廷尉[者]㋭㋛㋲、為関東御使、相副御家人、被差遣西国之処、偏存自専儀、〔以㋭㋛㋲〕云々侍等成私服仕思之間、面々有恨云々、[所詮於向後者]㋭㋛㋲存忠於関東之輩者不可随廷尉之由、内々可相触云々、

備中国妹尾郷を崇徳天皇法華堂に寄進す

今日以備中国妹尾郷被付崇徳院法華経々〔経々㋭㋛㋲ナシ〕堂、是為没官領、[武衛]㋭㋛㋲所令拝領給也、仍為奉資彼御菩提、被充衆僧供料云々、

二十㋭㋛㋲廿

非㋭㋛㋲ナシ
世㋲也『世』

堵之思㋭㋛㋲堵思
恩裁㋭㋲恩載
裁云々㋛裁云云
訴訟㋭㋛㋲訴詔
其沙汰㋭㋛㋲御沙汰
由云々㋛由云云

吉持㋭㋛㋲吉枝

自専儀㋭㋛㋲自立之儀
恨云々㋛恨云云
後者㋭後「.者」
於関東㋭×猶「於」関東
内々㋛内内
触云々㋛触云云

料云々㋛料云云

○底本は「今日」以下を前行につなげて記す。㋭㋛㋲により改行して示した。

五月小

義仲妹京都より鎌倉に参上す

美濃国遠山荘の一村を給う

一日、癸未、故伊与守（源）義仲朝臣妹公（字㋭㋛㋲）宮菊、（源義賢女）自京都参上、是武衛（源頼朝）令招引給之故也、（30オ）御台所（北条時政女）殊愍給、先日所々押領由」事、姦曲之族仮名立面之条、全不知子細之旨陳謝云々、予州為朝敵雖預討罰、無指（擁カ）雑怠之女姓、盍憐之乎云々、仍所賜美濃国遠山庄内一村也、

頼朝書状を遣わし崇徳天皇寵女兵衛佐局に法華堂への所領寄進を伝う

又武衛被遣[御]（㋭㋛㋲）書於兵衛佐局、（源行宗女）是崇徳院法花堂領新加事也、去年以備前国福岡庄被寄進之処、牢籠之間、取替之、被進尼畢、（妹尾㋭㋛㋲）為供仏施僧之謀、（媒㋭㋛㋲）可被奉訪御菩提之趣被載之、件禅尼者武衛親類也、当初為彼院御寵也云々、

建礼門院出家す

今日建礼門院（平徳子）令落飾御云々、

○底本は「又武衛」以下、「今日」以下を、それぞれ前行につなげて記す。㋭

謝云々㋛謝云云　無指㋭無『・指』

乎云々㋭㋲畢云々㋛畢云云

兵衛㋭㋛㋲左兵衛

奉訪㋛訪奉

也云々㋛也云云

飾㋭㋛㋲餝　御云々㋛御云云

㋛㋲により改行して示した。

琳猷の帰国に際し餞別会を行う

二日、甲申、土左上人琳献〔猷㋛㋲〕帰国、令止住関東可掌一寺別当職之由、頻雖抑留給、於土佐冠者（源希義）墳〔墓〕《㋭㋛㋲》可凝仏（30ウ）」事之旨申請之間、有御餞別会、

琳猷住所の津崎在家の万雑事を免除す

又上人住所介良庄恒光名沢崎〔津㋭㋛㋲〕在家、被停止万雑事畢、加之此上人依訪故希義主夢後、為酬其〔志可〕《㋭㋛㋲》賞翫之趣、被仰土左国住人等云々、

信濃国御家人に義仲妹の扶持を命ず

三日、乙酉、木曾妹公事、所被加御扶持也、可奉憐之趣被仰付于小諸太郎光兼以下信濃国御家人等云々、是信州者如木曾分国、号住人皆蒙彼恩顧之故也云々、

景時使者鎮西に帰る
頼朝御書を託し義経を勘発す
在京御家人に平氏生虜の守護を命ず

四日、丙戌、梶原平三景時使者還于鎮西云々、仍被付御書、被勘発廷尉（源義経）畢、於今者不可従彼下知、但平氏生虜等已入洛云々、是当時重事也、罪名治定之程、景時以下御家人等皆一心而可令守護、各任意不可令（31オ）」帰参之由云々、

宝剣の捜索九州の諸事沙汰を範頼に命ず

五日、丁亥、可奉尋宝剣之由、以雑色為飛脚下知参州（源範頼）給、凡至于冬比

左上㋭㋛㋲佐上
佐冠㋭㋲左冠　旨㋛由
土左㋛土佐　等云々㋛等云云
等云々㋛等云云
也云々㋛也云云
西云々㋭㋛西云云
畢㋭㋛㋲訖
定㋲是　以下㋭㋛㋲已下
由云々㋛由云云　可奉尋宝剣㋭「・為」　之由㋭㋲之
給㋭㋛㋲ナシ

御家人に対する私の勘発を止め関東への出訴を命ず

住九州、諸事可被沙汰鎮者、以其次渋谷庄司重国、今度豊後国合戦、討加摩兵衛尉(種益)神妙之由被感仰遣、又所被付置于参州之御家人等事、縦乖所存之者雖相交、私不可加勘発、可訴申関東之由云々、去年之比為追討使二人舎弟範頼・義経、蒙院宣畢、爰参州入九国之間、可管領九州之事、廷尉入四国之間、又可支配其国々事之旨、兼日被定処、今度廷尉遂壇(31ウ)浦合戦之後、九国事悉以奪沙汰之、所相従之」東士事、雖為小過、不及免之、又不申子細於武衛、只任雅意、多加私勘発之由有其聞、綺〔綺(ホ)(シ)〕已為(モ)諸人愁、訴〔科(ホ)(シ)(モ)〕又難被宥、仍廷尉蒙御気色畢云々、近〔今(ホ)(シ)(モ)〕日小山七郎朝光自西海帰参、

小山朝光西海より帰参す

六日、戊子、公家(後鳥羽天皇)為追討報賽被発遣廿二社奉幣使、上卿右大将(藤原)良経、奉行弁兼忠(源)朝臣云々、

後鳥羽天皇二十二社奉幣使を発遣す

七日、己丑、源廷尉使者号亀井六郎(重清)自京都参着、不存異心之由、所被献起請文也、因幡前司広元(中原)為申次、而三州者、自西海連々進飛脚申子細、

義経起請文を献ず

以其次(ホ)(モ)其以其次　豊後国(ホ)(シ)(モ)豊後
加摩(ホ)加摩「・×田」『田歟』(シ)(モ)加摩田
之者(ホ)(シ)(モ)者　由云々(シ)由云云
畢(ホ)(シ)(モ)訖
之旨(ホ)(シ)(モ)旨
畢云々(ホ)(モ)先畢云々(シ)先畢云云
臣云々(シ)臣云云

広元康信等参会し鎮西の事を沙汰す 頼朝施行を命ず

鎮西沙汰条々事書

於〔事㋭㋛㋲〕畢無自由之張行之間、武衛又被通愍志、廷尉[者]㋭㋛㋲、動有自専計、今伝聞」御気色不快之由、始及此儀之間、非御許容之限、還為御忿怒之基云々、

（32オ）

八日、庚寅、因幡前司・大夫属入道（三善康信）・筑後権守（藤原俊兼）・主計允（藤原行政）・筑前三郎（惟宗孝尚）等参会、鎮西事等被経其沙汰、早可令施行之由、俊兼奉之、其条々、

一、宇佐大宮司公房（宇佐）日来雖[致]㋭㋛㋲平家祈禱、依[御]㋭㋛㋲敬神如元[可]㋭㋛㋲管領宮務事、

一、同宮祠官等可浴御恩事、

一、去年依合戦事当宮神殿破損云々、殊加造替、可奉解謝由、可啓白事、」

（32ウ）

一、平家没官領外、貞能（平）幷盛国（平）法師等得領家免、有知行所之由風聞、可注申其在所事、

一、可召上美気大蔵大夫過言参州者也、於関東事、

之張㋭㋛㋲張　動㋭×勲「動」

御気㋭㋛㋲気

之由㋭之㋛㋲由

破損云々㋭×故「破」損云々㋛破損云云　啓白㋭啓「・白」

幷㋛〈幷〉　所之㋭㋛㋲所々　由㋲ナシ

注申㋛注

一、所被遣鎮西之御家人等塩谷五郎（惟広）以下多以帰参畢、遣御使被止向後参上、可沙汰鎮西事、

（畢㋭㋛㋲訖）（西事㋭西海事㋛西之事）

一、西国御家人交名、仰義盛（和田）可令注進事、

渋谷重助自由任官等により頼朝の不興を蒙る

九日、辛卯、渋谷五郎重助不預関東御挙令任官事、可被申止召名之旨、重有沙汰、是父重国石橋合戦之時、雖奉射武衛、依寛有之儀、被召仕之処、重助者猶令属平家、背度々召畢、而平家［赴］㋭㋛㋲城外之日、（33オ）留京都、従」義仲朝臣、滅亡之後、為廷尉専一之者、条々科被優精兵一事之処、結句令任官歟、［訖㋭㋛㋲］旁不可然之由有［其］㋭㋛㋲沙汰、今度重国又渡豊後国之時者、雖有先登之功、先立于参州上洛之条、同以不快、則被仰遣此条々云々、

原田種直所領の分配を範頼に命ず

又原田（種直）所知者、可被分充勲功輩之由被仰遣参州云々、

（任㋲仕）（不可然㋭不「・可」然）（々云々㋛々云云）（充㋭㋛㋲充于）（州云々㋛州云云）

加藤光員郎従志摩国に於て平家家人忠清を捕らう

十日、壬辰、於志摩国麻生浦加藤太光員郎従等搦取平氏家人上総介忠（藤）清（原）法師、伝京師云々、

（師云々㋛師云云）

除書到着
頼朝従二位に叙す
能保鎌倉下向の意を示す

十一日、癸巳、依被召進前内府(平宗盛)之賞、武衛去月廿七日叙従二位給、除書今日到着、左典厩能保(藤原)、所被執進也、近日可参向之由被申送云々、」

御書を範頼に遣わす
方々への下文を雑色に付す

（33ウ）十二日、甲午、雑色常通為使節赴鎮西、所被遣御書於参州也、西国事、方々御下文等被付此青鳥云々、

義経の使者参着す
宗盛父子相模国酒匂駅に着く
時政迎えのために酒匂駅に向かう
義経の鎌倉入りを停む

十五日、丁酉、廷尉使者景光(工藤)、参着、相具前内府父子(平宗盛・同清宗)令参向、去七日出京、今夜欲着酒勾駅(相模国)、明日可入鎌倉之由申之、北条殿(時政)為御使令向酒勾宿給、[是](ホシモ)為迎取前内府也、被相具武衛之所(武者所ホシモ)宗親(牧)・工藤小次郎行光等云々、於廷尉[者](ホシモ)無左右不可参鎌倉、暫逗留其辺、可随召之由被仰遣云々、小山七郎朝光為使節云々、

六条河原に於て忠清を処刑す
宗盛等鎌倉に入る
御所の西対を宗盛父子の居所と為す

十六日、戊戌、忠清法師於六条河原梟云々、今日前内府入鎌倉、観者（34オ）如垣墻、内府用輿、金吾(平清宗)乗馬、家人則清(源)・盛国(平)」入道・季貞(源)以上前廷尉・盛(平)澄・経景(藤原)・信康(後藤)・家村等同[騎馬](ホシモ)相従之、経若宮大路、至横大路、暫留加輿、宗親先参申入事由、則被仰可招入営中之旨、仍以西対為彼父『こ』

送云々㋛送云云
於㋭×猶「於」
鳥云々㋛鳥云云
府父㋭符父
府也㋭符也
等云々㋛等云云
遣云々㋛遣云云
節云々㋛節云云
梟云々㋭梟「首」云々㋛梟首云云
垣墻㋭堵壚「墻」㋛㋲堵墻
府用㋭符用
経㋭×短経
横大路㋭横大宮㋲横大官
留加㋭㋛㋲扣
申入㋭㋛㋲入申
西対㋭×面「西」対

既に死罪の勅許有り

時忠は神鏡無為帰座の功により死罪を免る

藤原能保鎌倉に到着す

昨日能保の侍の僕従と義経の侍の下部と闘乱す

能保と義経の鎮静により無為に至る

子之居所、入夜因州奉仰雖羞膳、内府敢不用之、只溺愁涙之外無他云々、此下向事再同〔幷㋭㋛㋲〕父子及残党罪条等事、二品(源頼朝)属経房(藤原)卿被奏聞之処、有[其]㋭㋛㋲沙汰、可招下、又可被行死罪之旨勅許既畢、但於時忠(平)卿事者、可被寛死罪一[等]㋛㋲之由云々、是内侍所無為御帰坐者、依彼卿功之故也云々、

十七日、己亥、卯刻左典厩能保、去七日与廷尉同日出京、到着、直被入営中、昨日極熱之間、聊有霍乱之気、逗留之由被申之云々、昨日」(34ウ)左典厩侍後藤新兵衛尉基清僕従与廷尉侍伊勢三郎能盛下部闘乱、是能盛沙汰献〔駄㋛㋲〕餉之間、基清馳過彼旅館之前、[其後]㋭㋛㋲所令持旅具之匹夫等進行之処、能盛引馬蹈基清之所従、仍相牙〔互㋭㋛㋲〕及諍論、此間基清所従取刀切件馬鞦・手綱奔行、能盛聞此事、馳出、以竹根引目射所残之匹夫、彼等令叫喚馳騒、基清又聞之廻駕、与能盛欲決雌雄、典厩頻抑留之、被発使者於廷尉之許、廷尉又被相鎮之、無為云々、此事典厩強雖不訴申、自達二品聴、

羞㋭×差「羞」
府敢㋭符敢
他云々㋛他云云
等㋭×等「々」

行死罪㋭㋛㋲行
時忠卿㋭㋛㋲時忠

一等之由㋭一「・等」
由云々㋭㋛㋲由
也云々㋛云云㋲云々

刻㋭㋛㋲剋

之云々㋛之云云

汰献餉㋭汰「・駄」餉
㋛汰駄餉㋲汰餉

馳過㋭㋛㋲馳
具之匹㋭㋛㋲具之疋

蹈㋭踏
刀㋛㋲力

以㋭㋛㋲ナシ
残之匹㋭㋛㋲残之疋

許㋲計
為云々㋛為云云

京畿の群盗鎮圧に就き沙汰す

御家人の荘公押領の事奏聞を経て糺弾せんと定む

頼朝能保を伴い勝長寿院の地に渡る
南都大仏師成朝招請により参向す

親光高麗国に渡るにより対馬国在庁に遣使を命ず
対馬国守護親光に書状を送る

能盛下部等成驕之条奇怪之由、御気色甚云々、」

（35オ）十九日、辛丑、京畿群盗等蜂起、敢難禁之間、可相鎮之子細、今日被経沙汰、先平氏家人等中遁出戦場族、令閑散本在所、猶知行田園、剰横行[都]㋭㋛㋲鄙、為事盗犯云々、次近日遠国居住御家人等、以武威恣令内奏、或者申下院宣、或掠取国司・領家等下文、貪地利、欠公平云々、次伊豆守仲綱（源）男、号伊豆冠者有綱者、為廷尉聟、多掠領近国庄公云々、此[条々事]㋭㋛㋲、依有其聞、殊経奏聞、悉以可令糺断之由被定云々」、

廿一日、癸卯、雷雨、即属晴、[晩]㋭㋛㋲涼甚、二品相伴左典厩、渡御南御堂地、巡見造営之体、令談合堂舎在所等給云々、又南都大仏師成朝依御招請参向、是為造立此御堂仏像也、」

（35ウ）廿三日、乙巳、参河守範頼、受二品之命、為対馬守親光（藤原）迎、可遣船於対馬島之処、親光為遁平氏攻、三月四日渡高麗国云々、仍猶可遣高麗之由、下知彼島在庁等之間、今日既遣之、当島守護人河内五郎義長同

成㋛㋲盛　甚云々㋛甚云云

場族㋭場「・之族」×強㋛㋲場之族

犯云々㋛犯云云　遠国㋭㋛㋲遠江国

或申者㋭㋛㋲或申　平云々㋛平云云

公云々㋛公云云

断㋭×析「断歟」㋛㋲断　定云々㋛定云云

給云々㋛給云云

乙㋭㋛㋲丁

国云々㋛国云云

送状於親光、是平氏悉滅亡[訖]〔㋭㋛㋲〕、不成不審、早可令帰朝之趣載之云々、

義経腰越より歎状を献ず

廿四日、戊〔丙〕午、源廷尉義経、如思平朝敵訖、剰相具前内府参上、其賞兼不疑之処、日来依有不儀之聞、忽蒙御気色、不被入鎌倉中、於腰越〔相模〕駅〔国〕徒渉日之間、愁欝之余、付因幡守〔前司㋭㋛㋲〕広元捧一通歎状、広元雖披覧之、敢無分明仰、追可有左右之由云々、

彼書云、

源義経書状

（36オ）

「左衛門少尉源義経乍恐申上候意趣者、被撰御代官其一、為勅宣[之]〔㋭㋛㋲〕御使、傾朝敵、顕累代弓箭之芸、雪会稽恥辱、可被抽賞之処、

讒言により頼朝の勘気を蒙りし事を歎く

思外依虎口讒言、被黙止莫大之勲功、義経無犯而蒙咎、有功雖無誤、蒙[御]〔㋭㋛㋲〕勘気之間、空沈紅涙、倩案事意、〔以㋭㋛㋲ナシ〕以良薬苦口、忠言逆耳、先言也、因茲不被糺讒者実否、不被入鎌倉中之間、不能述素意、徒送数日、当于此時、永不奉拝恩顔、骨肉同胞之儀既似空、宿運之極処歟、将又感先世之業因歟、悲哉此条、故亡父〔源義朝〕尊霊不再誕給

朝㋛期　之云々㋛之云云　聞㋲間　徒㋛従　由云々㋛由云云　左㋭×右「左」　莫大㋭㋛㋲莫太　素㋛素　胞㋛㋲袍

広元の慈悲により頼朝に披露せられん事を請う

者、誰人申披愚意之悲歎、何輩垂哀憐哉、事新申状雖似述懐、義経（36ウ）受身」体髪膚於父母、不経幾時節、故頭殿御他界之間、成無実之子、被抱母（常盤）之懐中、赴太〔大㋭㋛㋲〕和国宇多郡龍門牧之以来、一日片時不住安堵之思、雖存無甲斐之命計、京都之経廻難治之間、令流行諸国、隠身於在々所々、為栖辺土遠国、被服仕土民百姓等、然而幸慶忽純熟而為平家一族追討、令上洛[之]（㋭㋛㋲）手合誅戮木曾義仲之後、為責傾平氏、或時峨々岩石策駿馬、不顧為敵亡命、或時漫々大海凌風波之難、不痛沈身於海底、而懸尸於鯨鯢之腮、加之為甲冑於枕、為弓箭於業、本意併奉休亡魂憤、欲遂年来宿望之外無他事、剰義経補任五位尉之」（37オ）条、当家[之]（㋭㋛㋲）重職、何事如之哉、雖然、今愁深歎切、自非仏神御助之外者、争達愁訴、因茲以諸神諸社牛王宝印之裏、全不挿野心之旨、奉請驚日本国中大小神祇冥道、雖書進数通起請文、猶以無御宥免、其我国神国也、神不可稟非礼、所憑非他、偏仰貴殿広大之御慈

文治元年（元暦二年）五月

雖存㋭雖『・存歟』
計㋭㋛㋲許

岩㋭㋛㋲巌

而懸尸㋭㋛㋲懸骸
腮㋭鰓『腮歟』

牛王㋭牛玉
全㋭㋛㋲ナシ

大小㋭大少

其㋭㋛㋲ナシ
非他㋭㋛㋲非于他

悲、伺便宜令達高聞、被廻秘計、被優無誤之旨、預芳免者、及積善之余慶於家門、永伝栄花於子孫、仍囲〔開㋭㋛㋲〕年来之愁眉、得一期之安寧、不[書]《㋭㋲》尽詞、併令省略候畢、欲被垂賢察、義経恐惶謹言、

元暦二年五月日

左衛門少尉源義経」

進上　因幡前司殿

○底本は「彼書云」を前行につなげて記す。㋭㋛㋲により改行して示した。また、底本は署名を日下に記すが、㋭㋛㋲により次行に移した。

尽詞㋭尽「・愚」詞㋛　㋲尽愚詞　併㋛ナシ

（37ウ）

雑色六人を久経国平の許に遣わす

廿五日、丁未、被差遣雑色六人於典膳大夫（中原久経）・近藤七（国平）等之許、是畿内雑訴成敗之間、久経三人、国平三人、可召仕之由、所被仰付也、以此次、京畿之間可致沙汰条々被遣御事書、其間、久経不可耽人々賄〔之㋭㋛㋲〕、国平不可現僻事之趣被載加之云々、

両人に京畿の間の沙汰条々事書を遣わす

其間㋭其間「間」　耽㋛㋲躭

之云々㋛之云云

源頼兼同家人の内裏に於て昼御座剣の盗人を生け捕りし事を報ず

廿七日、己酉、源蔵人大夫頼兼申云、去十八日盗人令推参禁裏、盗

頼朝賞として剣を給う

給昼御座御剣、蔵人幷女房等動〔官ホシモ〕揺求之、頼兼家人武者所久実追奔于左衛門陣之外生虜之、奉返置御剣於本所、件犯人被搦取之時、欲自(38オ)戮之間、」已半死半生之由、只今有其告云々、如然之勇士殊可被加賞之由、二品被感仰、則取出剣、称可与彼男、賜頼兼、此人御気色快然云々、

給ホ給「取」　揺ホ×揺「揺」
戮ホ戮『殺歟』シモ殺　間ホ間『間歟』
剣ホ釼　然云々シ然云云

六月大

配流の交名目録鎌倉に到着す

二日、癸丑、去月廿日被下配流官府〔符〕、上卿源中納言通親〔通親ホシモ小書〕参陣、頭弁光〔藤〕雅〔原〕朝臣仰之云々、其交名目録、今日[到]〔ホシモ〕着鎌倉、

陣ホ陣

流人交名

流人、

前大納言時忠〔平〕能登、　前内蔵頭信基〔平〕備後、

[〔ホシモ〕前左中将時実〔平〕周防、　前兵部権少輔尹明〔藤原〕出雲、]

法印大僧都良弘阿波、　権少僧都全真安芸、

権律師忠快伊豆、　法眼能円備中、

法眼行明常陸、

○底本は交名部分を三段で記す。㋭㋛㋲により二段組で示した。また、諸本「流人」を前行につなげて記す。内容により改行して示した。

囚人季貞息宗季密々下向す

（38ウ）五日、丙辰、囚人前廷尉季貞（源）子息有源太宗季者、後日為免〔逸見㋭㋛㋲〕冠者光長猶子、改宗長、為見季貞存亡、密々下向、是弓馬伝芸、剰作矢達者也、受矢野橘内所[之]㋛㋲口伝云々、上総国飯富庄者、為外戚伝領之間、有其便、当国住人中禅寺奥次郎弘長為知音也、宗季作矢之由、弘長申也、〔之㋭㋛㋲〕二品（源頼朝）被仰可覧其堪否[之]㋭㋛㋲由、仍今日宗季作献野箭一腰、相叶御意之間、可列御家人之由被仰出云々、

宗季頼朝の仰せにより野箭を作り献ず宗季を御家人と為す

石清水八幡宮に神領を寄進す

又被加石清水神領云々、

源頼朝寄進状

奉寄　八幡宮神領壹所、

在阿波国三野田[保]㋭㋛㋲者、

為見…密々㋲ナシ

内所㋭内所×々×々

飯富㋭飫「飯歟」富

家人㋛人

出云々㋛出

壹所㋭㋛㋲壹処

右、件保者、所奉寄当宮神領也、早為少別当任賢沙汰、知行保務、
為祈禱、以所当物可令〔充脱カ〕神事用途之状、如件〔如件㋭㋛㋲ナシ〕」奉寄如件、
元暦二年六月五日　前右兵衛佐源朝臣頼朝

件保者㋭㋛㋲件保

（39オ）

○底本は「又被加」以下を前行につなげて記す。㋭㋛㋲により改行して示した。

頼朝宗盛の帰洛に際し対面の意向を示す広元の諫言によりこれを止め簾中に於て覧る

七日、戊午、前内府〔平宗盛〕近日可帰洛、可面謁歟之由被仰合因幡前司〔中原広元〕、是本〔平〕
三位中将〔重衡〕下向之時、対面給之故也、而広元申云、今度儀不可似以前之
例、君者鎮海内濫刑、其品已叙二品給、彼者過為朝敵、無位囚人也、
御対面之条、還可招軽骨之傍〔謗㋭㋛㋲〕云々、仍被止其儀、於簾中覧其体、諸人
群参、頃之前内府着浄衣、立烏帽子、出西侍障子之上、武蔵守〔源義信〕・北条殿〔時政〕・駿河〔源広
守〔綱〕・足利冠者〔義兼〕・因幡前司・筑前権守〔後㋭㋛㋲〕〔藤原俊兼〕・足立馬允〔遠元〕等候其砌、二品以比企

頃之㋭項「頃」之
出㋭㋛㋲出于

頼朝比企能員を介して意を伝う

（39ウ）

四郎能員被仰云、於御一族、雖不存指宿」意、依奉勅定、発追討使之
処、輙奉招引辺土、且雖恐思給、尤欲備弓馬眉目者、能員蹲居内府之

被仰㋲彼仰

前、述子細之処、内府動坐、頻有諂諛之気、被報申之趣又不分明、只
令救露命給者、遂出家求仏道之由云々、是為将軍（平正衡カ）四代之孫、武勇稟
家、為相国（平清盛）第二之息、官禄任意、然者不可憚武威、不可恐官位、何対
能員可有礼節哉、死罪更非可被優于礼歟、観者弾指云々、
九日、庚申、廷尉（源義経）此間逗留酒匂辺、今日相具前内府帰洛、二品差橘馬（公長）
允・浅羽庄司（宗信）・宇佐美平次（実政）以下壮士等被相副囚人矣、廷尉日来所存
（40オ）者、令参関東者、征平氏間」事具預芳問、又被賞大功、可達本望歟之
由思儲之処、忽以相違、剰不遂拝謁而空帰洛、其恨已深於古恨云々、
又重衡卿自去年在狩野介宗茂之許、今被渡源蔵人大夫頼兼、同以進
発、任衆徒申請、可被遣南都云々、
十三日、甲子、所被分充于廷尉之平家没官領二十四ケ所、悉以被改
之、因幡前司広元・筑後権守俊兼（藤原）等奉行之、凡謂廷尉勲功者、莫非二
品御代官、不被着〔差副㋭㋛㋲〕御家人等之〔者㋭㋛㋲〕、以何神変独可退凶徒哉、而偏為一身大

宗盛能員に諂い助命を乞う
見る者宗盛を弾指す
義経宗盛を相具し帰洛す
義経拝謁を遂げざることを恨む
重衡伊豆国を進発し南都に向かう
頼朝義経の所存に激怒し義経分の平家没官領を悉く没収す

動坐㋭㋲動座
由云々㋛由云云
以㋭㋛㋲已　矣㋛〈矣〉
参㋭㋛㋲参向　問㋛聞
恨云々㋛恨云云
没官領㋭没官「領」　ケ㋛箇
権守㋲守　莫非㋭㋛㋲非
変㋭反「変歟」

親光高麗国より対馬国に帰る

高麗国主親光に三か国を給い臣下と為す帰朝を惜しみ重宝を与う

功之由、廷尉自称、剰今度及帰洛之期、於関東成怨之輩者可属義経之（40ウ）旨吐詞、縦雖令違背予、争不憚後聞乎、所」存之企太奇怪之由忿怒給、

仍如此云々、

十四日、乙丑、参河守範頼（源）幷河内五郎義長、任二品命、渡使者於高麗国之間、対馬守親光（藤原）帰着彼島云々、是去［々］㋭㋛㋲年自当島欲上洛之折節、平家零落于鎮西之間、路次依不通不能解纜、猶以在国之処、為中納言知盛（平）卿幷少貳種直（原田）等奉行、可令参屋島之由及其催、九州・二島・中国等皆雖従于平家之方、親光独運志於源家之間不行向、仍三ケ度被遣追罰使、所謂高次郎大夫経直種直家子〔種直家子㋭㋛㋲小書〕両度、拒押（捍カ）使宗房種益（賀摩）郎等、一箇度也、（41オ）此輩頻下国、或知行国務、或及合戦、難存命之間、」凌風波、去三月四日令越渡高麗［国］㋭㋛㋲之時、相伴妊婦、仍構仮屋於曠野之辺産生、于時猛虎窺来、親光郎従射取之歟〔訖㋭㋛㋲〕、高麗国主（明宗）感此事、賜三ケ国於親光、已為彼国臣之処、有此迎帰朝、件国主殊惜其余波、与重宝等、納三艘貢船

任㋭㋛㋲等受

罰㋛㋲討
所㋛㋲可
次郎㋭㋛㋲二郎
益㋲直
箇㋭㋛㋲ケ
去三月…仮屋㋭去「・三月…仮屋於」

宝㋲ナシ

久経国平使者として畿内近国を巡検す
頼朝両人に尾張国御家人玉井助重の調査を命ず
両人の言上により助重の追放を命ず
平頼盛の使者到着し去月の出家を報ず
大地震
筑前国香椎社前大宮司の濫行を訴う
頼朝前大宮司の追却を命ず

副送之云々、
十六日、丁卯、典膳大夫（中原久経）・近藤七（国平）等為関東御使帯院宣、処〔巡㋭㋛㋲〕検畿内近
国、成敗土民訴訟、然間、当時其誤不聞、二品内々被感仰之処、尾張
国有玉井四郎助重之者〔云㋛〕、本自為先猛悪、令懐諸人愁之由謳謌、近日殊
（41ウ）又有違勅之科、仍件両人為尋沙汰、雖遣召文敢不応、還及謗」言、于
時久経等言上子細之間、為俊兼奉行、今日被仰助重云、違背綸命之上
者、不可住日域、依令忽緒関東、不可参鎌倉、早可逐電云々、
十八日、己巳、池亜相（平）頼盛〔頼盛㋭㋛㋲小書〕使者到著、去月廿九日於東大寺辺任素懐遂
出家（法名重蓮）、之由被申之、兼日所被申合二品之〔也㋭㋛㋲〕云々、
廿日、辛未、天陰、夜半大地震、一時中動揺及数度、筑前［国］（㋭㋛㋲）香椎社
前大宮司公友（膳伴カ）忽背領家命、致濫行、抑留造替遷宮之儀、加之其身乍為
前司、押而行社務、早可被行罪科之由、社官等日来訴申関東、仍今
（42オ）日」追却其身、可遂行遷宮、若不承引、遣別御使、任法可致沙汰之旨

送云々㋛送云云
訟㋭㋛㋲詔
之者㋭之孝者
謌㋭㋛㋲歌
違背㋭違×有「背」
電云々㋛電云云
到著㋭㋛㋲到着
素㋛索
云々㋭㋛㋲ナシ
揺㋭謡
宮司㋭㋛㋲宮寺

義経近江国篠原宿に於て宗盛を誅す
野路口に於て清宗を誅す

重衡入洛す

大臣の例

大臣処罰の先例

令下知給、俊兼奉[行]㋭㋛㋲之、

廿一日、壬申、卯刻廷尉着近江国篠原宿、令橘馬允公長誅前内府、次至野路口、以堀弥〔太㋭㋛㋲〕太郎景光梟前右金吾清宗〔清宗㋭㋛㋲小書〕(平)、此間、大原本性(湛豪)上人為父子知識被来臨于其所々〔ミ〕、両客共帰上人教化、忽翻怨念、住欣求浄土之志云々、又重衡卿今日被召入華洛云々、

抑前内府宗盛者〔宗盛㋭㋛㋲小書〕、其身備公家(安徳天皇)御外戚、其官昇槐門内相府也、然而朝敵罪名無拠于宥歟、粗訪前蹤、成務天皇御宇三年正月武内宿禰始任大

(42ウ)

臣、天智天皇七年十月十三日大」織冠(藤原鎌足)始任内大臣武内与大織冠中間、大臣十六人歟、給以降、至于此内府、昇件職之臣一百三十六人、此内於内大臣者九人歟、其中非無逢殃之例歟、所謂、用明天皇[二年]㋭㋛㋲四月九日帝崩御、七月日上宮太子〔太㋭㋛㋲〕(厩戸王)于時[十]㋭㋛㋲六歳、誅大臣等〔等㋭㋛㋲ナシ〕守屋(物部)、皇極天皇舒明天皇后、三年甲辰六月於大極殿誅大臣入鹿(蘇我)、大臣蝦夷子、天武天皇元年[七月廿三日太政大臣大友皇子怖叛逆過自殺、同八月]㋭㋛㋲廿七日帝誅右大臣㝵速〔金 連㋭㋛㋲〕(中臣)、同年左大臣赤兄(蘇我)配流、考鎌〔孝 謙㋭㋛㋲〕天皇御宇天平宝字元年丁

卯刻㋭㋛㋲卯剋
口㋭㋛㋲ナシ
所々㋭㋛㋲所々
華洛㋭花洛
宗盛㋭㋛㋲〈宗盛公〉 朝㋲期
蹤㋭×縦「蹤」 禰㋛称
三十六㋭㋛㋲三十三
守屋㋭守至『屋歟』
太政㋭㋛㋲大政

東大寺衆徒の申請により重衡を南都に遣わす

宗盛清宗の首六条河原にて検非違使に引き渡さる

獄門の前樹に懸けらる

重衡南都に於て誅せらる

酉七月二日右大臣豊成（藤原）被遷大宰権帥、同八年甲辰九月十九日誅大臣〔師㋭㋛㋲〕正一位仲麻呂（藤原）、号恵美、桓武天皇御宇延暦元年壬戌六月左大臣魚名（藤原）、左遷、醍醐天皇御宇昌泰四年辛酉正月廿五日右大臣菅原公（道真）、遷大宰権帥給、冷（43オ）泉〕天皇御宇安和二年己巳三月廿七日〔六㋭㋛㋲〕左大臣高明（源）、配西宮、一条天皇御宇長徳二年丙申四月廿四日内大臣伊周（藤原）又左遷帥、高倉院御宇治承三年己亥十一月十七日太政大臣師長（藤原）配尾張国等是也、

○底本は「抑前内府」を前行につなげて記す。㋭㋛㋲により改行して示した。

廿二日、癸酉、重衡卿被遣東大寺、依衆徒申請也、

廿三日、甲戌、前内大臣幷右衛門督清宗等首、源廷尉家人[等]（㋭㋛㋲）持向六条河原、検非違使大夫尉知康（平）、六位尉章貞（中原）・信盛（藤原）・公朝（大江）、志明基（中原）、府生経広（大江）・兼康（紀）等莅其所、請取之、懸獄門前樹矣、此事、頭右大弁光雅朝臣参陣、仰別当家通（藤原）〔家通㋭㋛㋲小書〕、々々仰頭弁、々々伝大夫史隆職（小槻）、々々伝廷（43ウ）尉〕知康云々、今日前[右]（㋭㋛㋲㋚）三位中将重衡於南都殞頸云々、是為伽藍火災

仲麻呂㋭㋛㋲仲麿

正月㋭㋛㋲二月
大宰㋭㋲太宰

西宮㋭×内「同」官㋛
㋲同官

太政㋛大政

癸酉㋚ナシ

甲戌…知康云々㋚ナシ

生㋲主
矣㋭㋛（小書）

々々仰㋭㋛㋲別当仰
々々伝大㋛頭弁伝大

頼朝佐々木成綱本知行所の返付を約す

張本之間、衆徒強申請之「云々」（㋭㋲㋚）、

廿五日、丙子、佐々木三郎盛綱（成㋭㋛㋲）者、平家在世之程者、奉背源家、於事現不忠、而彼氏族城外之後奉追従、遂去年一谷合戦、子息俊綱討取越前三位通盛（平）歟、（訖㋭㋛㋲）仍雖望其賞、令悪先非給之間、敢無御許容之処、属侍従公佐朝臣（藤原）、頻依愁申之、募子息之功、於本知行所者可被沙汰付之由有御契約云々、

張㋭帳　強㋭×強「族」㋛㋲族　之云々㋛之云云
於㋭㋛㋲ナシ

七月小

橘公長等京都より帰参し諸事を報ず

（44オ）
二日、癸未、橘右馬允（公長）・浅羽庄司（宗信）等自京都帰参、去月廿」一日前内府（平宗盛・同清宗）父子梟首事、同廿三日被遣彼首於獄門、被渡重衡（平）於南都事等、具申之云々、

同㋭×内『同歟』　三㋲二　之云々㋛之云云

去る頃平貞能宇都宮朝綱の許に来たる

七日、戊子、前肥後守貞能（平）者、平家一族、故入道大相国（平清盛）専一腹心者也、而西海合戦不敗以前逐電、不知行方之処、去比忽然而来于宇都宮

肥㋭肥「筑歟」
都㋛津

朝綱貞能の厚免を乞う

左衛門尉朝綱之許、平氏運命縮之刻、知少其時、遂出家、遁彼与同之難畢、於今者隠居山林、可果往生素懐也、但雖山林、不蒙関東免許者難求之、早可預申此身之由懇望云々、朝綱則啓事之由之処、平氏[近]㋭㋛親㋲㋚家人也、降合条〔為降人之条㋭㋛㋲㋚〕、還非無其疑之由有御気色、随而無許否之仰、而朝(44ウ)綱強申請之、〔云㋭㋛㋲㋚〕属」平家在京之時、聞挙義兵給事、欲参向之刻、前内府不免之、爰貞能申宥朝綱幷重能(畠山)・有重(小山田)等之間、各全身参御方、攻怨敵畢、是啻匪思私芳志、於上又有功者哉、後日若彼入道有企反逆[事]㋭㋛者㋲㋚、永可令断朝綱子孫給云々、仍今日有宥御沙汰、所被召預朝綱也、

頼朝貞能を許し朝綱に預く

院宣を給わり鎮西に行き向かい巡検する事を久経国平に命ず

十二日、癸巳、鎮西事、且止武士自由狼藉、且顛倒之庄薗如旧附国司・領家、為全乃貢、早申下院宣、行向可遂巡検之由被仰久経(中原)・国平(近藤)等云々、亦平家追討之後、任厳命、廷尉(源義経)者則帰洛、参州(源範頼)者于今鎮西、而以官国〔管㋭㋛㋲㋚〕等有狼藉之由、自所々有其訴、早可召上件範頼之旨、雖被」(45オ)仰下、菊池(隆直)・原田(種直)以下同意平氏之輩掠領事、令彼朝臣尋究之由、二品(源頼

知少㋭知少『未審』
遂出家㋭遂『電』出家
㋛㋲逐電出家
与同之難畢㋭㋛㋲与同難訖
素㋭索
求㋭×求「成」
預申㋭㋛㋲申預
事之由㋭㋛㋲事由
有㋲『・有』
給云々㋛給云云
藉㋭籍
薗㋛㋲園
早申下㋛申下早
等云々㋛等云云
以官国等㋭「以」管国等
藉㋭籍
仰下㋭『・仰』下之㋛
㋲仰下之
原田㋲「・原」田

重ねての院宣により平家没官領等に沙汰人を置き帰洛すべき事を範頼に命ず

去る正月文覚縁起状に後白河院の御手印を得る

文覚の近国荘園への濫吹停止を命ず

地震有り去る九日京都に大地震有り

義経の六条室町亭に被害なし

鎮西の輩に御下文を遣わし御家人と為す

令（朝）覆奏給之間、範頼事、神社仏寺以下領不成妨者、雖不上洛、有何事哉、企上洛可有後悔者、可相計之趣、重被下院宣之間、平家没官領、種直・種遠（板屋）・秀遠（山鹿）等所領、原田・板井・山鹿以下所々事、被定補地頭之程者、差置沙汰人、心精〔静㋭㋛㋲㋚〕可被帰洛之由、今日所被仰遣参州之許也、

十五日、丙申、神護寺文覚房、以関東潤色得院奏之便、去正月廿五日捧縁起状、申下御手印之後、為寄附寺領、於近国令煩庄園之由有其（45ウ）聞、二品殊被驚思食、釈門人」争現邪夜〔狂㋭㋛㋲㋚〕哉、早可停止如然濫吹之由可令下知給云々、俊兼（藤原）奉行之云々、

十九日、庚子、地震良久、京都去九日午刻大地震、得長寿院・蓮華王院・最勝光院以下仏閣、或顛倒、或破損、又閑院御殿棟折、釜殿以下屋々少々顛倒、占文之所推、其慎不軽云々、「而源㋭㋛㋲㋚廷尉六条室町亭、云門垣、云家屋、無聊頽傾云々」、可謂不思議歟、

廿二〔一カ〕日、壬寅、日向国住人富山次郎「大夫㋭㋛㋲㋚」義良以下鎮西輩之可為御家

者雖…可相㋛ナシ
企㋭㋲忩
山鹿㋲山×民「鹿イ」
所々㋭㋛㋲所処
文覚㋭㋛㋲文学
印㋭印「判歟」
園㋭薗
被驚㋭㋛㋲依驚
之云々㋛之云云
刻㋭㋛㋲剋
華㋛花
折㋲アキ
軽云々㋛軽云云
垣㋭㋛㋲墻
傾云々㋛傾云云
次郎㋭㋛㋲二郎

大江久兼京都より陪従として招かる

狩野宗茂流人忠快の伊豆国到着を報ず

泰経の消息到着す
後白河院仏厳の夢告により平家縁座の配流僧を免ず

人分者、他人不可令煩之旨、今日所被成[遣]《㋭㋛㋲㋚》数通御下文也云々、

（46オ）
廿三日、甲辰、山城介久兼《（大江）》依二品之召、自京都参着、是陪従」也、神宴等伎《（役㋭㋛㋲㋚）》、当時無其人、仍態以令招下給云々、

廿六日、丁未、前律師忠快為流人一昨日到着伊豆国小河郷之由、宗茂《（狩野）》申之、是平家縁坐也、

廿九日、庚戌、泰経《（高階）》朝臣消息到着、今月上旬之比、仏厳上人夢中、赤衣人多現云、無罪之輩為平家縁坐多以蒙配流之罪、故有地震等云々、凡為滅亡衆消罪、去五月廿七日被始行不断御読経畢、然者流罪中僧等事者可有免許歟之由有其沙汰、相計可令申宥給之趣[也]《㋭㋛㋲㋚》云々、

八月大

（46ウ）
四日、甲寅、前備前守行家《（源）》者、二品《（源頼朝）》叔父也、而度々雖被差」遣于平氏軍陣、終依不顕其功、二品強不令賞翫給、備州又無進参向、当時半面

也云々㋛也云云

態㋲能
給云々㋛給云云

平家縁坐也㋭平家縁坐也「門脇宰相子通盛事也」（傍書）

等云々㋛等云云

也云々㋛也云云

行家の追討を佐々木定綱に命ず

久経国平京都より参着し後白河院庁下文案を俊兼に預け置き直ちに鎮西に赴く

後白河法皇院庁下文案

武士の濫妨を停止し国衙領荘園を元通り国司領家に委ぬる事を命ず

西国、以関東之親昵、於在々所々譴責人民、加之挿謀反之志、綺〔繂㋭㋛㋲〕既発
覚〔㋚〕云々、仍相具近国御家人等、早可追討行家之由、今日被下御書於佐
佐木太郎定綱云々、
十三日、癸亥、久経（中原）・国平（近藤）等使者自京都参着、帯院庁御下文、已以赴
鎮西畢云々、持参彼御下文案、即所被預置俊兼（藤原）也、其状云、
　院庁下　大宰府幷管内諸国在庁官人等、
　　可早任従二位源卿使中原久経・藤原国平等下知令停止」武士妨諸
　　国・諸庄委附国司・領家事、
（47オ）
右、謀叛之輩追討之後、諸国・諸庄如旧国司・領家可知行之処、
面々武士各々押領不能成敗之由、依有其聞、国務、庄家行庄務、永
停新儀、可守先規之由、去六月成庁下文、相副源卿状、対久経・国
平所下遣也、[早]（㋭㋛㋲㋚）停止旁濫妨、云国衙、云庄薗、如元可令委附国
司・領家之状、所仰如件、大宰府及以管内諸国在庁人等、宜承知、

東之親㋭㋛㋲東親
覚云々㋛覚云云　佐佐木㋭㋛㋲佐々木
太郎㋲大郎　綱云々㋛綱云云
畢云々㋛畢云云㋲云々
幷㋛（小書）　諸国㋭㋛㋲諸
如㋭㋛㋲任
対㋭㋛㋲着
薗㋛㋲園　太㋭㋛㋲大　以管㋭×以管㋛㋲以官

敢勿違失、故下、

元暦二年七月廿八日　主典代織部正兼皇后宮大属大江朝臣（景宗）

判官代宮内権少輔藤原朝臣（親経）」

（47ウ）

別当大納言兼皇后[宮]㋭㋛㋲㋚大夫藤原朝臣（実房）　勘解由次官兼皇后宮権大進藤原朝臣（定経）

民部卿藤原朝臣（成範）　右少弁藤原朝臣（定長）

権中納言藤原朝臣（長方）　左衛門権佐兼皇后宮大進藤原朝臣（親雅）

参議讃岐権守平朝臣（親宗）　左少弁平朝臣（基親）

大蔵卿兼備後権守高階朝臣（泰経）

右大弁兼皇后宮亮藤原朝臣（光雅）

木工頭藤原朝臣（範季）

右馬頭高階朝臣（経仲）

○底本は文書の事書部分「可早任」以下を前行につなげて記し、署名部分もつなげて記す。㋭㋛㋲により、改行して事書を示し、署名を上下二段に分けて示した。また、底本は「大蔵卿…高階朝臣」「右大弁…藤原朝臣」を「参議

勿㋲句

皇后宮大属㋭皇「・后」宮×天「大」属

代㋭㋛㋲ナシ

皇后宮大進藤原朝臣㋭㋛㋲皇后宮大進藤原

皇后宮亮㋭皇后宮×高亮

右馬頭高階朝臣㋛㋲ナシ

…平朝臣」の前に記すが、㋭㋛㋲により正した。

文治改元

十四日、甲子、改元、改元暦二年為文治元年、左大弁兼光（藤原）撰進之、

良暹義朝の遺骨安置のため伊豆国より参上す

廿日、庚午、専光房（良暹）依召自伊豆国参上、是故左典厩（源義朝）御遺骨自京都可

（48オ）

到着之間、可奉安［南］（㋭㋛㋲㋚）御堂之間事、為」令致沙汰也、

鹿島神主下河辺政義御前に於て一決を遂ぐ

廿一日、辛未、鹿島社神主中臣親広与下河辺四郎政義被召御前、遂一決、是常陸国橘郷者被奉寄彼社頭歟、〔領㋭㋛㋲〕〔訖㋭㋛㋲㋚〕而政義以当国南郡惣地頭職称在郡内、押領件郷、令譴責神主妻子等、剰可従所勘之由取告文之旨、親広訴申之、

政義の雌伏により濫妨停止を命ず

政義雌伏、頗失陳詞、［為］（㋭㋛㋲㋚）眼代等所為歟之由称之、仍停止向後濫妨、任先例可令勤行神事之趣、神主蒙恩裁、退出之処、

政義鹿島神を怖れ陳述せず

政義猶候御前之間、仰曰、政義向戦場殊施武勇、対親広失度歟、尤咲之云々、政義申云、鹿島者守勇士之神也、争無怖［畏］（㋭㋛㋲㋚）之［思］（㋭㋛㋲㋚）哉、仍雖有所存、敢不能陳謝云々、」

絵師藤原為久京都より参着す

（48ウ）

廿三日、癸酉、為久（藤原）自京都又参着、為新造御堂画図也、

遺㋲遣

寄㋭㋛㋲ナシ

告文㋭㋛㋲祭文

陳詞㋭陳詞「謝」㋛陣詞㋲陳×詞「謝」

恩裁㋭㋛㋲恩載　之処㋭㋛㋲之後

仰曰㋭㋛㋲仰云

敢㋭㋛㋲故　陳謝云々㋛陣謝云云

下河辺行平鎮西より参着す

廿四日、甲戌、下河辺庄司行平蒙帰参御免、自鎮西去夜参着、是相副参州(源範頼)、発向西海、竭軍忠歟、(訖㋭㋛㋲㋚)同時[所]㋭㋛㋲㋚被遣之御家人等不堪経廻而多以帰参、行平于今在国、有御感云々、今日参営中、献盃酒、二品出御、

行平九国第一の弓と盃酒を献ず

武州(源義信)・北条殿(時政)以下群参、行平称九国第一進弓一張之処、仰云、無左右難領納[之]㋭㋛㋲㋚、遣鎮西之東士悉無粮而棄大将軍、多以帰参畢、汝[所領㋭㋛㋲㋚与西海已隔数ケ日行程也、全乗馬参上、猶可謂]不思議也、剰勧盃酒、

頼朝行平の所行を怪しむ

献土産、於彼国不取人之賄者、争有如此之貯乎、奇怪也者、行平陳申

行平弓入手の方途等を陳ず

云、在国之程、失兵粮之計、経数日之間、為扶郎従等、令沽却彼輩(49オ)[之]㋭㋛㋲㋚甲冑以下」物具訖、而渡豊後国之時者、傍輩皆恃参州御船、行平敢不顧私存忠之故、為任先登於意、以纔所残置之自於鎧相博(分㋭㋛㋲㋚)小船、雖不着甲冑、棹船、最前着岸、入敵[先]㋭㋛㋲㋚陣、討取美気三郎(敦種)、凡毎度竭功之条、大将[軍]㋭㋛㋲㋚見知分明也、今依召欲参之処、無進物事違所存、此弓於九国名誉之由兼以風聞、其主不慮之外沽却之、行平喜之、折節着小

廻㋛過
以下㋭㋛㋲已下
仰云㋭㋲仰曰
議也㋭㋛㋲議
陳㋛陣
数日㋭㋛㋲日数
存忠㋭存×否「忠」
博㋛転
小船㋭㋛㋲小舟
棹㋭㋛㋲掉

頼朝感嘆す

袖二領、仍一領脱之替之、于時参州祇候人等為餞別来会、［見］(ホシモサ)此事頻感之、可被召尋歟、次献盃酒事者、留置下総国之郎従矢僕〔作(ホ)(シ)(モ)(サ)〕二郎・鈴置〔平(ホ)(シ)(モ)(サ)〕下五等用意旅粮米、向于途中、以之令充経営料、全不貪他物云々、二

頼朝弓を重宝と為し自ら引き試みる

（49ウ）
品」具令聞之給、浮感涙、喜其志給、仰曰、行平日本無双弓取也、見知宜弓之条、不可過汝之眼、然者可為重宝者、則召広沢三郎〔実高〕令張之、自引試給、殊相叶御意之由被仰、直賜御盃於行平、仰曰、西国者大底

見之歟、〔依(ホ)(シ)(モ)(サ)〕仰今度勲功、欲充行一国守護職、何国哉、可請者、行平申曰、〔播〕幡磨国有〔須磨〕瑯𤩽・明石［等］(ホシモサ)之勝地、有如書写山之霊場、尤所望之、早可有御計之由被諾仰云々、

行平勲功の賞として播磨国守護職を望み頼朝これを諾す

○(シ)は「召尋歟」で改行し、「次献盃」を行頭に記す。

御霊社鳴動す

頼朝参詣して願書を奉納し御神楽を行う

廿七日、丁丑、午刻御霊社鳴動、［頗］(ホシモサ)如地震、此事先々為怪之由、景〔大庭〕能鷲申之、仍二品参給之処、宝殿左右扉破畢、為解謝之、被奉納御願

（50オ）
書一通之上、巫女等面々有賜」物、各藍摺二反歟、被行御神楽之後還御云々、

文治元年八月

僕(ホ)×徒「作」
粮米向(ホ)(シ)(モ)粮来向　物云々(シ)物云云
申曰(ホ)(シ)(モ)申云
𤩽(モ)瓗　望之(ホ)(モ)望云々(シ)望云云
仰云々(シ)仰云云
午刻(ホ)(シ)午剋
畢(ホ)(シ)(モ)訖
二反歟(ホ)(シ)(モ)二段　御云々(シ)御云云

京都に使者を遣わし葛上神湯荘に就き院庁下文の発給を求む

廿八日、戊寅、二品被進使於京都、是葛上・神湯両庄事可被下院庁御下文之由也、勅使河原後三郎《(有直)》為使節上洛云々、

小除目聞書到来す

源氏一族関東御分国の国司に任ず

義経勅定に任せ伊予守と為る

廿九日、己卯、去十六日有[小]《㋭㋛㋲㋚》除目、其聞書今日到来、源氏多以承朝恩、所謂義範《(山名)》伊豆守・惟義《(大内)》相模守・義兼《(足利)》上総介・遠光《(加賀美)》信濃守・義資《(石河)》越後守・義経《(源)》伊与守、等也、義経朝臣官職事、於以前者、二品頻雖被傾申、至今度予州事者、去四月之比、内々被付泰経[朝臣]《㋭㋛㋲㋚》畢、而彼不義等雖令露顕、今更不能被申止之、偏被任勅定云々、其外五箇国事者、任人面々直懇望申之間、且募勲功之賞、且為添二品眉目、殊所及厳密御沙」(50ウ)汰也云々、各可令知行国務之由云々、皆是当時関東御分国也、

卅日、庚辰、二品御素意偏以孝為本之処、未点水菽《(尽㋭㋛㋲)》々酬《(之㋭㋛㋲㋚)》、而平治有事、厳閤夭亡給之後、以毎日転読法華[経]《㋭㋛㋲㋚》被備没後追福、而令極栄貴給之今、被企一伽藍作事、可安先考御廟於其地之由存念御之間、潜被伺奏此由、法皇《(後白河)》亦叡感勲功之余、去十二日仰判官、於東獄門辺被尋出

戊㋲伐
使㋭㋛㋲御書
葛上㋭㋲葛上「西イ」
予州㋛預州
止㋛㋲上
定云々㋛定云云
五箇国㋭㋛㋲五ケ国
也云々㋛也云云
由云々㋛由云云
菽㋭×叔「菽」
閤㋭㋛㋲閣
法華㋭㋲法花
今㋭今「故歟」
叡感㋛被叡感
判官㋭×刑「判」官

勅使公朝義朝等の首を持ち関東に到着す頼朝稲瀬川辺に参向し自ら首を受け取る

頼朝播磨国書写山の興行を重ねて後白河院に求む

頼朝勅使と対面し砂金以下を給う

故左典厩首、相副正清号鎌田次郎兵衛尉、首、江判官公朝為勅使被下之、今日公朝下着、仍二品為令奉迎之、参向自稲瀬河辺給、御遺骨者文学上人［門］㋭㋛㋲㋚弟僧等奉懸頸、」二品自奉請取之還向、于時改以前御装束、練色水干、（51オ）着素服給云々、又幡（播）磨国書写山事、二品御帰依異于他、性空上人聖跡、不断法華経転読之霊場也、尤如旧可致興行之由、先度粗被仰泰経朝臣之許畢、重可被奏達之旨、今日内々及御沙汰云々、

○㋭㋛㋲はここで冊を分かち、九月より第五冊とし、巻頭一行目に「文治元年乙巳」と記す。

九月小

一日、辛巳、廷尉公朝（大江）為勅使参営中、二品（源頼朝）対面給、被勧盃酒、綷不及再三兮退出、其時賜砂金十両・馬置鞍一疋、又以藤判官代邦通為御使被送長絹二十疋・紺絹三十端於彼宿所、比企四郎（能員）東御門宅云々、」

次郎㋭㋛㋲二郎
稲瀬㋭「・稲」瀬
遺㋲遺
給云々㋛給云云
于㋭㋛㋲ナシ
法華㋭法花
致興行㋭被×与「興」
㋛㋲被興
汰云々㋛汰云云
綷㋛㋲辞
兮㋭㋛㋲号
其時㋭㋛㋲于時
又㋲ナシ

梶原景季成尋布施等調進のため使節として上洛す

頼朝京中の諸事を景季等に仰せ含ます

義朝の遺骨を勝長寿院の地に葬す

頼朝義信頼隆惟義のみを寺内に召し具す

（51ウ）
二日、壬午、梶原源太左衛門尉景季・義勝房成尋等為使節上洛也、南御堂供養導師御布施幷堂荘厳具大略已調置京都、為奉行也、亦平家縁坐之輩未赴配所事、若乍居蒙勅免者不及子細、遂又可被下遣者、早可有御沙汰歟之由被申之、次称御使行向伊与守義経（源）之亭、尋窺備前々司行家（源）之在所、可誅戮其身之由相触、而可見彼形勢之旨被仰含景季云々、去五月廿日前大納言時忠（平）卿以下被下配流官府〔符㋭㋛㋲㋚〕畢、而于今在京之間、二品鬱憤（52オ）給之処、予州為件亜相聟、依思其好抑留之、加之引級備前々」司行家、擬背関東之由風聞之間、如斯云々、

三日、癸未、子刻故左典廐（源義朝）御遺骨副正清（鎌田）首、奉葬南御堂之地、路次被用御輿、恵眼房・専光房（良暹）等令沙汰此事也、武蔵守義信（源）・陸奥冠者頼隆（源）昇御輿、二品着御素服給、参給、御家人等多雖供奉、皆被止榔外、只所被召具者義信・頼隆・惟義（大内）等也、武州者、平治逆乱之時、為先考御共、于時号平賀冠者、頼隆者、亦其夏〔父㋭㋛㋲㋚〕毛利冠者義隆（源）相替亡者之御身被討取歟、〔訖㋭㋛㋲㋚〕彼此依思食旧

太㋲大
未㋲×末『未』
給㋭㋛㋲ナシ
刻㋭剋
昇㋭㋛㋲ナシ
榔㋭㋛㋲墎

勅使公朝帰洛す

頼朝地震の御祈後白河院の徳政崇徳天皇御霊の慰撫を求む

武蔵国威光寺僧の訴えにより小山有高の押領停止を命ず

広元以下文書に署判を加う

勝長寿院供養導師公顕下向の宿次雑事を御家人に課す

好跡、被召抜之云々、

○ホは「二品〈着御素服給〉」の部分を朱で四角く囲む。

四日、甲申、勅使江判官公朝帰洛、二品御餞物尤慇懃也、此程依風

（52ウ）

気、逗留渉日云々、又依去七日「大地震」〔月ホシモサ〕事、且被行御祈、且可被満遍

徳政於天下事并崇徳院御霊殊可被奉崇之由事等被申京都、是可奉添朝

家宝祚之旨、二品御存知甚深〔念ホシモサ〕之故也云々、

五日、乙酉、小山太郎有高押妨威光寺（武蔵国）領之由、寺僧捧解状、仍令停止

其妨、任例可経寺用、若有由緒者令参上政所、可言上子細之旨被仰

下、惟宗孝尚・橘判官代以広・藤判官代邦通等奉行之、前因幡守広（中

原）元・主計允（藤原）行政・大中臣秋家・右馬允（足立）遠元等加署判、新藤次（鎌田）俊長・小

中太（中原）光家等為使節相触有高[云々]（ホシモサ）、

（53オ）

十日、庚寅、御堂供養導師事、被請中本覚院僧正」公顕之処、領状先

畢、仍下向之間宿次雑事以下、今日被充催御家人等、因幡前司・斉〔斎〕院（中原）

跡ホシモナシ　抜之シモ抜

祚之モ祚

次ホ×次「所」　雑シ新

進発日の雑事を佐々木定綱に命ず

次官（親能）等奉行之、進発日雑事、佐々木太郎左衛門尉定綱可沙汰［之］㋭㋛㋲㋚云々、

景季成尋入洛し配所に赴かざる流人の事を申し入る

十二日、壬辰、景季・成尋等入洛、則申配流人々事云々、

申㋭㋛㋲ナシ　人々㋭人人

経房の所望に就き頼朝吹挙す

十八日、戊戌、新藤中納言経房卿者廉直貞臣也、仍二品常令通子細給、於今者吉凶牙〔互㋭㋛㋲㋚〕被示合、而黄門有望之由、内々被申之間、二品令吹挙之給云々、

範頼の使者参着し参洛の遅引を詫ぶ

廿一日、辛丑、三河守（源）範頼、使者参着、既出鎮西在途中、今月相構可入洛、八月中可参洛之由雖蒙厳命、依風波之難遅留、恐思云々、此使（53ウ）自京都先立之旨申之、而」今申状被重御命之条、掲焉之由被感仰之、

三河㋭㋛㋲参河　波之難㋭㋛㋲波難　御命㋭㋛㋲御旨　掲㋲揚『掲イ』　仰之㋭㋛㋲仰〈矣〉

平時忠配所能登国に下向す

廿三日、癸卯、前大納言時忠卿下向配所能登国云々、

頼朝勝長寿院に監臨す

廿九日、己酉、南御堂内陳〔陣㋭㋛㋲㋚〕板敷等削之畢、二品監臨給、匠等更賜禄、

匠等に更に禄を給う

各長絹一疋也、筑後権守（藤原）俊兼・主計允行政奉行之、

也㋭㋛㋲ナシ

十月大

頼朝勝長寿院供養の布施進物を覧る
布施取装束京都より到着するにより所役人に配分す

三日壬子、南御堂供養間導師・請僧等布施、諸方進物、且覧之、其間事令談合左馬頭（藤原能保）給、又為御分[幷]㋭㋛㋲布施取等装束廿余具自京都被召下、義勝房（成尋）相具也、〔之㋭㋛㋲㋚〕去夜参着、仍今日被支配所役人[々]㋭㋲㋚々、〔云々㋭㋲㋚〕因幡前司（中原広元）・(54オ)筑後権（藤原俊兼）」守等奉行之、

景季京都より帰参す
義経憔悴す
義経行家追討に異を唱う
頼朝義経の虚病を疑う

六日、乙卯、梶原源太左衛門尉景季自京都帰参、於御前申之、〔云㋭㋛㋲㋚〕参向伊（源）予守（義経）亭、申御使由之処、称違例、無対面、仍此密事以伝不能〔使㋭㋛㋲㋚〕[伝]㋭㋛㋲㋚、帰旅宿、六条油小路、相隔一両日、又令参之時、乍懸脇息被相逢、其体誠以憔悴、灸有数ケ所、而試達行（源）家追討事之処、被報曰、所労更不偽、義経之所思者、縦雖為如強窃之犯人、直欲糺行之、況於行家事哉、彼非他家、同為六孫王（経基王）之余苗掌弓馬、難準直人也、〔直也人㋭㋛㋲㋚〕遣家人等許、輙難降伏之、然者早加療治、平癒之後可廻計之趣、可披露之由云々者、二品（源頼朝）」(54ウ)仰云、同意行家之間、構虚病之条已以露顕云々、景時（梶原）承之申之、〔云㋭㋛㋲㋚〕初日参之時、不遂面拝、隔一両日之後、有見参、以之案事情、一日不食、

幷㋲「・幷」
々々㋛云云
権守㋛㋲守
太㋛大
脇息㋭㋛㋲脇足
曰㋭㋛㋲云
六孫㋭六殊『孫歟』
準㋭㋛㋲准
等許㋭等之×許「計歟」㋛等之許㋲等之×許『計イ歟』
癒㋭喩
云㋭㋛㋲曰

一夜不眠者、其身必悴、灸者又雖何ケ所、瞬之程可加之、況於歴日数
之〔乎㋭㋛㋲㋚〕、然者一両[日]㋭㋛㋲㋚中被相構如然之事歟、有同心用意兮不可及御疑貽
云々、

九日、戊午、可誅伊予守義経之事、日来被凝群議、而今被遣土左房昌
俊、此追討事、人々多以有辞退気之処、昌俊進而申領状之間、殊蒙御
感仰、〔已㋭㋛㋲㋚〕之及進発之期、参御前、老母幷嬰児等在下野国、可令加憐愍御
(55オ)
之由申之、二品殊被諾仰、仍賜下野国中泉庄云々、」昌俊相具八十三騎
軍勢、三上弥六家季昌俊弟、・錦織三郎・門真太郎・藍沢二郎以下云々、
行程可為九ケ日之由被定云々、

十一日、庚申、御堂仏後壁画図終彩色之功、所奉図浄土瑞相幷二十五
菩薩像也、二品監臨給之処、図浄土之所有三日月、〔而㋭㋛㋲㋚〕間此月者以己影隠
己影云々、今画様頗不叶本説之由被仰之間、画工不能改之、則削云々、
今日佐々木三郎成綱号本佐々木、本知行田地如元可領掌之旨被書下之、但可

昌俊進んで義経追討を領状す

頼朝昌俊に所領を給う昌俊軍勢を率いて進発す

頼朝勝長寿院の壁画の三日月を難ずるにより画工これを削る

文書を発給し佐々木成綱の本知行地領掌を認む

灸㋲×条「灸」
又㋭㋛㋲ナシ
瞬㋭㋛㋲一瞬
歴㋭暦『歴歟』
兮㋛㋲分

土左㋭㋛㋲土佐

功㋭×初「功」

画工㋭画×公「工歟」

従佐々木太郎左衛門尉定綱所堪云々、是雖非一族、佐々木庄（近江国）惣管領者
（55ウ）定綱也、成綱分在其」内之故歟、

去る十一日と今日義経後白河院御所に参る

十三日、壬戌、去十一日幷今日伊予大夫判官義経潜参仙洞（後白河法皇）、奏聞之、〔云ホシ〕
前〔モサ〕備前守行家向背関東企謀反、其故者、可誅其身之趣、鎌倉二品卿所
命、達行家後聞之間、以何過怠可誅無罪叔父哉之由、依含鬱胸〔陶ホ〕也、義
経頻雖加制止、敢不拘、而義経亦断平氏凶悪、令属世於静謐、是盍大
功乎、然而二品曾不存其酬、適所計充之所領等悉以改変、剰可誅滅之

頼朝追討官符の発給を求む

由有結構之聞、為遁其難同意行家、此上者可賜頼朝追討官符、無勅許
（56オ）者両人共欲自殺云々、能可宥行家鬱」憤之旨有勅答云々、

安田義定宛ての院宣鎌倉に到来す

十四日、癸亥、院宣到来于鎌倉、可被遣義定（安田）朝臣[也]〔ホシモサ〕、彼朝臣背綸
命、二品殊可令加諷詞之趣及御沙汰云々、

後白河法皇院宣　小杉御厨への所課免除を遠江国司に命ず

当国小杉御厨、於神宮御領已被下宣旨了、而自国司有妨之由、所訴
申也、尤不便、早如元可被奉免者、依院宣執達如件、

成綱分ホ成『盛歟』綱分シモ盛綱分
予シモ与
二品ホシモ二位
叔父ホ升又「叔父歟」モ叔×文「父」
断ホシモ退
同意ホシモ已同意　追モ進
杉シ坂モ板　了ホシモ畢

九月廿四日　右馬頭（高階経仲）奉、
判、

遠江守館

後白河院の院宣到来す　斎宮用途進納と伊勢神宮領の武士押領停止を求む

十五日、甲子、斉〔斎〕宮用途可被進納之由事幷大神宮御領伊雑神戸・鈴母（56ウ）御厨・沼田御牧・員部神戸・田公」御厨等所々散在武士無其故押領事、可被尋成敗由事、院宣到来、両条所被載別紙也、

豊後国住人臼杵惟隆緒方惟栄去る四日の非常赦の対象となる

十六日、乙丑、豊後国住人臼杵次郎惟隆・緒方三郎惟栄等、去年合戦之間、破却宇佐宮宝殿、押取神宝、依之雖被下配流官符、去四日逢非常赦云々、

昌俊等義経の六条室町亭を襲う

十七日、丙寅、土左房昌俊先日依含関東厳命、相具水尾谷十郎已下六十余騎軍士、襲伊予大夫判官義経六条室町亭、于時予州方壮士等逍遥西河辺之間、所残留之家人雖不幾、相具佐藤四郎兵衛尉忠信等、自開（57オ）門戸、懸出責戦、行家伝聞此事、自後面」来加、相共防戦、仍少時昌

俊退散、予州家人等「走散求之」（ホシモサ）、被〔被ホシモサナシ〕与州命〔命ホシモサナシ〕則馳参仙洞、奏無為之由

義経後白河院御所に参り無為を奏す

館ホシモ殿
大神ホ太神
沼ホシモ治
次郎ホシモ二郎　惟隆ホ維隆　惟栄ホ維栄
左シモ佐
判モ「・判」
相具ホモ相目　佐藤ホシモ左藤
責モ×売「責」　少時ホシモ小時
予州シモ与州　与州ホシモ予州

義経の申請により頼朝追討宣旨を下す

後鳥羽天皇宣旨

行家義経に頼朝追討を命ず

頼朝後白河院の御護剣を探し得し公朝に感じ書状を送る

云々、

十八日、丁卯、義経言上事可有勅許否、昨日於仙洞有議定、而当時義経外無警衛之士、不蒙勅許者、若及濫行之時、仰何者可被防禦哉、為遁今之難、先被〔宣下㋭㋛㋲㋚、追被仰子細於関東、二品定無其憤歟之由治定、仍被〕下宣旨、上卿左大臣（藤原）経宗云々〔云々㋭㋛㋲大書〕、

文治元年十月十八日　宣旨

従二位源頼朝卿偏耀武威、已忘朝憲、宜〔令㋭㋛㋲㋚〕与前備前守源朝臣行家・左衛門〔少〕㋭㋛㋲㋚尉同朝臣義経等、追討彼卿、

蔵人頭左〔右〕大弁兼皇后宮亮藤原光雅奉、」

亮㋭㋛㋲ナシ

○底本は「蔵人頭左大弁…」の署名部分を「追討彼卿」と同行に記す。㋭㋛㋲により次行に移した。

（57ウ）十九日、戊辰、法皇御護御剣去々年紛失、去比江判官公朝求得之令献上之、風聞之間、今日二品以御書被感仰公朝云々、是以左典厩（源義朝）大刀所

御剣㋭㋛㋲御釼　去々㋭㋛㋲去

感仰㋲仰　大刀㋭㋲太刀

勝長寿院供養導師公顕鎌倉に到着す
範頼頼朝の御所に参り日来の事を報ず
頼朝並びに御台所に唐錦以下を献ず
勝長寿院に仏像を安置す
源頼兼京都より参着す

被奉献也、号吠丸、蒔鳩塢云々、先考御重宝再備朝家御護之条、［依］㋭㋛為㋲㋚御眉目、今及此儀云々、

廿日、己巳、御堂供養導師本覚院僧正坊公顕、下着、所相具二十口龍象也、参河守範頼(源)朝臣相伴参着、彼朝臣今夜即参二品御所、申日来事、去月廿七日自西海入洛云々、於鎮西尋歟〔取㋭㋛㋲㋚〕仙洞重宝御剣鵜丸、今度(58オ)進上訖、是平氏党類寿永二年城外之刻、清経(平)朝臣自法住」寺殿取御剣二腰、吠丸・鵜丸、其随一也云々、又唐錦十端・［唐］㋭㋛㋲㋚綾・［絹］㋭㋛㋲㋚・羅等百十端、南廷三十、唐墨十廷、茶碗具二十、唐筵五十枚、米千石、牛十頭等同進院之由申之、次［別］㋭㋛㋲㋚進解文二通、進二品并御台所(北条時政女)御方、唐錦・唐綾・唐絹・南廷五十、・甲冑・弓・八木・大豆等也、

廿一日、庚午、南御堂奉渡本仏、丈六、皆金色阿弥陀像、仏師成朝也、大夫属入道(三善康信)・大和守(藤原重弘)・主計允(藤原行政)等奉行之云々、今日源蔵人大夫頼兼自京都参着、去五月家人久実搦進犯人、昼御座御剣盗人、依件賞、去十一日叙従五位上、久実又賜兵

号㋭㋛㋲ナシ　鳩塢㋭㋛㋲鳩
二十口㋭㋛㋲廿口
象㋭甪「馬歟」㋛㋲馬　参着㋭㋛㋲参着云々
党類㋭賞『党歟』類　御剣㋭御釼
碗㋭㋛㋲垸
阿㋲可　弥陀像㋭㋛㋲弥陀仏　仏師㋛㋲々師　大和守㋭大和寺『守歟』
御剣㋭御釼

勝長寿院供養願文到着す

広元御前に於て読み申す

能保家人鎌倉に参り行家義経追捕頼朝追討宣旨等の事を報ず

山内首藤経俊の僕従伊勢国より参着し義経方に襲われし事を報ず

明日の勝長寿院供養の供奉人を撰ぶ

（58ウ）衛尉、而譲息男久長之由申之、又御堂供養願文到着、草」式部大輔光〔藤原〕範、清書右少弁定長〔藤原〕也、因幡守広元於御前読申之云々、

廿二日、辛未、左馬頭能保〔能保ホシモサ小書〕家人等自京都馳参申之『こ』、「去」〔云ホシモサ〕十六日前備前守行家追補〔捕シモサ〕祗候人之家屋、搦取下部等、結句行家移住北小路東洞院御亭云々、又風聞説云、去十七日土左房合戦不成其後〔功ホシモサ〕、行家・義経等申下二品追討宣旨云々、二品曾不令動揺給、御堂供養沙汰之外無他云々、

廿三日、壬申、山内瀧口三郎経俊僕従自伊勢国奔参、申之〔云ホシモサ〕、伊与守称（59オ）宣旨、被催近国軍兵、此間、為誅経俊、」去十九日被圍守護所、定不遁歟云々、仰曰、此事非実証歟、経俊無左右非可被度于人之者云々、経俊〔者ホシモサ〕在所被補置勢州守護也、

明日御堂供養御出随兵以下供奉人事、今日被清撰之、其中河越小太郎重房者兼日雖被加件衆、依為予州縁者「被」〔ホシモサ〕除之、

大輔ホシモ大夫

左馬ホシモ右馬
申ホシモ甲

土左ホシモ土佐

他云々シモ他〈矣〉

瀧口ホ滝口
与シモ予

圍ホシモ囲

清撰ホ清「・撰」

予シモ与

○底本は「明日」以下を「守護也」につなげて記す。㋭㋛㋲により改行して示した。

勝長寿院供養

堂の舗設

頼朝御出

供奉人交名

廿四日、癸酉、天霽、風静、今日南御堂（号勝長寿院）被遂供養、寅刻御家人
等中［差］（㋭）棟（殊㋭㋛㋲）健士、警固辻々、宮内大輔重頼（藤原）奉行会場以下、堂左右構仮
屋、左方二品御坐、右方御台所并左典厩室家等御聴聞所也、以堂前簀
（59ウ）
子為布施取廿人座（廿人㋭㋛㋲㋚小書）、山本又有北条殿（時政）室（牧宗親女）并可然御家」人等妻聴聞所、巳
刻二品御出、（御束帯）御歩儀、
行列、
先随兵十四人、
畠山次郎重忠　千葉太郎胤正
三浦介義澄　佐々木四郎（貫㋭㋛㋲㋚）大夫成綱（広㋭㋛㋲㋚）
葛西三郎清重　八田太郎朝重
榛谷四郎重朝　加藤次景廉

警㋭驚
御坐㋭㋛㋲御座
刻㋭剋
列㋭烈
四郎㋲四『・郎イ』
藤次㋭㋛㋲藤二

藤九郎盛長(安達)　大井兵三次郎実春

山名小太郎重国　武田五郎信光

北条小四郎義時　小山兵衛尉朝政

小山五郎宗政持御剣、

佐々木四郎左衛門尉高綱着御鎧、

愛甲三郎季隆懸御調度、

御後五位・六位布衣、下括、卅二人

源蔵人大夫頼兼　武蔵守義信(源)

参河守範頼　遠江守義定」

(60オ)

駿河守広綱(源)　伊豆守義範(山名)

相模守惟義(大内)　越後守義資(石河)御沓、

上総介義兼(足利)　前対馬守親光(藤原)

前上野介範信(藤原)　宮内大輔重頼

文治元年十月

兵㋲岳

小四郎㋛㋲四郎

持御剣㋭㋛㋲（大書）
剣㋭釼

着御鎧㋭㋛㋲（大書）

懸御調度㋭㋛㋲（大書）

御沓㋭㋛㋲ナシ

大輔㋭太輔

皇后宮亮仲頼
因幡守広元
橘右馬助以広
平式部大夫繁政
藤判官代邦通
奈胡蔵人義行
千葉介常胤
宇都宮左衛門尉朝綱御沓手長、
梶原刑部丞朝景
足立右馬允遠元最末、
次随兵十六人、
下河辺庄司行平
小山七郎朝光

（60ウ）

大和守重弘
村上右馬助経業
関瀬修理亮義盛
安房判官代高重（源）
新田蔵人義兼
所雑色基繁（平）
同六郎大夫胤頼
八田右衛門尉知家
牧武者所宗親
後藤兵衛尉基清
稲毛三郎重成
三浦十郎義連

同㋛㋲〈東〉同
都㋭㋛㋲津
御沓手長㋭㋛㋲ナシ
足立右馬允遠元〈最末〉後藤兵衛尉基清㋭㋛㋲後藤兵衛尉基清〈最末〉足立右馬允遠元㋭㋛㋲遠光

長江太郎義景　　天野藤内遠景
渋谷庄司重国　　糟屋藤太有季
佐々木太郎左衛門尉定綱　　小栗十郎重成」
（61オ）
波多野小次郎忠綱　　広沢三郎実高
千葉平次常秀　　梶原源太左衛門尉景季
村上左衛門尉頼時　　加々美次郎長清
次随兵六十人、被清撰弓馬達者、皆供奉最末、御堂上後、各候門外東西、
東方
足利七郎太郎（基綱）　　佐貫六郎（広義）
大河戸太郎（広行）　　皆河四郎
千葉四郎（胤信）　　三浦平六（義村）
和田三郎（宗実）　　同五郎
長江太郎（明義）　　多々良四郎（明宗）」
文治元年十月

次郎㋭二郎
被清撰…東西㋛㋲ナシ
七郎太郎㋭七郎大郎
大河戸太郎㋭大河戸大郎

（61ウ）

治田太郎　曾我小太郎（祐綱）
宇治蔵人三郎（義定）　江戸七郎（重宗）
中山五郎（為重）　山田太郎（重澄）
天野平内（光家）　工藤小二郎（行光）
新田四郎（忠常）　佐野又太郎
宇佐美平三　吉河次郎（友兼）
岡部小次郎（忠綱）　岡村太郎
大見平六　臼井六郎（太カ）
中禅寺平太　常陸平四郎
所六郎（朝光）　飯富源太（宗季）

（62オ）

西方
豊島権守（清元）　丸太郎
堀藤太　武藤小次郎（資頼）

治㋭治「沼」㋛㋲沼
工㋭×公「工」㋛㋲公
小二郎㋭㋛㋲小次郎
河次郎㋭㋛㋲河二郎
岡村太郎㋲アキ
平六㋭㋛㋲平三
丸太郎㋲丸大郎

比企藤次　天羽二郎（真常）　羽二郎㋭㋛㋲羽次郎
都筑平太　熊谷小次郎（直家）
那古谷橘次（頼時）　多胡宗太
菜七郎　中村右馬允（時経）　菜七郎㋭菜七郎 右馬允㋭㋛㋲馬允
金子十郎（家忠）　春日三郎
小室太郎（光兼）　河勾七郎（政頼）
阿保五郎　四方田三郎（弘長）

（62ウ）

苔田太郎　横山野三（成綱）
西太郎　小河小次郎（祐義）　河小次郎㋭河小二郎
戸崎右馬允（国延）　河原三郎
仙波次郎（安家）　中村五郎　仙波次郎㋭仙波二郎
原次郎　猪俣平六（則綱）　原次㋭㋛㋲原二
甘糟野次（広忠）　勅使河原三郎（有直）
文治元年十月

頼朝寺門に入り堂上に着す

諸人御鎧着高綱の着様を難ず

高綱故実と称し反駁す

能保以下堂前に着座す

導師参堂

供養終わりて布施を引く

布施取

令入寺門給之間、義盛（和田）・景時等候門外左右行事、次御堂上、胤頼参進、取御沓、高綱着御甲間〔候㋭㋛㋲㋚〕前庭、観者難之、以脇立着甲上為失云々、爰高綱小舎人童聞此事告高綱、々々嗔曰、着主君御鎧之日、若有事之（63オ）時、先取」脇立進之者也、加巨難之者未弁勇士之故実云々、次左馬頭能保（直衣、具諸大夫一人・衛府一人、）・前少将時家（平）・侍従公佐（藤原）・光盛（平）・前上野介範信・前対馬守親光・宮内大輔重頼等着座堂前、武州已下着其傍、次導師公顕率伴僧二十口参堂、演供養[之]㋭㋛㋲㋚儀、事終被引布施、比企藤内朝宗・右近将監宗景〔家㋭㋛㋲㋚〕（伊沢）等役送、先之入布施物等於長櫃、舁立堂砌、俊兼・行政等奉行之、

時家　公佐　光盛　頼兼　範信　親光　重頼

仲頼　広綱　義範　義資　重弘　広元　種業〔経㋭㋛㋲㋚〕

（63ウ）以広　繁政　基繁　義兼　高重　邦通等数返相」替取

布施、

々々㋛㋲高綱

公顕㋭㋛㋲（小書）

二十口㋭廿口

義範㋲ナシ

返㋭㋛㋲反

導師分布施

導師分、

錦被物五重　綾被物五百重　綾二百端

長絹二百疋　染絹二百端　藍摺二百端

紺二百端　砂金二百両　銀二百両

法服一具副錦横被、　上童装束十具

馬三十疋武者所宗親為北条殿御代官奉行之、　此内十疋置鞍、御家人等引之、

所残二十疋者御厩舎人[等]㋭㋛㋲㋚引立傍、

一御馬、千葉介常胤　足立右馬允遠元

二御馬、八田右衛門尉知家　比企藤四郎能員

三御馬、土肥次郎実平　工藤一﨟祐経」

（64オ）

四御馬、岡崎四郎義実　梶原平次景高

五御馬、浅沼四郎広綱　足立十郎太郎親成

六御馬、狩野介宗茂　中条藤次家長

文治元年十月

綾被物㋲綾被

上童㋭㋛㋲上重

所残…立傍㋭㋛㋲（小書）

遠元㋛㋲遠光

次郎㋭二郎

沼㋛治

七御馬、工藤庄司景光　宇佐美三郎祐茂　光㋛アキ

八御馬、安西三郎景益　曾我太郎祐信

九御馬、千葉次郎師常　印東四郎　次郎㋭二郎

十御馬、佐々木三郎盛綱　二宮小大郎〔太㋭㋛㋲〕(光忠)

導師分加布施

次加布施、金作剣一腰・装束念珠付銀打枝、・五衣一領、松重、自簾中被押出云々、已上左　剣㋭釼　枝㋛板

典厩被取之、此外八木五百石被送遣旅店、

請僧分布施

次請僧分、口別色々被物三十重・絹五十疋・染絹五十端・白布百

(64ウ)

端」・馬三疋一疋置鞍、也、毎事莫不尽美、思作善大功、已千載一遇也、還

義盛景時を召し明暁進発可能な御家人の交名注進を命ず

御之後、召義盛・景時、明日可有御上洛、聚軍士〔等〕㋭㋛㋲㋚令着到之、其内明暁可進発之者有哉、別可注進其交名之由、被仰含云々、及半更各申云、群参御家人、常胤已下為宗者二千九十六人、其内申則可上洛之由者、朝政・朝光已下五十八人云々、

○底本は「行列」を前行の「御歩儀」に、「畠山次郎重忠」以下の人名を前行

の「先随兵十四人」に、「導師分」を前行の「布施」に、「次請僧分」以下を前行の「遣旅店」にそれぞれつなげて記す。㋭㋛㋲により改行し、人名も段組で示した。また、㋛㋲は「時家」以下の人名を前行の「奉行之」につなげて記す。

領状の御家人等行家義経誅戮のため京都に向け進発す

廿五日、甲戌、今暁差領状勇士等、被発遣京都、先到尾張・美濃之時、仰両国住人、可令固足近・洲俣已下渡々、次入洛最前可誅行家・義経、敢莫斟酌、若又両人不住洛中者、暫可奉待御上洛者、各揚鞭云々、」

差㋭×差「着」㋲着　勇士等㋭㋛㋲勇士　到㋭㋛㋲至
已下㋭㋛㋲ナシ
御上洛㋭㋛㋲上洛

昌俊義経家人を六条河原に於て処刑す

(65オ)
廿六日、乙亥、土左房昌俊幷伴党二人、自鞍馬山奥与州家人等求獲之、今日於六条河原梟首云々、

土左㋭㋛㋲土佐　幷㋲（小書）　二人㋭㋛㋲三人　与㋭㋛㋲予

頼朝奉幣使を伊豆箱根権現に立て馬を奉納す
兼能使者として上洛す

廿七日、丙子、二品被立奉幣御使於伊豆・筥根等権現、伊豆新田四郎、筥根工藤庄司也、各被奉御馬一疋云々、又筑前介兼能為御使上洛云々、

片岡常春の領所下総国三崎荘を没収し千葉常胤に給う

廿八日、丁丑、片岡八郎常春同心佐竹大〔太㋭㋛㋲〕郎（義政）常春舅、有謀反企之間、被召放

彼領所下総国三崎庄已下〔畢㋭㋛㋲〕、仍今日賜千葉介常胤、依被感勤節等也、

東山道北陸道諸国の御家人に近江美濃への参会を命ず
原宗房に洲俣への参会を命ず
頼朝義経征伐のため進発す
相模国中村荘に宿す

廿九日、戊寅、為征与州・備州等之叛逆、二品今日上洛給、於東国健（65ウ）士者直可被具之、山道・北陸之輩者経山道可参」会于近江・美濃等所々之由被廻御書、又相模国住人原宗三郎宗房者勝勇敢者也、而早河合戦時、令同意景親（大庭）、奉射二品之間、恐科逐電、当時在信濃国、早相具之可馳参洲俣辺之旨、被仰下于彼国御家人等中云々、巳刻令進発給、土肥次郎実平候先陣、千葉介常胤在後陣、今夜御止宿相模国中村庄云々、当国御家人等悉参集、

与㋭㋛㋲予
科㋲料
刻㋭剋
次郎㋭㋛㋲二郎
御止宿㋭㋛㋲止宿

十一月大

頼朝駿河国黄瀬川宿に着く

一日、庚辰、二品（源頼朝）着御駿河国黄瀬河駅、被触仰御家人[等]㋭㋛㋲曰、為聞定（66オ）京都事、暫可逗留于此所、其程各可用意」乗馬幷旅粮已下事云々、

曰㋭㋛㋲云
各㋭㋛㋲ナシ

義経西国に赴かんとし乗船準備のため友実を遣わす

二日、辛巳、与州（源義経）已欲赴西国、仍為令儲乗船、先遣大夫判官友実（藤原）之

与㋭㋛㋲予

庄高家友実を誅す
友実の経歴

処、有庄四郎(高家)者、元与州家人、当時不相従、今日於途中相逢友実、問云、今出行何事哉、友実任実答事由、庄偽示合如元可属与州之趣、友実又称可伝達其旨於与州、相具進行、爰庄忽誅戮廷尉訖、〔者㋭㋛㋲〕件友実先越前国斉藤一族也、垂髪而候仁和寺宮(守覚法親王)、首服時属平家、其後向背相従木曾(源義仲)、々々被追〔討㋭㋛㋲〕付之比、為与州家人、遂以如此云々、

行家義経西国に向け進発す
後白河院に使者を遣わす

三日、壬午、前備前守行家(源)桜威甲、・伊予守義経赤地錦直垂、萌黄威甲、等赴西海、先

(66ウ)

進使者於仙洞(後白河法皇)、申云、為遁鎌倉譴責、零落鎮」西、最後雖可参拝、行粧異体之間、已以首途云々、前中将時実(平)・侍従良成(藤原)義経同母弟、一条大蔵卿長成男、・伊豆右衛門尉有綱(源)・堀弥太郎景光・佐藤四郎兵衛尉忠信・伊勢三郎能盛・片岡八郎弘綱・弁慶法師已下相従、彼是之勢三百騎歟云々、

関東御家人入洛す

五日、甲申、関東発遣御家人等入洛、二品忿怒之趣、先申左府(藤原経宗)云々、

義経摂津国河尻に到る
義経多田行綱等との戦いに敗れ零落す

今日与州至河尻(摂津国)之処、摂津国源氏多田蔵人大夫行綱・豊島冠者等遮前途、聊発矢石、予州懸敗之間、不能挑戦、然而予州「勢」㋭㋛㋲以零落、所残

与州之趣㋭与州趣㋛㋲予州趣
於与州㋭予州㋛㋲与州
誅戮㋭「・被」誅戮
々々㋛㋲木曾
与㋭予
以㋛㋲ナシ
同母弟㋭㋛㋲母弟
弥太㋲弥大
片岡㋭片『・岡』
弘綱㋭㋛㋲弘経
相従㋭㋛㋲ナシ
彼是㋭㋛㋲彼此
三百㋭㋛㋲二百
歟㋛㋲ナシ
与㋭㋛㋲予
摂㋛㋲接
敗㋲ナシ
予㋭㋛㋲与

行家義経大物浜からの渡海を止む

後白河院行家義経の捕縛を命ず

頼朝黄瀬川宿に軍士を召し京都の事を聞き定む

義経解官

頼朝重弘等を京都に遣わす

不幾云々、

六日、乙酉、行家・義経於大物浜乗船之刻、疾風俄起而逆浪覆船之

(67オ)

間、慮外止渡海之儀、分散、相従与州之輩纔」四人、所謂伊豆右衛門尉・堀弥太郎・武蔵房弁慶幷妾女字静、一人也、今夜一宿于天王寺辺、自此所逐電云々、今日可尋進件両人之旨、被下院宣於諸国云々、

七日、丙戌、二品召聚軍士、為聞食定京都事、逗留黄瀬河宿給之処、去三日行家・義経出中国落西海之由有其告、但件両人賜院庁御下文、四国・九国住人宜従両人下知之旨被載之、行家補四国地頭、義経補九州地頭之故也云々、今度事、書宣旨、〔云㋭㋛㋲〕云庁御下文、被任逆徒申請畢、依何被棄捐乎(マヽ)度々勲功哉之由、二品頻鬱陶[給]㋭㋛㋲、而可被下彼宣旨否及

(67ウ)

御沙汰之時、右府(藤原兼実)頻被扶持関東之旨風聞之間、二品欣悦給」云々、今日義経被解却見任、伊与守・検非遺使〔伊与守検非遺使云々㋭㋛㋲小書〕〔違㋭㋛㋲〕[云々]㋭㋛㋲、

八日、丁亥、太和守〔大㋭㋛㋲〕(藤原)重弘・一品房昌寛等為使節自黄瀬河上洛、行家・

分散㋭「・伴類」分散　与㋭㋛㋲予

戌㋛㋲午　召聚㋭㋛㋲為召聚

出中㋭㋛㋲於中

云庁㋛㋲之庁

右府㋭右符　頻㋭㋛㋲頗　之間㋭㋛㋲間　悦給㋭㋛㋲悦

頼朝上洛を止め鎌倉に帰る

義経等事所被欝申也、又彼等已落都[之間]㋭㋛㋲、止御上洛之儀、今日令帰鎌倉給[云々]㋭㋛、

頼朝鎌倉に還御す

能保都人の伝言により頼朝追討宣旨への諸卿の対応を報ず

十日、己丑、還御鎌倉之処、左典厩（藤原能保）被申[云]㋭㋛㋲、只今都人伝言云、義経反逆間、可被下追討宣旨否事、被仰合左右内府（藤原実定）并帥中納言経房（藤原）〔経房㋭㋛㋲小〕等之処（書）、右府意見首尾殊被尽理、皆是豈関東引級之詞也、内府是非不被申分明之儀、左府早可被宣下之由被申切、帥納言再三傾申之云々、又刑部卿頼経（藤原）・右〔左〕馬権頭業忠（平）等者其志偏有与州腹心〔在㋛㋲〕、廷尉知康（平）同」前之由云々、

（68オ）

後白河院近国国司に義経行家の逮捕を命ず

十一日、庚寅、義経等反逆事、任申請被宣下畢、但追可被誘関東之由在叡慮之処、二品之鬱憤興盛之間、日来沙汰之趣、已相違畢、爰義経・行家巧反逆、赴西海之間、於大物浜漂没之由雖有風聞、亡命之条非無所疑、早仰有勢之輩、尋捜山林可召進其身之由、被下院宣於畿内近国々司等云々、其状云、

内府㋭内符
帥中納㋭㋛㋲帥納
内府是㋛㋲右府是
左府㋭左符
被申切㋭㋛㋲申切
与㋭㋛㋲予
大物㋛太物
亡㋲×己『亡』

後白河法皇院宣

頼朝駿河国以西の御家人に上洛延引を伝う

被院宣称、源義経・同行家巧反逆、赴西海之間、去六日於大物浜忽　反㋛㋲返
逢逆風云々、漂没之由雖有風聞、亡命之条非無狐疑、早仰有武勇之　亡㋲已『亡』　之条㋭㋛㋲条
輩、尋捜山林河沢之間、不」日可令召進其身、当国之中、至于国領
〔者㋭㋛㋲〕先、任状令遵行、於庄園者移本所致沙汰、事是厳密也、曾勿懈緩　園㋭薗　致㋛到
者、院宣如此、悉之、謹状、
十一月十一日　大宰権師〔帥㋭㋛㋲〕　大宰㋭㋛㋲太宰
其国守殿

（68ウ）

○底本は「其国守殿」を「十一月十一日」と「大宰権師」との間に記す。㋭㋛㋲により次行に移した。

〔二㋭㋛㋲〕十一日、辛卯、二品被遣御書於駿河国以西御家人、被触仰併〔称㋭㋛㋲〕、九郎已　西㋭㋛㋲両
落京畢、仍御上洛事、当時者所令延引也、但各無懈怠之儀致用意、可　怠㋭㋛㋲緩
順重仰也[者]《㋭㋛㋲》、又駿河国岡辺権守泰綱、此間依病悩、御堂供養幷御坐　坐㋛㋲座
黄瀬河之時不参向、近日適平愈、聞可有御上洛事、扶悴衰之身、先参　聞㋭聞「間歟」㋛㋲間

義経の縁者河越重頼の所領を収公す

（69オ）
鎌倉、可[候]〔㋭㋛㋲〕御共之由申也、〔之㋭㋛㋲〕而只今無御京上之儀、不可参」向、将又肥満泰綱騎用之馬定無之歟、須廻用意可随御旨之由被報仰云々、今日河越重頼所領等被収公、是依為義経縁者也、其内伊勢国香取五ケ郷、大井兵三次郎実春賜之、其外所者重頼老母預之、又下河辺四郎政義同被召放所領等、為重頼聟之故也、凡今度次第、為関東重事之間、沙汰之篇、始終之趣、太思食煩之処、因幡前司広元〔中原〕申之、〔云㋭㋛㋲〕世已属澆〔澆㋛㋲〕季、梟悪者尤得秋也、天下有反逆輩之条、更不可断絶、而於東海道之内者、依為御居所雖令静謐、姦濫定乱〔起㋭㋛㋲〕於他方歟、為相鎮之、毎度被発遣東士者、人之煩也、国費也、以此次諸国交御沙汰、為〔毎㋭㋛㋲〕国衙・庄園、被補」

之由㋭㋛㋲由
只㋭㋛㋲ナシ
定㋭㋛㋲ナシ
大㋛太
篇㋭㋛㋲ナシ
属㋭㋛㋲ナシ
澆㋭繞
人之㋭㋛㋲人々
此㋲「・此」

広元守護地頭設置を進言す

（69ウ）
守護・地頭者、族〔強㋭㋛㋲〕不可有所怖、早可令申請給云々、二品誠〔殊㋭㋛㋲〕甘心、以此儀治定、本末相応、忠言之所令然也、

有㋭「・有」㋛㋲ナシ

高階泰経の使者参着し能保亭に参る

十五日、甲午、大蔵卿泰経〔高階〕朝臣使者参着、依怖刑歟、直不参宮中、先到左典厩御亭、告被献状於鎌倉殿之由、又一通献[典厩]〔㋭㋛㋲〕、義経等事、

能保使者を伴い御所に参る
俊兼泰経の状を読み申す
頼朝追討宣旨に就き後白河院の弁明を伝う
頼朝後白河院を日本第一の大天狗と称す
義経妾静吉野山蔵王堂に到る
静吉野山執行の尋問に答う

全非微臣結構、只怖武威伝奏許也、及何様遠聞哉、就世上浮没〔説㋛㋲〕、無左右不鑽之様、可被宥申云々、典厩相具使者、達子細給、府卿之状披覧、俊兼〔藤原〕読申之、其趣、行家・義経謀叛事、偏為天魔所為歟、無宣下者参宮〔宮㋭㋛㋲〕中可自殺之由言上之間、為避当時難、一旦雖似有勅許、曾非叡（70オ）慮之所与云々、是偏伝天気歟、二品被投」返報云、行家・義経謀叛事、為天魔所為之由被仰下、甚無謂事候、天魔者為仏法成妨、〔於㋭㋛㋲〕云々人倫致煩者也、頼朝降伏数多之朝敵、奉任世務於君之忠、何忽変反逆、非指叡慮被下院宣哉、云行家、云義経、召取之間、諸国衰弊、人民滅亡歟、仍日本第一大天狗者更非他者歟云々、

十七日、丙申、予州籠大和国吉野山之由風聞之間、執行相催悪僧等、日来雖索山林、無其実之処、今夜亥剋与州妾静自当山藤尾坂降到于蔵王堂、其体尤奇怪、衆徒等見咎之、相具向執行坊、具問子細、静云、吾是九郎大夫判官今伊与守、妾也、自大物浜与州来此山、五ケ日逗留之処、

浮没㋭浮税「説」
鑽㋭鑽「鎮」　之状㋭㋛㋲云状
亥剋㋛㋲亥刻　与㋭予
王㋲主『王』
与州㋭㋛㋲予州

吉野山大衆静の説に基づき義経を捜索す

土肥実平上洛す

源時清帰洛し義経行家の生存を報ず

平時実義経と離れて帰京し生け捕らる

義経吉野山より多武峯に向かう

(70ウ)衆徒蜂起之」由依風聞、伊与守者仮山臥之姿逐電訖、于時与数多金銀於我、付雑色男等欲送京、而彼男共取財宝、棄置于深峯雪中之間、如此迷来云々、

十八日、丁酉、就静之説、為捜求与州、吉野大衆等亦蹈山谷、静者執行頗令憐愍、相労之後、[称]《㋭㋛㋲》可進鎌倉之由云々、

十九日、戊戌、土肥次郎実平相具一族等、自関東上洛、今度被支配国々精兵之中、尤為専一云々、

廿日、己亥、伊予守義経・前備前守行家等出京都、去六日於大物浜乗船解纜之時、遭悪風漂没之由及風聞之処、八島冠者時清(源)同八日帰洛(71オ)畢、両人未死[之]《㋭㋛㋲》旨言上云々、」次讃岐中将時実朝臣乍為流人身、潜在洛、而今度相具義経、赴西海、縡不成伴党離散之刻、帰京之間、村上馬助経業舎弟禅師経伊生虜之云々、両条達叡聴畢之由有其聞云々、

廿二日、辛丑、予州凌吉野山深雪、潜向多武峯、是為祈精大織冠(藤原鎌足)御影

銀㋭㋛㋲銀類

与㋭予　亦㋭㋛㋲又　蹈㋭踏

廿㋛㋲二十　予㋛㋲与

風聞㋭㋛㋲伝聞　洛㋭㋛㋲京

成㋭成号「兮」㋛㋲成号　伴㋛㋲件

馬助㋭㋛㋲右馬助　虜㋲膚『虜』

精㋭㋛㋲請

云々、到着之所者南院内藤室、其坊主号十字坊之悪僧也、賞翫与州

悪㋲×要『悪』　与㋭㋛㋲予

云々、

頼朝天下泰平の願書を諸社に奉る

廿四日、癸卯、二品為国土泰平被奉[御]㋭㋛㋲願書於諸社、先太神宮分、被付(度会)生〔光〕倫神主、其外近国一宮云々、於相模国中者、仏寺十五ケ所、神社十一ケ所、悉以被奉納之云々、」

北条時政上洛す

義経行家の捜索を命ぜらる

(71ウ)廿五日、甲辰、今日北条殿(時政)入洛云々、行家・義経叛逆事、二品欝陶之趣、師〔帥㋛〕中納言具以奏達、仍今日条々有沙汰、慥可尋索之由被宣下、其状云、

之趣㋭㋛㋲趣

後鳥羽天皇宣旨

文治元年十一月廿五日　宣旨

前備前守源行家・前伊予守[同]㋭㋛㋲義経恣挟野心、遂赴西海訖、而於摂津国解纜之間、忽逢逆風之難、誠是一天之譴也、漂没之[間]㋭㋛㋲雖有其説、殞命之実猶非無疑、早仰従二位源朝臣、不日尋捜在所、宜令投搦其身、

予㋭与　野心㋭野×心　西海㋭㋛㋲海西

蔵人頭右大弁兼皇后宮亮藤原光雅奉、

○底本は「蔵人頭右大弁」以下の署名を前行につなげて記す。㋭㋛㋲により改行して示した。

泰経後白河院より籠居を命ぜらる

（72オ）
廿六日、乙巳、大蔵卿泰経朝臣籠居、是義経申下追討宣旨」事、依為彼朝臣伝奏、源二位卿殊欝申之趣、達叡聞之間、勅定如此云々、泰経同意行家・義経謀叛事、載書状、挟竹枝、昨日立師〔帥㋭㋛㋲〕中納言庭、黄門乍驚披見之、付定長（藤原）朝臣備奏覧云々、

昨㋲作「昨」

時政守護地頭の設置を経房に申し入る

廿八日〔七㋛㋲〕、丙午、補任諸国平均守護・地頭、不論権門勢家庄公、可充課兵粮米段別五升、之由、今夜北条殿被謁申藤中納言経房卿云々、

被謁申㋭㋛謁申㋲申
藤中納言経房卿㋭㋛
㋲藤経房卿中納言

後白河院守護地頭の設置を許可す

廿九日、戊申、北条殿所被申之諸国守護・地頭兵粮米事、早任申請可有御沙汰之由被仰下之間、師〔帥㋭㋛㋲〕中納言被伝勅於北条殿云々、又多武峯十

多武峯住僧義経を十津川に送る

（72ウ）
字坊相談予州云、寺院非広、住」侶又不幾、遁隠始終不可叶、自是欲奉送遠津河（大和国）辺、彼所者人馬不通之深山也者、与州諸之、太欣悦之間、

予㋛㋲与
与㋭予
太㋭㋛㋲大

差悪僧八人送之、謂悪僧者、道徳・行徳・拾悟・拾禅・楽遠・楽円・
文妙・文実等也云々、

頼朝上洛使の便宜のため駅路の法を定む

今日二品被定駅路之法、依此間重事、上洛御使雑色[等]㋭㋛㋲、伊豆・駿河
以西、迄近江国、不論権門庄之、〔々㋭㋛㋲〕取伝馬、可騎用之、且於到来所可沙
汰其粮之由云々、

○底本は「今日二品」以下を前行につなげて記す。㋭㋛㋲により改行して示した。

楽遠㋭㋛㋲楽達
迄㋭㋛㋲迄于
取㋭㋛㋲所
馬㋭寺「馬」㋛寺㋲×
寺『馬』

十二月大

在京の平氏一族を御家人に召し預くよう時政に命ず

一日、庚戌、平氏一族相漏誅戮・配流二罪之輩多以在京都、又前中将
時実（平）去夏雖含配流宣下、不向配所、今度同意義経（源）、赴西海之由風聞、
（73オ）仍是彼早尋取之、可召預在京」御家人之由、今日被仰遣北条殿（時政）、去月〔去月廿五日入洛云々㋭㋛㋲小書〕廿五日入洛云々、

含㋛㋲令
赴㋭㋛㋲ナシ

度会光倫参籠中の夢告を頼朝に報ず
頼朝御厩の馬を庤に奉る

四日、癸丑、〔光〕（度会）生倫神主申云、捧去月御願書、令参籠于安房国東条御厨庤、抽懇祈之処、今月二日有霊夢之告云々、（源頼朝）二品則被奉御厩御馬号飛〔号飛龍〕龍於件庤云々、〔㋭㋛㋲小書〕

義経行家に同意せし侍臣北面の交名を経房の許に遣わす

六日、乙卯、今度同意（源）行家・義経之侍従〔臣㋭㋛㋲〕并北面輩事、具達関東、仍可被申行罪科之由、注交名於折紙、被遣師〔帥㋭㋛㋲〕（藤原経房）中納言、其上、殊結構衆六人可申請之旨被触仰北条殿、謂六人者、侍従（藤原）良成・少内記（中原）信康伊予守右筆、・右馬〔左〕権頭（平）業忠・兵庫頭（藤原）章綱・大夫判官（平）知康・信盛（藤原）・左衛門尉（藤原）信実・時（藤原）成等[也]㋭㋛㋲、

頼朝兼実に書状を献ず

又右府（藤原兼実）有引級関東之聞、依令露中丹、被献」一通書云々、

（73ウ）

（中原）広元・善〔信〕心（三善康信）・（藤原）俊兼・（藤原）邦通等此間事奉行云々、

源頼朝折紙奏状

院奏折紙状云、

可有御沙汰事、

一、議奏公卿

右大臣可被[下]㋭㋛㋲内覧宣旨、　内大臣（藤原実定）

注㋭㋛㋲雖
謂六人者㋭㋛㋲ナシ
伊予㋭㋛㋲伊与
左衛㋭㋛㋲右衛
右府㋭右符
之聞㋭㋛㋲聞
此間事奉行云々㋭沙汰此間事云々㋛㋲沙汰此間事

権大納言（藤原）実房卿　（藤原）宗家卿　（藤原）忠親卿

権中納言（藤原）実家卿　（源）通親卿　経房卿

参議（藤原）雅長卿　（藤原）兼光卿

議奏公卿による朝務の計らいを求む

已上卿相朝務之間、先始自神祇、次至于仏道、依彼議奏可被計行

也、」

依彼ⓗ依被彼

兼実に内覧宣旨を下されん事を求む

（74オ）

一、接〔摂ⓗⓢⓜ〕録〔籙〕事

録ⓜ×銀『録』

可被下内覧宣旨於右大臣也、但於氏長者、（藤原基通）本人不可有相違也、

光雅を解任し蔵人頭に光長兼忠を補する事を求む

一、職事〔々〕ⓗⓢⓜ

（藤原）光長朝臣　（源）兼忠朝臣

二人相並可被補歟、（藤原）光雅朝臣被下追討宣旨畢、天下草創之時、不

吉之職事也、早可被停廃也、

院御厩別当に朝方を還補する事を求む

一、院御厩別当

（藤原）朝方卿〔本脱カ〕奉行之職也、可被還補歟、

大蔵卿に宗頼を任ずる事を求む

一、大蔵卿」

(藤原)宗頼朝臣可被任之、

(74ウ)

弁官に親経を任ずる事を求む

一、弁官事

(藤原)親経可被採用歟、

右馬頭に公佐を任ずる事を求む

一、右馬頭

侍従(藤原)公佐可被任之、

隆職を解任し左大史に広房を任ずる事を求む

一、左大史

日向守(小槻)広房在任国、可被任之、(小槻)隆職成追討宣旨、天下草創之時、

禁忌可候也、仍可被停廃、

知行国主の改替を求む

一、国々事

伊予　右大臣御沙汰、月輪殿、」

越前　内大臣御沙汰、

石見　宗家卿可給也、

(75オ)

越中　光隆（藤原）卿同、
美作　実家卿同、
因幡　通親卿同、
近江　雅長卿同、
和泉　光長朝臣同、
陸奥　兼忠朝臣同、

頼朝豊後国を給わる事を求む

豊後　　豊後㋭㋛㋲ナシ
頼朝欲申給、其故者、云国司、云国人、同意行家・義紅〔経㋭㋛㋲〕謀叛、　　叛㋭㋛㋲反
仍為令尋沙汰其党類、欲令知行国務也、

（75ウ）

闕官に器量の仁を任ずる事を求む

一、闕官事
撰定器量、可被採用也、
十二月六日　頼朝有判〔在㋭㋛㋲〕、　　判㋭㋛ー㋲ー『判イ』

源頼朝奏状

解官事

凶臣の解官追却を求む

（76オ）

参議（平）親宗　大蔵卿（高階）泰経　右大弁光雅
刑部卿（藤原）頼経　〔右㋛㋲〕左馬頭（高階）経中〔仲㋭㋛㋲〕　〔左〕右馬権頭業忠
左大史隆職
左衛門少尉〔知康脱カ〕　信盛　信実　時成
兵庫頭章綱」
同意行家・義経等欲乱天下之凶臣也、早解官見任、可被追却
也、兼又此外行家・義経家人、追従勧誘之客、相尋浅深、於官　追従㋭㋛㋲逆徒
位之輩一々可被解官停廃也、僧・陰陽師之類相交之由有其聞、　一々㋛㋲一一　之由㋭㋛㋲由
同可有追却也、
十二月六日　頼朝〔在㋭㋛㋲〕有判、　判㋭㋛㋲一

源頼朝言上状

被献右府御書曰、　府㋭符
言上、
事由、
文治元年十二月

（76ウ）

右、言上日来之次第候者、定子細事長候歟、但平家奉背」君（後白河法皇）、旁奉　長㋛ナシ
結遺恨、偏企濫吹[候]〈㋭㋛㋲〉、世以無隠候、今始不能言上候、而頼朝為伊
豆国流人雖不蒙指御定、忽廻籌策、可追討御敵之由令結構候之間、
御運令然之上、勲功不空、始終已〔令〕討平、伏敵於誅、奉世於君、日来　世㋲也『世』
之本意相叶、公私依悦思給候、先不待平家追討之左右、為停近国十
一ケ国武士之狼藉、差上二人使、久経（中原）・国平（近藤）、猶私下知依有恐、一々賜院宣　藉㋭籍
可成敗之由仰含候畢、仍彼国狼藉大略令沙汰鎮候之復〔後㋭㋛㋲〕、依別仰、重
又件使者男被下遣鎮西・四国候、已賜院宣令進発候畢、如此之間、
種直（原田）・隆直（菊池）・種遠（板屋）・秀遠（山鹿）之所領者、依為没官之所、任先例、可置沙

（77オ）

汰人職之」由雖令存候、且先乍申事由、尚輙于今不成敗候、何況自　事由㋭㋛㋲事之由
余之所不及成敗候、如近国沙汰、任院宣可鎮旁狼藉之由、兼令存知
[候]〈㋭㋛㋲〉之処、不審次第出来候、以義経補九国地頭、以行家被補四国地　不審㋛㋲不慮　補四国㋭「・補」四国　㋲四国
頭候之条、前後之間、事与意相違、彼輩各相憑其柄、巧非分之謀、

地頭設置の意を述ぶ

令下向候之刻、雖無指寄攻之敵、天譴難遁、乗船解纜之時、入海浮
浪、郎従眷属［即］〔㋭㋛㋲〕令滅亡之条、誠非人力之所及、已是神明御計也、
而彼両人、其身未出来、暗跡逐電、旁分手令尋求候［之］〔㋭㋛㋲〕間、国々
庄々、門々戸々、山々寺々、定狼藉事等候歟、召取候［之］〔㋭㋛㋲〕後、何不
相鎮候哉、但於今者、諸国庄園平均可尋沙汰地頭職候也、其故者、」（77ウ）
是全非思身之利潤候、土民或令梟〔含〕悪之意、値遇謀反之輩候、或就
脇々之武士、寄事於左右、動現奇怪候、不致其用意候者、向後無四
度計候歟、然者、雖伊与国候、不論庄公、可成敗地頭之輩候也、但
其後、先例有限正税已下国役、本家雑事、若致対捍、若到〔致㋭㋛㋲〕懈怠候
者、殊加誡、無其妨、任法可致沙汰候也、兼可令御心得此旨給候、
兼又当時可被仰下候事、愚意之所及、乍恐注折紙、謹以言上〔進㋭㋛㋲〕之、一
通院奏料令付師〔帥㋭㋛㋲〕中納言卿候、今度天下草創也、尤可被究行淵底候〔源㋭㋛㋲〕、
殊可令申沙汰給也、天之所令奉与也、全不可及御案候、以此旨可令
文治元年十二月

攻㋭故「攻」
後㋭㋛㋲処
思㋭×思「愚」
反㋭㋛㋲叛
其後㋲其後「役歟」
料㋭「・紙」㋛㋲アキ
尤可被㋛㋲尤被

（78オ）

洩申右大臣殿給」之状、謹言上如件、

十二月六日　　頼朝〔在㋭㋛㋲〕有判、　　判㋭㋛㋲一

謹上　右中弁殿

○折紙状は『玉葉』および『吉記』の文治元年十二月二十七日条に、頼朝書状は『玉葉』同日条にも収める。字句の異同は多いが、校訂には反映させていない。底本は「謹上　右中弁殿」の上に「七」を書き、摺り消している。

雑色奏状等を帯し上洛す

七日、丙辰、雑色浜四郎（時沢）為御使帯院奏折紙状幷被献右府御書等上洛、　　右府㋭右符　等㋭×土『等歟』

左典厩下部黒法師丸為京都案内者被相副之、有義経同心聞之侍臣[事]㋭㋛　　左㋛右

兼実の縁者成範を解官折紙から除く

㋲被申子細之中、民部卿成範（藤原）卿者、為右府御縁者[之]㋭㋛㋲間、被除折紙云々、　　右府㋭右符　間㋭問『間歟』

京都の諸事を能保公佐に託す

此間事等、京都巨細者大略以被示合左典厩（藤原能保）幷侍従公佐等治定云々、彼　　此間㋭此×間「間」　巨㋲×臣『巨』　定云々㋭定云云

公佐朝臣者、〔室脱カ〕二品御外舅法橋全成息女子也、北条殿外孫也、旁以有其好之上、心　　息女子㋭㋛㋲子息女

（78ウ）

操太穏便、不背御意之故、今度則」令挙申右馬権頭給云々、

○諸本ともに「法橋全成息女子也」もしくは「法橋全成子息女也」を「二品御外舅」の下に記すが、これは本来は「北条殿外孫」の注記であろう。

吉野山執行静を京都の時政亭に送る

八日、丁巳、吉野執行送静於北条殿御亭、就之為捜求与州、可被発遣軍士於吉野山之由云々、

頼朝息万寿病悩す

十一日、庚申、二品若君(万寿)俄以御病悩、諸人群参、営中物忩、若宮別当(円暁)法眼為御加持被参候云々、

時政の飛脚参着し洛中の諸事を報ず

十五日、甲子、北条殿飛脚自京都参着、被注申洛中子細、謀反人家屋等先点定之、同意悪事之輩、当時露顕分、不逐電之様、廻計略、此上又申師〔帥㋭㋛㋲〕中納言殿畢、

静の陳述の趣旨を報じ対処の判断を仰ぐ

次与州妾出来、相尋之処、与州出京、赴西海之暁、被相伴至大物浜、而船漂倒之間、不還〔遂㋭㋛㋲〕渡[海]㋭㋛㋲、伴類皆分散、其夜
(79オ)
者宿天皇寺、〔王㋭㋛㋲〕与州自此逐電、于時約曰、今一両日於当所可相待可遣迎者也、但過約日者速可避云々、相待之処、送馬之間、乗之、雖不知何所、経路次、有三ケ日、到吉野山、逗留彼山五ケ日、遂別離、其後更不知行方、吾凌深山雪、希有而着蔵王堂之時、執行所虜置也者、申状如此、何様可計沙汰[乎]㋛云々、

万寿平愈

若公御平愈云々、

丁㋲下「丁」
与㋭予
候云々㋛候云云
点㋲黙
之輩㋭㋛㋲輩
与州妾㋭予州妾
与州出京㋭㋛㋲予州出都
伴㋲×件『伴』
与州自㋭㋛㋲予州自
逐㋲遂
但㋭×値「但」㋲値
避㋭㋛㋲行避
沙汰乎云々㋭㋲沙汰畢云々㋛沙汰乎云云

雑色上洛の途次に於て病悩す

十六日、乙丑、去七日所被副上洛御使之黒法師丸自途中馳帰、申云、雑色浜四郎至駿河国岡部宿、俄病悩、心神失度、待平愈之期、雖経両日、当時起居猶不任其意、況難向遠路云々、依之不廻時剋、被差上雑

別の雑色を遣わす
時政に静の下向を命ず

(79ウ)
色鶴次郎・三沢五郎、〔生㋭㋛㋲〕」黒法師丸猶所相副也、［又］〔㋭㋛㋲〕被遣北条殿御返事、静者可被召下云々、

時政宗盛息等を捕らう
維盛の男六代を捕らう
文覚時政に弟子六代の赦免を乞う
宗盛息を処刑す

十七日、丙寅、小松内府（平重盛）息丹後侍従忠房（平）、後藤兵衛尉基清預之、所北〔亦㋭㋛㋲〕条殿任関東仰、屋島前内府（平宗盛）息童二人・越前三位通盛（平）卿息一人被捜出之、於遍照寺奥大学寺北〔覚㋭㋛㋲〕菖蒲沢虜権亮三位中将惟盛（平）卿嫡男、字六代、令乗輿被向野地（近江国）之処、神護寺文学（覚）上人称有師弟之昵、申請北条殿云、須啓子細於鎌倉、待其左右之程、可被宥［置］〔㋭㋛㋲〕云云々、前土左守実宗（平）〔宗実㋭㋛㋲〕小松内府息、左（藤原経宗）府猶子也、是又被申二品、暫可有免許之由被仰［遣］〔㋭㋛㋲〕、依之両人共被閣之、於屋島内府息等者梟首云々、」

(80オ)
廿一日、庚午、［於］〔㋭㋛㋲〕諸国庄園下地者、関東一向可令領掌給云々、前々

雖㋭×難「雖」
依之㋭㋛㋲依　剋㋛㋲刻
府息㋭符息
之昵㋭㋛㋲昵
土左㋭㋛㋲土佐　松内府㋭松内符　左府㋭左符
有㋭㋛㋲ナシ　共㋭㋛㋲者
府息㋭符息
園㋭薗

経房勅答を伝えんがため関東に下向する由風聞す

頼朝公卿の下向を怖れ辞す

頼朝親光の対馬守還任を上奏す

文覚の弟子僧参着し六代の赦免を乞う

称地頭者多分平家々人也、是非朝恩、或平家之領内授其号補置之、或国司・領家為私芳志定補于其庄園、又令違背本主命之時者改替之、而平家零落之刻、侮〔依㋭㋛㋲〕為彼家人知行之跡、被入没官畢、仍施芳恩本領主空手後悔之処、今度諸国平均之間、還断其恩〔思㋭㋛㋲〕云々、

廿三日、壬申、師〔帥㋭㋛㋲〕中納言為御使可被下向之由、今日風聞関東、已叡慮治定云々、是行家・義経之間事、条々被奏聞之趣、為有勅答歟、二品殊令恐申給、可言上事用使者幷書状、被仰下事又披奉書散欝念、如卿相為御使被」(80ウ)凌長途之条、尤可慎之由被申之云々、又前対馬守親光〔藤原〕為公家為武門抽大功訖、[而]㋭㋛㋲不意乎〔兮㋭〕被改任国、可還任之由頻愁申之間、二品所被執申之云々、

廿四日、癸酉、文学上人弟子僧某、為上人飛脚参申[云]㋭㋛㋲、故維盛[卿]㋭㋛㋲嫡男六代公者、為門弟之処、已欲被梟罪、彼党類悉被追討畢、如此少生者、縦雖被赦置、有何事哉、就中祖父内府於貴辺被尽芳心、且募彼

之領㋭㋛㋲領　授㋭㋛㋲ナシ　其号㋭×其「或」号

定云々㋛定云云　間事㋭㋛㋲事

使者㋭㋛㋲役者

乎㋛㋲号

僧㋭㋛㋲ナシ　維㋛㋲惟

六㋲「・六」

内府㋭内符　且㋲旦

六代の身柄を文覚に預くよう時政に命ず

平時実を生け捕る

経宗猶子宗実の赦免を乞う

甘縄の土民立ちながら死す

御台所の女房夢中の託宣を告ぐ

功、且被優文学、可預給歟云々、彼者為平(貞盛)将軍正統也、雖少年争無成人之期哉、尤難測其心中、但上人申状又以非可黙止、進退〔谷㋭〕苦之由被仰(81オ)云々、使者僧懇望及再三之間、暫可奉預上人之由」被遣御書於北条殿云々、

廿六日、乙亥、前中将時(平)実朝臣同意与州赴西海之間、於路次生虜之、今日武者所宗親(牧)相具所参向也、又左府御書到来、是故小松内府末子前土左守宗実者、自幼齢当初為猶子、而依彼余族、〔殃㋭㋛㋲〕可有断罪之由風聞、枉欲申請之云々、可存其旨之趣被報申云々、

廿八日、丁丑、甘縄辺土民字所司次郎、去夜於囷上乍立頓死、人挙見之、家中之輩語群集者云、及半更、扣戸有喚此男名字之者、此男答、則開戸之刻、再不語、而良久怪之取脂燭見之処、已入死門云々、又去比若宮(81ウ)別当坊下僧夜」行之時、於路次頓滅、少時蘇生、語云、大法師一両人行会、抱留之由思云々、其僧于今如亡云々、又御台所(北条時政女)御方祇候女房下

其心中㋭㋛㋲其心　苦㋛㋲否
之由㋭㋛㋲之旨
与㋭予
左府㋭左符　内府㋭内符
土左㋭㋛㋲土佐　依彼㋲依被
枉㋭狂　旨㋲×止『旨イ』　趣㋭越『趣歟』
次郎㋭㋛㋲二郎　囷㋭困『極屋歟』㋛圄　㋲×囷『聞イ』
扣㋭㋲叫㋛叩　男名㋲男『・之イ』名　字之㋲字×之『イ无』
少時㋭㋛㋲小時
之由㋭㋛㋲由

天魔の所変により鶴岡八幡宮別当に祈禱を命ず

野局夢、号景政之老翁来申二品云、讃岐院（崇徳天皇）於天下令成祟給、吾雖制止申不叶、可被申若宮別当者、夢覚畢、翌朝申事由、于時雖無被仰之旨、彼是誠可謂天魔之所変、仍専可被致国土無為御祈之由、被申若宮別当法眼、加之以小袖・長絹等給供僧・職掌、邦通奉行之、

時政の使者解官宣旨を伝う

廿九日、戊寅、北条殿御使参着、去十七日被下解官宣旨、大外記師尚（中原）送之、則奉献其状云、」

後鳥羽天皇宣旨

（82オ）

大蔵卿兼備後権守高階朝臣泰経
右馬頭高階朝臣経仲
侍従藤原朝臣能成
越前守高階朝臣高経〔隆〕
少内記中原信康
左大臣宣、奉勅、件等人宜令解却見任者、
文治元年十二月十七日　大外記中原師尚奉、

之老㋭㋛㋲云老
法眼㋭㋛㋲法眼坊
官㋲宮『官』
左㋛右
件等人㋭件×等人「等」

○後鳥羽天皇宣旨は、『玉葉』文治元年十二月十八日条にも収める。㋭㋛㋲は「大蔵卿…」の前行の行頭に「云々」と記す。あるいは省略の意味かとも考えられるが、『玉葉』所収の文書と対照しても、この部分に文言の省略はない。

土佐国吾河郡を六条八幡宮に寄進す

六条八幡宮の由緒

丗日、壬〔己㋭㋛㋲〕卯、令拝領諸国地頭職給之内、以土左国吾河郡令寄附六条若宮給、彼宮者点故廷尉（源為義）禅室六条御遺跡、被奉勧請石清水、以広元弟秀〔季〕
(82ウ)
厳阿闍梨所被」補別当職也、

土左㋭㋛㋲土佐　郡㋭×群『郡歟』
点㋲黙　石㋲名『・石イ』
被㋛㋲ナシ

○㋭㋛㋲は末尾に「吾妻鏡五之終」の尾題を付す。

（表紙題簽、異筆）
「吾妻鏡第五」

源頼朝御台所甘縄神明宮に参詣し帰路盛長家に入御す

頼朝叙二位後の直衣始として鶴岡八幡宮にて参詣す

（1オ）吾妻鏡第五

丙午　文治二年　自正至六、」

（1ウ）」

（2オ）文治二年丙午

正月小

二日、辛巳、及暮雪、二品《(源頼朝)》幷御台所《(北条時政女)》御参甘縄神明宮、以御還向便路、入御藤九郎盛長《(安達)》家云々、

三日、壬午、去夜雪猶委地、去年叙二品給之後、未及御直衣始沙汰、依予州《(源義経)》事、世上雖未静謐、且為令成衆庶安堵之思、今日被刷其儀、則詣鶴岳八幡[宮]《㋭㋛㋲》給、左典厩《(藤原能保)》・前少将[時]《㋭㋛㋲》家《(平)》等参会、又武蔵守義信《(源)》・宮内大輔重頼《(藤原)》・駿河守広綱《(源)》・散位頼兼《(源)》・因幡守広元《(中原)》・加賀守俊隆・筑後

午㋲×年「午」
去年㋲年
給㋲去給
予㋛与
令㋛㋲ナシ
庶㋭広『庶』
内㋲「内」
頼兼㋭㋛㋲兼

（2ウ）権守俊兼（藤原）・安房判官代高重（源）・藤判官代邦通・所雑色基繁（平）・千葉介」常胤・足立右馬允遠元・右衛門尉朝家（八田）・散位胤頼（千葉）等随兵十人供奉、（供奉、随兵十人㋭㋛㋲）「在最㋭㋛末㋲、」

随兵交名

武田兵衛尉有義　板垣三郎兼信
工藤庄司景光　岡部権守泰綱
渋谷庄司重国　江戸太郎（重長）
市河別当行房　小諸太郎光兼
下河辺庄司行平　小山五郎宗政

還御の後椀飯有り

神拝に際し千葉胤頼頼朝の仰せにより父常胤に相対して着座す

胤頼の経歴

御奉幣事終、還御之後、有椀飯、抑今日御神拝之間、供奉人等相分廟庭左右着座、而胤頼相対父常胤着、聊寄座下方云々、（聊寄座下方云々㋭㋛㋲小書）人不甘心、是依（3オ）仰如此云々、常胤者雖為」父六位也、胤頼者[雖]㋭㋛㋲為子五品也、官位者君之所授也、何不賞哉之由被仰下云々、此胤頼者、平家執天下権之時、雖候京都、更不諛其栄貴、依遠藤左近将監持遠挙、仕上西門院（統子内親王）、

藤㋛ナシ㋲「・藤」

之後㋛㋲後
椀㋭㋛㋲垸
分㋭㋛分于
対㋭㋛㋲対于
聊㋭㋲耶「敢」㋛敢

彼御給叙従五位下、又就持遠好、以神護寺文学〔覚〕上人為師檀、文学在伊豆国時令同心、有申于二品之旨、遂挙義兵給之比、勧常胤、最前令参向、兄弟六人之中、殊抽大功者也、

平時実の京都送還を決す

五日、甲申、前中将時実〔平〕朝臣為流人不起〔赴㋛〕配所、剰同道予州之間、已有重畳之過、仍令生虜、被召下、在美濃藤次安平西御門家矣、被問子細之処、無分明陳謝、承伏之」（3ウ）故歟、然而於関東、依難被定刑、今日可被返進京都之由御定云々、亦帥中納言〔藤原経房〕為御使可有参向之由有其聞、非指子細者、可令留給歟、又去冬注折紙被申条々、所詮可有〔在㋭㋛㋲〕聖断之旨、可〔所㋭㋛㋲〕被示遣之〔也㋭㋛㋲〕、

北条時政の飛脚京都より参着し除目聞書を進む

七日、丙戌、雨降、北条殿〔時政〕飛脚自京都参着、御使雑色鶴二郎等去冬十二月廿六日入洛、令申給之趣同廿七日有其沙汰、解官・配流等、蔵人宮内権少輔親経〔藤原〕宣下、別当家通〔家通㋭㋛㋲小書〕〔藤原〕・藤宰相雅長〔雅長㋭㋛㋲小書〕書除目云々、

除目聞書

参議源雅賢元蔵人頭、右中将、　右大弁藤行隆元右〔左〕中弁、

彼㋲×彼「被」
令㋲×今「令」　申㋭㋛㋲示申
起㋭×起「赴」㋲越　予㋛与
矣㋭㋲矣（大書）
之故㋛故
御定㋭㋛㋲治定
注㋭㋛㋲註
宮㋛官　書㋛聞書

左中弁藤光長元〔権〕権右中、〔ナシ〕　右中弁源兼忠元権、

（4オ）

権右中弁平基親元左少、　左少弁藤定長元右少、

右少弁藤親経元蔵人宮内権少輔、　左大史小槻広房元算博士日向守、年卅八、

大蔵卿藤宗頼前伯耆守、　右馬頭藤公佐元侍従、

和泉守藤長房光長朝臣給、（藤原）　陸奥守［藤］㋭㋛㋲業宗前中納言雅頼卿給、元近江、（源）

近江守藤雅経参議雅長給、（藤原）　越中守同家隆元侍従、前中納言光隆卿給、（藤原）

因幡守源通具権中納言通親卿給、（源）　伊与守源季長右大臣給、（藤原兼実）

美作守藤公明左衛門督実宗卿給、〔家㋭㋛㋲〕（藤原）　蔵人頭藤〔光〕実長従四位上、

従四位下源兼忠

解官

参議平親宗　左大史小槻隆職

刑部卿藤頼経　左衛門少尉藤〔平カ〕知康大夫尉、

（4ウ）

同信盛検非違使、　中原信貞

藤光㋭㋛㋲同光

左大史…前伯耆守㋛ナシ㋲「・左大史…前伯耆守」

元近江㋛㋲「元近江守」

同㋭㋛㋲内
隆卿㋛隆

与㋛予

源㋛ナシ㋲「・源」

左馬権頭平業忠　兵庫頭藤範綱　綱㋛㋲経
前大蔵卿高階泰経伊豆、　前刑部卿藤頼経安房、
配流
議奏公卿
右大臣　内大臣(藤原実定)
皇后宮大夫(藤原)実房、　中御門大納言(藤原)宗家、
堀河大納言(藤原)忠親、　左衛門督実家、
源中納言通親、　帥経房〔経房㋭㋛㋲小書〕　通親㋛㋲(大書)
藤宰相雅長、　右大弁(藤原)兼光、〔左㋭㋛㋲〕」

○底本は「解官」の下に割注として「従四位下源兼忠」を記す。㋭㋛㋲により前行に移した。また、底本は「左衛門督〈実家〉」と「帥経房」が入れ替わっている。㋭㋛㋲により正した。なお、㋛は「高階泰経〈伊豆〉」で改行する。

御所心経会

(5オ)八日、丁亥、営中有心経会、若宮別当(円暁)法眼并大法師源信・恵眼等参　并㋛(小書)
行、施物各被物一重、邦通奉行之、　各㋭㋛㋲等

時政高野山衆徒の訴えにより狼藉停止を命ず

九日、戊子、高野山衆徒依有訴申旨、北条殿令加下知給上、為止当領狼藉、被差遣雑色云々、

九日…下知給㋭㋛㋲ナシ　当㋭㋛㋲寺　色云々㋛色

北条時政下文

下　紀伊国高野山御庄々、

可早令停止兵粮米幷地頭等事

幷㋛（小書）

高野山領の兵粮米並びに地頭停止を命ず

右、件御庄々、彼御山所仰下也、仍為令致其制止、雑色守清所下遣也、自今以後者、可令停止旁狼藉也、且御庄之折紙遣之、敢勿違失、故下、

々㋲「・々」　庄之㋭㋛㋲庄々　故㋭殿「故」

文治二年正月九日　　平「

二㋲三

摂津国貴志の輩を御家人に加え能保亭の宿直を課す

（5ウ）

十日、己丑、摂津国貴志輩事、所被加御家人也、但止関東番役等、一向可勤左馬頭能保〔能保㋭㋛㋲小書〕宿直之由被定云々、

一向㋭㋛㋲ナシ

時政高瀬荘の一円知行を拒み地頭惣追捕使を補す

十一日、庚寅、高瀬庄事、不可交武家沙汰之由、雖被仰下、北条殿注所存於折紙、被付帥中納言云々、

仰㋭『・仰』　注㋲×注「註」

北条時政折紙

高瀬庄事、雖令究済兵粮米候、於地頭想〔惣㋭㋛㋲〕追補〔捕〕使者被補候畢、但於狼

者㋭㋛㋲ナシ

藤原経宗の使者帰洛す

追討官符に就き頼朝経宗の弁明を諾す

伊勢祭主競望の輩の使者帰国す

光倫の懇望により祭主能隆の改替に就き聖断を求む

藉者可令停止候也、

十七日、丙申、去冬下向左府(藤原経宗)御使今日帰洛、依御報遅々也、而非無使節之験云々、是被下官府(符㋭㋛㋲)於予州等事、依左府計議之由風聞之旨、頗以不快、而不被宣下者、行家(源)・義経於洛中企謀反歟、給官府(符㋭㋛㋲)赴西海之

(6オ)

故、君臣共安全、」是何被処不義哉由被申之、二品承披(彼㋭㋛)由被諾申云々、

十九日、戊戌、神祇大副大中臣公宣・少副(大中臣)為定等使者、此間参住、今日帰国、是去年十一月九日祭主神祇権大副親俊(大中臣)卿於伊勢国薨逝、仍各捧歎状(款㋭㋲)、望祭主闕之処、神宮奉行親宗(平)卿・光雅(藤原)朝臣等耽賄、同月廿五日被補能隆(大中臣)朝臣訖、是所被超越也、件両奉行者与同謀反之凶臣也、其姦濫已露顕、神慮不快歟、聖断依違盍被諫奏哉、早可令奏聞給由載之、光倫(度会)神主執申之、仍被進此状於京都者、但如此事、二品依不知委

(6ウ)

細、只為散人鬱憤執申許也、於為非拠者、不可有勅裁、難執」申之由被申之、

左府㋭㋛㋲左符　而非㋭㋛㋲然而非　無㋲ナシ　予㋛与　左府㋭㋛㋲左符　之旨㋭㋛㋲ナシ

十一㋛十二

越也㋭㋲也㋛世

露顕㋭㋛㋲顕露

憤㋭㋛㋲墳　於㋲「・於」

後白河院の六十算賀のために上絹以下を送る
流刑の早急な執行を要請す

廿一日、庚子、法皇(後白河)今年六拾御宝算也、仍可被行御賀之旨、為被申行之、上絹三百疋・国絹五百疋・釁牙等、此外斑幔六十帖所令進上京都也、〔又〕(㋭㋛㋲)去年被言上条々悉以被施行之上者、流刑等事、早可被行之由被申之、大夫属入道(三善康信)令執沙汰此間事云々、

頼朝神馬を諏方社に寄進す

廿三日、壬寅、二品被進神馬於諏方上下宮云々、

日吉塔下彼岸衆の訴訟に就き後白河院の裁定を求む

廿四日、癸卯、日吉塔下彼岸衆訴訟事、有其沙汰、非二品一方御成敗之間、今日所被執申京都也、

源頼朝書状

(7オ)

日吉塔下彼岸衆申文一通謹以進上之候、為法」性寺領小橋庄(摂津国)被押領三ケ村候云々、而重家自近衛殿(藤原基通)賜小橋庄預所職候畢、仍衆徒可停止重家之結構之旨、雖触遣候、云彼云是、共以庄領候、依不能私成敗候、所執申候也、任道理可被計仰下候歟、頼朝恐々謹言、

正月廿四日　頼朝裏御判、

進上　帥中納言殿

庚子㋚ナシ　拾㋭㋛㋲㋚十　為㋚ナシ
又去年…間事云々㋚ナシ　可㋛ナシ㋲「・可」　被申㋛ナシ㋲『・被申』　事云々㋛事云云
被進㋭㋛㋲進　宮云々㋛宮云云
訟㋭㋛㋲詔
衛㋲×御「衛」
私㋛彼　敗候㋛㋲敗
所㋭㋛㋲所々

頼朝新摂政宣下を後白河院に要請す

廿六日、乙巳、摂〔籙〕録事、早可被宣下之由、二品令申京都給、当執柄依
伊予守義経謀逆事就説等之故也云々、〔有云々説等之故也云々㋭㋲〕

能保同室家帰洛のために遠元家に門出す
頼朝御台所餞別の遊宴を催す

（7ウ）
廿八日、丁未、左典厩及室家(源義朝女)依可被帰洛、門出于足立右馬」允遠元家、
先之二品幷御台所渡御「于」其所、令奉待給、是御餞別儀也、以帖絹・白
布・紺絹・布・藍摺等候、作椀飯兼被置之、又積色々絹・布・羽・皮
等、置侍所、為扈従輩也、終夜御遊宴云々、又備後信敷庄以下数ケ所

備後国信敷荘以下の地頭職を能保室に去り与う

地頭職令避与于彼室家給云々、

推問のため静の進上を時政に命ず

廿九日、戊申、予州在所于今不聞、而猶有可被推問事、可進静女之由
被仰北条殿云々、又此事尤可有御沙汰[之](シ)由、付経房卿令申給云々、

二月大

能保同室家子息鶴岡八幡宮に参詣し御神楽を行う

（8オ）
一日、己酉、左典厩能保〔能保㋭㋛㋲小書〕(藤原)幷室家(源義朝女)・男女御子息被参鶴岳」八幡宮、被行
神楽、別当(円暁)・供僧及職掌各有賜物、是近日依可有帰洛、今有此儀云々、

予㋛預　逆㋛反　就㋛有雑
門出㋭㋛㋲出門
幷㋛（小書）　于㋭㋛㋲於　奉待…藍摺㋭㋛㋲ナシ
候㋭㋛㋲ナシ　椀㋭㋛㋲垸
宴㋛ナシ㋲「・宴」
予㋛与　問㋲門
御㋭㋛㋲ナシ
行㋭「・奏」㋛㋲奏
及㋭反『及歟』

時政六条河原に於て群党を処刑す

今日北条(時政)殿於六条河原刎群党十八人首、凡如此犯人者不可渡使庁、直可処刎《フン》刑之由云々、

頼朝諸国司に就き条々を京都に申し入る

二日、庚戌、二位家(源頼朝)就諸国宰史事、条々有令申京都給事云々、

前対馬守親光の還任を求む

一、以前対馬守親光(藤原)可被還任由事、

是匪啻於関東有忠、又朝家功臣也、其故者、任中之間、帯厳重神事成功宣旨之上、為御祈禱、或令修造八幡宮以下鎮守諸大明神六十余社之御宝殿、或奉餝同宮放生会御輿装束并錦御帳及神殿御戸帳・舞」装束等已三万余疋経営、小国乃貢満足殆不顧余剰者歟、

(8ウ)

皆存院(後白河法皇)進御物之由、［欲］㋭㋛㋲令運上京都之処、平家下向之間、路次不通之故、依為有限御物、為御祈禱、令帰神要訖云々、件神役目録副歎〔款㋭㋲〕状付進之間、令執進之給也、

源邦業を下総守に推挙す

一、散位源邦業国司事、

是為御一族功士、下総国同為御分国之間、被挙申［之㋭㋛㋲云々］、

此犯㋛犯㋲「此」犯
由㋲典
云々㋭㋛㋲ナシ
以㋭㋛㋲ナシ
啻㋲×帝×口「啻」
中㋛申
事㋲ナシ
同宮㋛㋲同官
錦㋭㋛㋲ナシ
要訖㋭㋛㋲宝祝
副㋛ナシ
令㋭今

藤原季光を豊後守に推挙す

一、毛呂太郎〔太㋭㋛㋲〕藤原季光国司事、
是大宰権師〔帥㋭㋛㋲〕季仲（藤原）卿孫也、心操尤穏便、相叶賢慮歟、旁理運之間、
就為御分国、令挙申豊後国給云々、

給云々㋛給云云

御家人の官職辞表八通を進む

一、御家人官途事、
各令住〔住㋭㋛㋲〕「任」違〔遠㋭㋛㋲〕『之』国、久不可帯顕要官之由、依令慎存給、辞書八通被献覧
之、
以上被付経房（藤原）卿云々、

（9オ）

○底本は「件神役」「以上被付…云々」をそれぞれ前行につなげて記す。㋭㋛㋲により改行して示した。

武蔵国真慈悲寺僧参上し窮乏を歎き申す

三日、辛亥、武蔵国真慈悲寺者御祈禱霊場也、然而未依無寄附庄園、
仏無供具之備、僧失衣鉢之貯、爰僧有尋今日参上、安置一切経於当
寺、可修理破壊之由、申請之間、則所被補院主職也、
四日、壬子、営北山本、狐生子、其子入御丁台、卜筮之所推不快、凡

貯㋭貯『貯』
所㋲可
卜㋲下　筮㋭㋛㋲基

怪異の御夢想により鶴岡八幡宮別当荒神供を修す

去年以来頻有怪異、又去比有御夢想、貴僧一人参于御枕上、射山事、尤可奉重、不然者可有慎之由申之云々、仍若宮法眼参仕、修荒神供云々、」

能保一家の帰洛に際し頼朝御台所餞別を贈る

（9ウ）
六日、甲寅、左典厩能保〔能保㋭㋛㋲小書〕帰洛、相伴室家・姫君二人等、去夜二品被遣御馬十疋以下餞物、御台所（北条時政女）令進長絹三百疋於室家幷姫君給、又左典厩昇進事、及同室家可為禁裏（後鳥羽天皇）御乳母歟事、二品所令執申給也、次為御共被差進当参在国御家人等、所謂岩原平三・中村次郎（盛平）・比企藤次・土肥弥太郎（遠平）・小揚土藤三・横地太郎（長重）・勝田三郎（成長）等也、此外宿次兵士事、兼日被定下云々、

議奏公卿に申し入れんとする条々を注し能保に付す

典厩御在鎌倉者、諸事被申合間、雖為至要、当時於京都巨細無媒介人等、仍令忩給、又神仏事幷禁裏・仙洞等事、節会・除目[及]㋭㋛㋲予州（源義経）事、可被触申于議卿事等、注条々具示付給云々、」

時政の使者鎌倉に到着し時実の上総国配流を報ず

（10オ）
七日、乙卯、北条殿使者到来関東、去月廿三日前中将時実（平）朝臣被下配流官符、改周防国、被配流上総国之由云々、

又㋭㋛㋲且
申之㋭㋛㋲申
仕㋭㋛㋲住
甲㋛申
揚㋭揚「楊歟」㋛楊
地太㋛㋲地大
勝田㋭勝「・間」田㋛㋲勝間田
媒介人等㋭㋛㋲人于媒介
事幷㋛事「幷」
予㋛与
被配㋭㋛㋲可被配

源兼忠書下

中原広元賞として肥後国山本荘を賜る

時政の飛脚京都より院宣を持参す

後白河院の熊野詣供米等の進上を求める

後白河法皇院宣

源二位書状返献之、時実被配上総国畢、可令得此御意給之状如件、

正月廿五日　右中弁兼忠《(源)》

今日広元《(中原)》賜肥後国山本庄、是義経《(源)》・行家謀逆之間計申事等始終符合、殊就被感思食、被加其賞之随一也云々、

(10ウ)

九日、丁巳、北条殿飛脚自京都到来、持参院宣、御熊野」詣事、定長《(藤原)》奉書如此、今春中欲令遂御、々山供米等可被沙汰進之由云々、則所被副進左少弁奉書也、是去三日戊剋自帥中納言之許到来于北条殿、今月中可執進御請文之旨、厳密被相触之間、不経日時、令献上之由、被載彼状云々、

御熊野詣、此六七年已絶、連々雖思食立、自然不被遂候、返々遺恨、天下之不落居も非只事、朝暮所歎思食也、可然者、今春遂はやと思食之由、可仰遣源二品也、今月之中欲聞食左右、差飛脚可遣之由、可被仰時政也、兼又御山無物云々、少々米なんと運」進てんや

(11オ)

文治二年二月

此㋛ナシ

中㋭㋛㋲ナシ　則㋲別

剋㋭㋛㋲刻　帥㋛㋲師

請㋛諸

云々㋛云云

絶㋭施「・行」㋛㋲施行

之㋭㋛の　歎㋲欲　は㋭㋛い㋲そ

山㋲止　なんと㋭㋛㋲なと　て㋲せて

と可被仰遣也、廿八度御参、卅度に満まほしく、御心願無他之趣、
能々可被計仰之由候也、又時政[に]㋭㋛㋲も、此子細可被仰合之旨、内々
御気色候也、恐惶謹言、

二月三日　左少弁定長

帥中納言殿

院宣如此、得此御意、可令沙汰進給、仍執達如件、

二月三日　太宰帥

（ほ㋭㋲つ　御心㋭㋛㋲心　合㋭㋛㋲含　帥㋲師　御意㋭㋛㋲意　進㋲ナシ　太㋭㋛㋲大）

藤原経房進上状

○㋛㋲は「持参」で改行して、「院宣」を平出する。

当番の雑色京都より時政の状を進む

十三日、辛酉、当番雑色自京都参着、進北条殿状等、静女相催可送進、（11ウ）又正月廿三日・同廿八日、洛中群盗蜂起、」則搦獲之、去一日十八人梟首畢、経数日者、似寛刑之間、不及召渡使庁、直致沙汰云々、

（寛刑㋭㋛㋲刑寛）

義経に同意せし僧の召還を命ず

十八日、丙寅、予州隠住多武峯事風聞、依之彼師檀鞍馬東光坊阿闍梨・南都周防(聖弘)得業等有同意之疑、可被召下之云々、

（予㋛与　依之㋲×立「之」　檀㋭㋲壇）

伊豆国より到来の甘苔を京都に進上す

十九日、丁卯、供御甘苔、自伊豆国到来々〔于㋭㋛㋲〕『之』鎌倉、彼国ノ土産也、仍任例差専使被京都〔都㋭㋛㋲ナシ〕進之云々、

苔㋲「・海」苔
ノ㋲ナシ

時政弓削荘の兵粮米停止を命ぜらる

廿一日、己巳、弓削庄〔伊予国〕兵粮米事、可停止之由、為帥中納言奉、被仰下北条殿、召問沙汰者、可令言上之由、今日被進請文、而［無］〔㋭㋛㋲〕左右不成免許、頗以称可有御不審、黄門加斟酌、暫」（12オ）不奏御返事之由云々、

帥㋲「帥」
下㋭㋛㋲ナシ
許㋭㋛㋲判
有㋭㋛㋲ナシ
云々㋛云云

時政神崎荘の兵粮米停止を命ぜらる　天野遠景に沙汰を命じ頼朝に報ず

廿二日、庚午、神崎御庄〔肥前国〕兵粮米事、可停止之旨、以帥中納言被仰北条殿之間、今日且任府宣、且相尋子細、可致沙汰之由、被示遣天野藤内遠景、其上被申関東云々、

帥㋲師

小槻隆職の太政官保押領と重書抑留停止を朝廷に求む

小槻広房の訴えによる

廿三日、辛未、前太夫〔大　史㋭㋛㋲〕隆〔小槻〕職宿禰為不忠逆臣、所職改替之身也、猶押領官知行保、令抑留公要重書等由事、有其沙汰、可被申京都云々、大夫史広房〔小槻〕内々訴申二品之故也云々、

之㋭㋛㋲ナシ
也㋛㋲ナシ

時政不善の輩の鎧押し取りを陳謝す

廿五日、癸酉、北条殿自去年在京、執行武家事之間、於事賢直、貴賤之所美談也、［而］〔㋭㋛㋲〕或不善之者称北条殿下知、」（12ウ）欲押取七条細工鎧、就訴

北条時政書状

殿中祇候の女房頼朝の男子を産む
御台所の厭忌を慮り産養等を省略す

頼朝京都に摂政交替等の条々を申し入る

頼朝兼実を摂政に推挙す

時政に帰参を命ず

申、職事被尋下之、仍北条殿殊驚騒、今日則陳謝之、

被仰下候入道鍛冶訴申鎧事、全以不下知仕候、若下人中自申懸事候者、可相尋子細於時政候[之]㋭㋛㋲処、以是程少事経訴訟、取不当覚候之条、極恐思候、以此旨可令申上給候、誠恐謹言、

二月廿五日　平時政請文、

廿六日、甲戌、二品若公誕生、御母常陸介藤時長女也、御産所者長門江七景遠演「浜」『こ』宅也、件女房祇候殿中之間、日来有御密通、依緯露顕、御台所御厭思甚、仍御」産間儀毎事省略云々、

(13オ)

廿七日、乙亥、安達新三郎(清経)為飛脚上洛、被申条々、可被下摂政詔於右(藤原兼実)府之事在其内歟、右府者法性寺殿(藤原忠通)三男也、和漢才知頗令越人給云々、当摂政殿(藤原基通)本自為平氏縁人、関東有御隔心之処、去年義経顕逆心之時追討宣旨、偏依彼御議奏之由風聞、仍可被挙申之趣、内々被啓右府、而不可叶時宜之旨、右府雖有御猶予、遂被申候歟云々、又北条殿早可被

謝之㋭㋲謝之云々㋛謝之云云
懸㋭態「懸」㋲態
訟㋭㋛㋲詔
者㋭㋛㋲ナシ
演㋭㋛㋲浜
御厭㋭㋛㋲厭
乙亥㋚ナシ
於右府㋭㋛㋲於右符
右府者㋭㋛㋲右符者
漢㋭僧「漢」
知㋭㋛㋲㋚智
摂政殿㋚摂政殿者
顕㋚ナシ
追討㋭㋛㋲㋚給追討
彼㋛ナシ
啓右府㋭㋛㋲啓右符
右府雖㋭㋛㋲右符雖
候㋭㋛㋲㋚之
歟云々㋛歟云云
又北条殿…故也㋚ナ

帰参之由被仰遣、於関東事可有御談合事有数、洛中守護者已可被仰左」

典厩之故也、

京都に申し入るる条々を治定す

（13ウ）廿八日、丙子、被申京都条々有沙汰、治定云々、

諸国荘園の兵粮米免除を求む

一、仰五畿七道諸国庄薗免除兵粮未進〔米進納㋛〕可令安堵土民事、

依此米催事、民戸殊費、於今者、殆無乃貢運上計之由、頻有領家訴之間、及此儀、然者、賦遣使者可触廻之由、可被仰北条殿云々〔者㋭㋛㋲〕、

肥前国神崎荘の武士濫行停止を遠景に命ずる事を求む

一、肥前国神崎御庄可停止武士濫行事、

可被仰天野藤内遠景之許者、

後白河院御灌頂用途進上の事兼能追却の事を経房に申し入れんとす

一、上皇御灌頂用途早可沙汰進上事、

（14オ）一、筑後介〔前カ〕兼能使節間有称無実已背叡慮之由」粗就承之永不可召仕事、

以上両条、可被申帥中納言者、

○㋭㋛㋲は「可被仰天野…」を前行につなげて記す。

シ

沙汰㋛㋲其沙汰

薗㋭㋛㋲園

末㋭㋛㋲米

運㋛進

遣㋭遺「遣」

帥㋲師

中原信房に近江国善積荘を給う

廿九日、丁丑、所衆中原信房者、依為造酒正宗房孫子、殊被優賞、今日賜近江国善積庄、是雖為円勝寺領、致信房所望之上、為被酬宗房旧「労」身『ミ』如此云々、

身㋭㋛㋲身

三月小

先日時政拝領の諸国惣追捕使地頭七か国分のうち地頭を重ねて辞す

一日、己卯、諸国被補惣追「補」㋭㋛㋲〔捕〕使并地頭内七ケ国分、北条殿（時政）被拝領畢、而深存公平、去比上表地頭職、其上重被付書状於帥中納言（藤原経房）、黄門又付定長（藤原）朝臣被奏聞云々、

云々㋭㋛㋲之

北条時政書状

（14ウ）

院（後白河法皇）進御物之脚力可罷下候之由所申候也、以去廿」八日三ケ度御返事、統可遂進覧之由、賜御教書候畢、而件脚力不能賜御返事罷下候、恐申者也、抑一日参拝之時、七ケ国地頭之条、雖令言上候、未承分明之仰、罷出候畢、仍於時政給七ケ国地頭職者、各為令遂勧農候、可令辞止之由所令存候也、於「惣」㋭㋛㋲追補〔捕〕使者、彼凶党出来候之程、且為

統可㋭統「譏」㋛㋲譏
遂㋭㋛㋲一通
賜㋭㋛㋲給
恐㋭㋛㋲所恐
者也㋭㋛㋲也者
地頭之㋭㋛㋲地頭職之

止㋛上

義経妾静並びに母儀禅師鎌倉に参着す

時政下文を以て今南荘石負荘の兵粮米停止を命ず藤原定長時政の言上の由を奏聞す

承成敗、可令守補之由所令存知也、凡国之百姓等兵粮米使者、寄事於左右、押領所々公物之由、訴訟不絶候也、且糺明如此等之次第、若兵粮米有過分者、即糺返件過分、又百姓等令未済者、計糺田数、早可令」究済之由、尤可蒙御下知候、兼又没官之所々、蒙院宣幷二位家（源頼朝）仰候之間、可令見知之由、同所令存也、以此由可令言上給候、

時政誠恐誠惶〔惶㋭㋛㋲〕〔恐㋭㋛㋲〕謹言、

三月一日　〔平㋭㋛㋲時政中文、〕

（15オ）

進上　大夫属殿

今日予州（源義経）妾静依召自京都参着于鎌倉、北条殿所被送進也、母儀禅師伴之、則為主計允（藤原行政）沙汰、点安達新三郎（清経）宅招入之云〔々〕㋭㋛㋲、

○㋛は「恐申者也」で改行し、「抑一日」を行頭に記す。

〔二㋭㋛㋲〕三日、庚辰、今南（播磨国）・石負庄（丹波国）兵粮米可停止之由、昨日帥中納言以使者被

（15ウ）

伝院宣於北条殿之間、今日所被成」進下文也、亦北条殿言上事奏聞之

国之㋭㋛㋲国々　使者㋭㋛㋲使等　訟㋭㋛㋲詔　絶㋭施

所㋲可

予㋛与　進㋭㋲アキ㋛遣

点㋭㋛㋲就

後白河法皇院宣

七か国地頭の辞退を認む　その後人の愁いなくば惣追捕使の辞退も認めんとす

由、左少弁所被示送于帥中納言之状、黄門遣北条殿云々、

時政申状奏聞候畢、七ケ国地頭辞退事、尤穏便聞食、惣追補〔捕〕使事、何様可候哉、為遂勧農、停止地頭職、無人愁者旁紳妙、定為其儀歟、兵粮米未済事又以同前、迎春繾責〔譴㋭㋛㋲〕、窮民若為歎歟、其条又定相計旨候歟、没官所々検知事、自二位卿許、上〔後鳥羽天皇〕へは申旨も不候、次第何様候哉、委趣尋聞子細、且可令計申給之由、内々御気色候也、恐惶謹言、

三月二日　　　　左少弁　」

帥中納言［殿］㋭㋛㋲

(16オ)

藤原光能後家尼の訴えにより武士の濫吹停止を命ず

今日故前宰相光能〔藤原〕卿後室比丘尼阿光去月進使者於関東、相伝家領丹波国栗村庄為武士被成妨由訴申之、仍早可停止濫吹之趣被仰云［々］㋭㋛㋲、

源頼朝下文

下　丹波国栗村庄

可令停止武士狼藉如元為崇徳院

帥㋲師　北㋭「・北」

何様可㋭「可」何様×　可㋛㋲可何様　候㋭㋛㋲ナシ

上へは申㋛申上㋲上〈『へハ』〉申　旨も㋭旨〈モ〉

丘㋲兵

庄㋲庄「官」

御領備進年貢随領家進止事、
右件庄、可為崇徳院御領之由、所被下院宣也、而在京武士寄事於兵粮催、暗以押領、於今者、早如元為彼御領、随領家進止、可令備進年貢所当之状如件、以下、」

文治二年三月二日

（16ウ）

成朝の訴えにより南都大仏師職に推挙す

亦南都大仏師成朝為奉造立勝長寿院御仏、被召下之処、傍輩仏師以此下向之隙、競望当職之由、歎申之間、取〔彼㋭㋛㋲〕待状令挙申給、其状云、

源頼朝書状

仏師成朝申南都大仏師事、令申之旨、若道理候者、可令申沙汰給候歟、恐々謹言、

三月二日　　頼朝在御判、

進上　帥中納言殿

成朝言上状

南京大仏師成朝言上、

（17オ）

興福寺御仏等早被停止他仏師任相伝理一向」成朝可奉造営事、

文治二年三月

所㋭㋛㋲可
亦㋭㋛㋲又
帥㋲師
仏師成㋲仏成
向㋲句

件大仏師職者、成朝先師相承連綿無絶、所謂定朝・覚助・頼助・康
助・康朝等也、先祖五代之間、覚助・頼助等之時、御寺雖有炎上
事、乍置大仏師、他人全無令勤仕御仏等、況彼覚助・頼助凡僧之
間、奉御仏造営事、御供養之時昇綱位畢、今成朝任相伝例、可奉造
営之処、他仏師等各々致濫望、面々令奉仕、愁歎之至無物取喩、是
則故平家時、就其所縁申請之故也、但其中雖有号定朝弟子之輩、更
不可比肩於茲成朝、云重代、云器量、採用[之]《㋭㋛㋲》処、誰謂非拠、無其
（17ウ）
骨者不可訴」申、当時御仏奉仕之輩被尋勝劣、無其隠歟、早任先師
相伝理、如申請被停止他仏師等、成朝一向可奉造営御仏之由、欲被
仰下、就中東金堂御仏等、成朝守宣下勤仕之処、依奉造営鎌倉殿御
堂御仏、成朝白地下向関東之間、院性致所望令勤仕云々、事若実
者、其恐不少、糺〔任㋭㋛㋲〕道理被裁許者、弥知正理不朽矣、仍大概勤〔勒〕在状、
言上如件、

絶㋭施『絶』
仕㋭×仕「×作」㋲任
中㋛ナシ㋲「中」
号㋭方㋛㋲ナシ
可㋛可并
無其㋲無×其其
御堂㋲「御」堂
少㋭『・少』

○底本は「為崇徳院」と「御領備進」をつなげて記す。㋭㋛㋲により改行して示した。

丹波国神吉の地頭職停廃を命ず

四日、壬午、主水司供御所丹波国神吉、依被補地頭職、有事煩之由、依訴申之、可被免除之旨、被遣御消息於北条殿、因幡前司（中原広元）沙汰之、」

被㋭㋛㋲ナシ

静に義経の事を尋問す

静吉野山での出来事を答う

（18オ）
六日、甲申、召静女、以後〔後㋭㋛㋲㋚ナシ〕俊兼（藤原）・盛時（平）等被尋問予州（源義経）事、先日逗留吉野山之由申之、太以不被信用者、静申云、非山中、当山僧坊也、而依聞大衆蜂起事、自其所以山伏之姿、称可入大峯之由入山、件坊主僧送之、我又慕而至一鳥居辺之処、女人不入大峯之由、彼僧相叱之間、赴京方之時、在共雑色等取財宝、逐電之以後、〔以㋭㋛㋲㋚ナシ〕［迷］㋭㋛㋲㋚行于蔵王堂云々、重被尋坊主僧名、申忘却之由、於京都申旨与今白状頗依違、篇〔仍㋭㋛㋲〕任法可召問之旨、被仰出云々、又或入大峯云々、或至多武峯後、逐電之由風聞、彼是間定有虚事歟云々、」

甲申㋚ナシ
予㋛与
逗…非㋚ナシ

伏㋭㋛㋲㋚臥

不入大㋭㋛㋲不入
叱㋭㋛㋲吐
赴㋭㋛㋲趣㋚ナシ
于㋚於
王㋲三
重…歟云々㋚ナシ
名㋲各
於㋭㋛㋲凡於
京都㋲京×者「都」
白㋭㋛㋲口
至㋭㋛㋲来
之由㋭㋛㋲由

定長時政の言上を奏聞す

（18ウ）
七日、乙酉、北条殿被申七ケ国地頭上表事、兵粮米事、没官所々事、

米㋛㋲ナシ

定長経房を介して時政に院宣を送る

已経聞奏〔奏聞㋭㋛㋲〕畢之由、左少弁遣奉書於帥中納言、彼卿又送其状於北条殿
［㋭㋲云々］、

後白河法皇院宣

時政申状奏聞畢、

地頭辞退を認む

一、地頭辞退事、為人愁停止之条、尤為穏便歟、

義経行家捜索のため国と広博の荘園に惣追捕使を補し狭少地の停止を認む

一、惣追補〔捕〕使事、雖替其名、只同前歟、但義経・〔源〕行家不出来以前、
二位卿不申行之外、一向可被止之由、難被計仰、世間不落居之
間、毎国置惣追補〔捕〕使、若又広博庄園許計補者可宜歟、最狭少所々
皆悉被補云〔者㋭㋛㋲〕、喧嘩不絶、訴訟不尽歟、且令散万人之愁、為可尋
出」両人之術歟、

（19オ）

未済の兵粮米は道理に基づく沙汰を命ず

一、兵粮米未済事、任道理尤可有沙汰歟、
一、没官所々事、二位卿無申旨、仍不能被仰左右、

今春の勧農を命ず

以前条々、以此趣可被計仰歟、如此事不知子細事也、殊可令斟酌
給、今春不勧農者、諸事有若亡歟、能々優恕致沙汰者、定叶天意

帥㋲師
彼㋲被
云々㋛云云
之間㋛㋲間
庄㋛在
許㋛㋲ナシ
訟㋭㋛㋲詔
之愁㋛㋲愁
為可㋭㋛㋲可為
未㋭ナシ
理㋲『.理』
若㋲者
優㋛致優
恕㋭㋛㋲如

歟之由、内々御気色候也、仍言上如件、

三月七日　　　　左少弁定長

進上　帥中納言殿

帥㋲師

○㋭㋛㋲は「以前条々」と前行をつなげて記す。

源頼兼の愁い申しにより丹波国五箇荘に就き京都に申し入るる事を決す

（19ウ）
八日、丙戌、源蔵人大夫頼兼愁申丹波国五箇庄事、「一品」可令執申京都給之由及御沙汰、是入道源三位卿頼政〔頼政㋭㋛㋲小書〕家領也、治承四年有事之後、屋島前内府（平宗盛）知行之、今度没官領内被付頼兼、而可為仙洞御領之由有仰歟、

箇㋭㋛㋲ケ
府㋭㋛㋲符

平家没官領として頼兼に付さるる後後白河院領に為されんとす

武田信義死去

九日、丁亥、武田太郎信義卒去、年五十九、元暦元年依子息忠頼（一条）反逆、蒙御気色、未散其事之処、如此云々、

卒㋭乖『卒』

伊勢神宮領の地頭に年貢以下の納入を命ず

十日、戊子、伊勢大神宮領地頭等之中乃貢以下事、可致精勤之由、日来有其沙汰、今日被施行之、御信仰異他故也、

大㋭㋛㋲太
以㋭㋛㋲已
精㋛精進

源頼朝下文

「下　伊勢国神宮御領御園・御厨地頭等、

園㋲×国「園」

文治二年三月

（20オ）

可早任先例弁備御上分神役幷給主禰宜得分物事、

右、当国神領神民之中、令停止狼藉、有限御上分雑事幷給主禰宜・神主得分物、不致対捍、任先例可令弁補〔備㋭㋛㋲〕也、若依処之異損、泥本法之弁者、雖地頭得分、慥可令立用正物、於神役者、敢不可闕乏之故也者、御園・御厨住人、宜承知、不可緩怠之状如件、

文治二年三月十日

能保子息元服の祝いとして馬等を献ず

十二日、庚寅、小中太光家（中原）為使節上洛、是左典厩（藤原能保）賢息、一品御外姪〔一品御外姪㋭㋛㋲小書〕、依可令加首服給、被献御馬三疋、長持被納砂〔被納砂金絹等㋭㋲小書〕金・絹等二棹之故也、

（20ウ）

関東知行国のうち年貢未済の荘園を注し催促する状到来す

又関東御知行国之内乃貢未済庄、召下家司等、註文被下之、可加催促給之由云々、今日到来、

関東知行国年貢未済荘注文

注進　三箇国庄々事、下総・信濃・越後等国々注文、

合

下総国

禰㋭㋲称

禰㋭㋲称

立㋭㋛㋲急

不可㋛㋲不可令

闕乏㋭闕×令「乏」㋛

令闕㋲闕令

国之㋭㋛㋲国々

庄㋭㋛㋲庄々

註㋭㋛㋲注

越後㋲（大書）

（藤原基通）殿下御領
三崎庄

千田庄

熊野領
匝嵯南庄

延暦寺
白井庄

㋭㋛㋲
［院御領］
船橋御厨

八条院御領
下河辺庄

㋭㋛㋲（藤原兼房）
［二位大納言］
橋抃木内庄

信濃国

尊勝寺領
伊賀良庄

殿下
郡戸庄

大河原鹿塩

同上下社領白川郷、

殿下
落原庄
〔蕗カ〕

文治二年三月

同
大戸神崎

三井寺領
玉造庄

成就寺領
印東庄

（暲子内親王）八条院御領
千葉庄

同前
相馬御厨

按察使家領
豊田庄［号松岡庄、］㋭㋛㋲

八幡

（統子内親王）上西門院御領
伴野庄

江儀遠山庄

八条院御領
諏方南宮上下社

〔俣㋭㋛㋲〕
小役郷・熊井郷

宗像少輔領
大吉祖庄

塩㋭塭『塩敷』

熊㋛態

（21ウ）

無庄号字之由今度尋捜之処、行為黒河内藤沢諏方上下社領、［仍不随国衙進止。］㋭㋛㋲

八条院御領
捧中村庄、

捧北条庄

蓮華王院御領
洗馬庄

桐原庄

大神宮御領
麻績御厨

院御領
住吉庄

同前
野原庄

元左大〔中〕弁（源）師能領、近年（藤原）忠清法師領
大穴庄

雅楽頭済盆領
前見庄

㋭㋛㋲［太神宮御領］
仁科御厨

八幡宮御領
小谷庄

（守覚法親王）
御室御領
石河庄

㋭㋲［同前］
四宮庄南北

布施本庄

布施御厨

富部御厨

三井寺領
善光寺

（22オ）

天台山末寺
顕光寺

証菩提院領
若日〔月㋭㋛㋲〕庄

殿下御領
大田庄

上西門院［御］領
小河庄㋭㋛㋲

御室御領
丸栗庄

院御領
弘瀬庄

八条院御領
小曾禰庄

㋭㋛㋲［院御領］
市村庄

字㋛ナシ
行㋭㋲祈㋛被
八条院御領㋭㋛㋲ナシ
華㋛花
桐㋭㋛㋲相
績㋭㋛㋲続
同前㋛院御領
盆㋭アキ㋛㋲ナシ
太神㋛大神
仁㋛㋲位
同前㋛御室御領
部㋭㋛㋲都
証㋭澄
提院㋲提
大㋭㋛㋲太
瀬㋭㋛㋲頼
禰㋭㋲称

（22ウ）

［殿下御領］㋭㋛㋲
芋河庄

安永勅旨

松尾社領
今溝庄

天台山領小市

保科御厨

同加納屋代四ケ村

殿下御領
茨多庄

最勝光院領［英㋭㋲］
塩田庄

八条院御領
常田庄

前斎院御領
依田庄

院御領
佐久伴野庄

前堀河源大納言家領（定房）
桑原余田

［今八幡宮領］㋭㋛
平野社領浅間社・岡田郷、

文治二年三月

青瀧寺

［天台末寺］㋭㋛㋲
月林寺

善光寺［領］㋭㋛㋲河居・馬崎・村山・吉野、

八条院御領
東条庄

九条城興寺領
橡原御庄

日吉社領
浦野庄

九条城興寺領
倉科庄

一条大納言家領（藤原公保）
小泉庄

殿下御領
海野庄

穀倉院領

六条院
千国庄

八条院御領
大井庄

」

溝庄㋲溝主
河㋭㋲阿
崎㋭㋛㋲島

斎㋲斉

佐㋛佗

浅間社岡田郷㋛ナシ

左馬寮領

笠原御牧　宮所　平井［弓］㋭㋛㋲　岡屋

平野　小野牧　大塩牧　塩原

南内　北内　大野牧　大室牧

常盤牧　荻金井　高井野牧　吉田牧

笠原牧南茶「条」、『之』　同北条　望月牧　新張牧

塩河牧　菱野　長倉　塩野

桂井　緒鹿牧　多々利牧　金倉井

（23オ）

越後国

院御領　大槻庄　上西門院御領　福雄庄

（姝子内親王）高松院御領　青海庄　鳥羽十一面堂領　大面庄

新尺迦堂領、㋭㋛㋲（藤原宗家）［預］所中御門大納言　小泉庄　東大寺　豊田庄

六条院領　佐橋庄　一条院女房左衛門佐々局沙汰、［々㋭㋛㋲ナシ］　殿下御領　白河庄

荻㋭㋛㋲萩

長倉㋛長倉庄

桂井㋛桂井庄

尺迦堂㋭㋛㋲尺迦

左㋭右

（23ウ）

殿下御領
奥山庄

前斎院御領、々所〔預㋭㋛㋲〕前治[部]卿（藤原光隆）㋭㋛㋲
宇河庄

八条院御領
白鳥庄

金剛院領、堀河大納言家領（藤原忠親）〔沙汰㋭㋛㋲〕
加地庄

院御領、々所〔預㋭㋛㋲〕備中前司信忠（大江）
於田庄

六条院領、々所〔預㋭㋛㋲〕隠岐判官代惟繁
菅名庄

殿下御領、々所〔預㋭㋛㋲〕播摩局
紙屋庄

二位大納言「家」宗『こ』領
志度野岐庄

上西門院御領、々所〔預㋭㋛㋲〕〔頭㋛㋲〕木工殿（藤原範季）
中宮

穀倉院領
比角庄

殿下御領
大島庄

高松院御領（姝子内親王）
吉河庄

賀茂社領
石河庄

鳥羽十一面堂領、々所〔預㋭㋛㋲〕大宮大納言入道家（藤原隆季）
佐味庄

波多岐庄

二位大納言家領
禰〔弥〕彦庄

前〔斎〕斉院御領
天神庄

」

斎㋲斉
宇㋭字「宇」㋛宮㋲字
河㋲可

家㋲ナシ

入道家㋛㋲入道

六条院領㋛六条院
隠㋭アキ㋛㋲ナシ

播㋲幡
禰㋭㋲祢

天㋭㋛㋲大

（24オ）

右、注進如件、

文治二年二月日

」

○底本は「無庄号」以下の一行を大書きするが、㋭㋛㋲により「黒河内藤沢」の右肩に移した。また、㋛は「捧中村庄」を「捧北条庄」の下に記し、以下一行ずつ左にずれている。㋭㋛㋲は「同加納…浦野庄」の行と「茨多庄倉科

庄」の行とが入れ替わっている。底本は「平野社領」「左馬寮領」を行頭に置くが、㋭㋛㋲により、前行と同じ高さにした。㋭㋛㋲は「荻金井」を「同北条」の次に記す。底本は「院御領…入道家」の一行を大書きするが、㋭㋛㋲により「於田庄」「佐味庄」の右肩に移した。

頼朝関東御分国の未済年貢の納入を約す

源頼朝書状

十三日、辛卯、関東御分国々乃貢、日者依朝敵征伐事、頗懈緩、然者
被免以前分、自今以後可致合期沙汰之由、所被申京都也、
諸国済物事、治承四年乱以後、至于文治元年、世間不落居、先朝敵
追討沙汰之外、収〔暫㋭㋛㋲〕内不及他事候[之]㋭㋛㋲間、諸国之士民各結官兵之陣、
空忘農業之勤、就中関東之武士為討于『こ』敵人、数度合戦、都鄙之往反
(24ウ)
于今無其隙候、頼朝知行国々、相模・武蔵・伊豆・駿河・上総・下
総・信濃・越後・豊後等也、[被]㋭㋛㋲優免去年以往」未済物、自今年随
国之堪否、可令励済之由、所沙汰候也、凡不限此九ケ国、諸国一同
可事歟、惣被優免去年以往未済物、令安堵窮民、自今年有限済物任
先例可令致沙汰之旨、可被下宣旨候也、仍言上如件、頼朝恐々謹

伐㋲代
自今以後㋭㋛㋲自今年
致㋭㋛㋲ナシ
間㋲門
敵㋭歒『敵歟』
忘㋛忌㋲×忌「忘」
于㋭㋛㋲手
国之㋭㋛㋲国々
以往㋭以往『前心』

行家義経の捜索を命ぜらる
後鳥羽天皇宣旨

義経伊勢神宮に参り金作剣を奉納するとの説有り
頼朝の使者上洛し時政に諸国兵粮米停止等の諸事を命ず
兵粮米停止を経房を介して奏聞す

言、

三月十三日　　頼朝

進上　帥中納言[殿]㋭㋛㋲

十四日、壬辰、可捜求行家・義経事、宣旨[状]㋚到来関東、其詞云、

（25オ）

文治二年二月卅日　宣旨　」

前備前守源行家・前伊予守源義経等、姦心日積、謀逆露顕、逐〔遂㋭㋛㋲〕於都城不亡㋚命、山沢隠居之所、粗有其聞、宜令仰熊野・金峯山及大和・河内・伊賀・伊勢・紀伊・阿波[等]㋭㋛㋲㋚国司、慥捜求在所、搦進其身、

蔵人頭左中弁藤原光長奉、

十五日、癸巳、伊与前司義経横行所々、今日参大神宮、称為所願成就、奉金作剣、此太刀度々合戦之間、所令帯之由〔也㋭㋛㋲〕云々、

十六日、甲午、山城介久兼（大江）為使節上洛、被仰伊勢国神領顛倒奉行等

（25ウ）

事、又諸国兵粮米催事、漸可被止之由、」被仰北条殿、是及狼藉之間、

帥㋲師
壬辰㋚ナシ
云㋚曰
亡㋚×忘「亡」
令㋚ナシ
奉㋛㋲（大書）
与㋭㋲予
参㋭㋛㋲ナシ
大㋭㋛㋲太
間㋭㋛㋲旨

源頼朝書状

預所有訴之故也、『ミ』偏依之可被奏達此趣之旨、被申帥中納言許云々、
諸国幷庄園事、為[令]㋭㋛㋲制止狼藉[候]㋭㋛㋲、成遣下文[候]㋭㋛㋲、所触廻候也、
武士之中抽群不当[之]㋭㋛㋲輩候者、早可令召下候也、[可]㋭被処刑輩事欝
存候、子細者先度次第令申[候]㋭㋛㋲畢、其許否者所詮可随御計候、不起
自御意、近習者御勘気可有由者、其恐候之故、不能欝申候、但君者
雖為不知食候事、已称御定、令下宣旨候之条、無謂所行候歟、以此
旨可令披露給候、恐々謹言、」

三月十六日　頼朝

進上　帥中納言殿

（26オ）

○㋭㋛㋲は「但」で改行し、「君」を平出する。

俊隆の訴えにより俊隆領内の武士の狼藉を停む

十八日、丙申、有加賀守俊隆者、前駈以下事、当時依其仁不幾、自去
年秋之比参候、而与州反逆之後、為紀行之、被発遣御家人等之処、於
俊隆領一所尾張国中島郡有不慮狼藉等云々、仍就愁申、不可准在国輩

偏㋭㋛㋲ナシ　帥㋲師
有㋭㋛㋲候之其恐候…申候㋭不能欝申候其恐候之故也㋛㋲不能欝申候其恐候之故也
帥㋲師
以㋭㋲已
与㋭㋲予　発㋭㋛㋲変
一㋭㋛㋲ナシ　藉㋛籍

之由有沙汰、可令安堵之旨、厳密被仰下云々、

諸国兵粮米の徴収停止を宣下す

廿一日、己亥、諸国兵粮米催事、於今者可停止之由、被宣下云々、是依為神社仏寺権門勢家、凡人庶愁歎及所々訴之間、度々被経御沙汰、(26ウ)可令停止之旨、被申京都畢云々、」又法皇御灌頂用途事、可被御沙汰之『こ』由、被仰下之歟〔已訖㋭㋛㋲〕、仍今日為俊兼奉行、所被充御領也、現米千石、駿州・上総両国分、白布千端、国絹百疋、散在御領分〔散在御領分㋭㋛㋲小書〕、

後白河院の御灌頂用途を関東御領に充つ

廿二日、庚子、静女事、雖尋問子細、不知与州在所之由申切畢、当時所懐妊彼子息也、産生之後可被返遣由、有沙汰云々、

静義経の在所知らざる由を明言す

廿三日、辛丑、北条殿可帰関東之由奏聞訖、在京頻叶叡慮之間、雖令拘留御、含二品御旨之欲〔已㋭㋛㋲〕帰国、仍洛中事可示付何人哉之由、有勅問、付帥中納言被奏御返事云々、

時政関東下向を奏聞す

時政洛中の事に就き勅問に答う

(27オ)鎌倉殿御返事謹賜預候、早可令進候也、時政下」向事、自鎌倉殿度々被仰下[候]㋭㋛㋲之間、廿五日一定之由、所令存候也、云天王寺御

北条時政書状四天王寺御幸京中守護に就き能保に相談せられん事を請う

旨㋛由
畢㋭㋛㋲已畢　被御㋭㋛㋲被
所㋛可　充㋛宛　州㋭㋛㋲河
端㋭㋛㋲反
雖㋭㋛㋲雖被　与㋭㋲予
何㋛誰
帥㋲ナシ
賜㋭㋛㋲給　預候㋭㋛㋲預候畢
之間㋭㋛㋲之際

幸、云京中守護、可差留武士事、右〔左㋭㋲〕馬頭殿御在京候、不可有御不審候、早此両条可令申含給候歟、以此趣可令申上給候、時政恐惶謹言、

三月廿三日　　平時政請文、

廿四日、壬寅、前接〔摂㋭㋛㋲㋚〕政家（藤原基通）[領]〔㋭㋛㋲㋚〕可被付当接〔摂㋭㋛㋲㋚〕録〔籙〕（藤原兼実）御方歟之由、二品内々有御存案、前接〔摂㋭㋛㋲㋚〕政家聞此事、以状被愁奏、仍今日帥中納言被仰聞其子細於北条殿、早可申達関東之由、被申御返事云々、又幡〔播〕磨国守護人等事、

（27ウ）

在庁注文」二通并景時（梶原）代官注文等、為同人奉行被下之、可施行之由云々、北条殿近日依可被帰参関東、公家殊被惜思食之由、帥中納言殿被伝勅旨、是則思公平忌〔忘㋭㋛〕私之故也、且其身雖令下向、差置穏便代官、可令執沙汰地頭等雑事[之]〔㋭㋛㋲〕旨、度々被仰下之処、敢無其仁、重一旦勅定、差置非器代官等、若有現不当之事者、還可有其恐歟之由、因〔固㋭㋛㋲〕辞及再三、但洛中警衛事者示付平六時定（北条）、内々二品仰也云々、

頼朝前摂政藤原基通家領を現摂政兼実に付けんとす基通これを聞き後白河院に愁い奏す

後白河院時政の関東帰参を惜しむ

時政代官を置く事を固辞す

頼朝の仰せにより洛中警固は時定に付す

京中㋭㋛㋲京中之
士㋭㋛㋲士等
事㋭㋲等候事㋛等候
畢
有㋭㋛㋲ナシ
早㋭㋛㋲且
趣㋭㋛㋲旨
上給候㋲上給
壬寅㋚ナシ
政家㋭㋛㋚政家殿㋲政殿家
家聞㋚殿聞
帥㋲師
云々㋛云云
又幡…仰也云々㋚ナシ
帥㋲師
殿㋭㋛㋲ナシ
思㋭㋛㋲亦
当㋲×当「審」

丹波国篠村荘を延朗上人に充つ

延朗上人の経歴

時政の関東進発により洛中警衛の勇士を定め交名を注進す

京留武士注進状

廿六日、甲辰、以紀伊権守有経為御使、被充申丹波国篠村庄［於］（ホシモ）松尾

（28オ）延朗上人、本是三位中将重（平）衡卿所領也、」後為義経之勧賞地也、而与州

本〔奉ホシモ〕寄附上人云々、上人雖固辞、依不等閑、領納之後、為令富慰民戸、

止乃貢、勧百性〔姓ホシモ〕、令唱弥陀宝号、随其数反〔出ホシモ〕於返抄用所済之〔云々ホシモ〕、与州逐電

以後、可返上由被申之処、本自与州者伝領領主也、為本主有寄奉志之

由、被仰遣畢云々、此上人者、多田新（源）藤「発」備〔満ホシモ〕中『こ』〔仲〕八代苗裔対馬大郎〔太ホシモ〕義信（対馬守義親男、）

男也、出累葉弓馬之家、入一実円乗之門、凡顕密兼備、内外相

応之願「碩」『こ』徳也云々、

廿七日、乙巳、北条殿已欲進発関東、仍為警衛洛中、撰定勇士被差置

（28ウ）之、其交名注載折紙、所付進帥」中納言也、

注進　京留人々、

合

平六謙〔傔〕仗時定　　あつまの新大夫

文治二年三月

充㋛宛

衡㋲衛　与㋭㋲予

云々㋭㋛㋲ナシ　上人雖㋭㋛㋲々々雖　固㋭㋛㋲ナシ

反㋛返　与㋭㋲予　逐㋲遂　以㋛㋲ナシ　自与㋭㋛㋲自予　領主㋭㋛㋲之主　之由㋭㋛㋲由

藤㋭㋛㋲発

願㋭㋛㋲碩

帥㋲師

留㋛留守

ま㋛㋲さ　大夫㋛太夫

の大〔太㋭㋛㋲〕の平三
くはゝらの次郎
さかを四郎
ないとう四郎(盛高)
ひたちはう(昌明)
ちうはち(中原惟平)

(29オ)

うゑはら九郎
いはなの太郎
同平三
のいらの五郎太郎
同五郎
とのおかの八郎
いや四郎

やしはらの十郎
ひせんの江三
同八郎
弥源次
へいこ次郎
ちうた
たしりの太郎
同次郎
やわたの六郎
同三郎
しむらの平三
ひろさわの次郎
同五郎

平三㋭㋛㋲平二
やし㋛やゆ
はゝ㋛わは
次郎㋭㋛㋲二郎
江三㋭㋛㋲江次
へいこ㋲へい
次郎㋭㋛㋲二郎
ちうはち㋲中八
ちうた㋲中太
次郎㋭㋛㋲二郎
のいら㋛㋲のいよ
わ㋭㋛㋲は
いや㋭「同」いや㋛同
いや㋲同×い「ハ」や

同六郎　　かうない　　同六郎㋛ナシ

大方十郎　　平一の三郎

いかの平三　　同四郎」　　平三㋭㋛㋲平太 同四郎㋛いかの四郎

いかの五郎　　いかの五㋭㋛㋲同五

已上卅五人、

三月廿七日　　平判、　　判㋛㋲（大書）

（29ウ）

○㋛㋲は「ちうはち　ちうた」あるいは「中八　中太」の次行に再び「ちうはち　ちうた」と記し、㋛は「大方十郎」以下について「大方十郎　かうない　いかの平太　ひろさはの六郎　平一の三郎　いかの四郎　同五郎」の順で記す。

後白河院近習の宥刑を広元に求む
広元頼朝の命を受け遠流を停むる事に同意す
中原広元書状

廿九日、丁未、去年依関東訴被処罪科人々事、可被宥刑之由、京都　　関㋲「・関」
［頻］㋭㋛㋲有秘計沙汰、就中前大蔵卿泰経（高階）〔泰経㋭㋛㋲小書〕殊歎息、以専使内々示送因幡前司　　歎㋲×欲「歎」
広元許、仍広元廻芳情、申止遠流畢、且取二品厳命、投返報云々、　　元廻㋛光廻 返㋲ナシ

人々御事、自御所再三被仰下候之間、御欝者候共、叡慮ニ起候はさ　　共㋭㋛㋲アキ 起㋭×起「赴」㋛㋲赴

らんにとりては、近習之人々をは、争御勘当候へとは、令申候はん
(30オ)
とて、「可在」御計之由、去比令申候了、いかさまにも御遠行之条を
は先被止候也、為悦不少候、御領なんとの事、只今不詳候〔め㋭㋛㋲〕とりと申
院候て、御沙汰候はん可宜候歟、子細申含御使候了、以此旨可令申
上給候、恐々謹言、

三月廿九日　前因幡守広元

四月大

一日、戊申、北条四郎《（時政）》出京之後、今日着尾張国萱津宿、而関東御使来
会于此所、帯去月廿六日〔十㋭㋛㋲〕御書、仍相副状、被送進帥中納言殿《（藤原経房）》許云々、」
(30ウ)
畏申上候、今月一日萱津宿到着之処、二位殿《（源頼朝）》御文一封候、仍進覧如
件、
抑大蔵卿殿《（高階泰経）》・刑部卿殿《（藤原頼経）》并北面人々事者、可処霜刑之族不思知者也、

らん㋭㋛㋲らむ
近㋲近×日
はん㋭㋛㋲はむ
在㋭㋛㋲有
候了㋭㋛㋲御候畢
なんと㋭㋛㋲なと
候はん㋭候はん
「〈ハ〉」㋛候はては㋲
とては
含㋭㋛㋲合
御使㋲御「・使」
了㋭㋛㋲畢
元㋛光
郎㋭㋛㋲郎主
帥㋲師
并㋛（小書）
知㋛知候

時政出京し尾張国萱津宿に着く
頼朝の使者に逢い頼朝の御書に状を副う
北条時政副状

後毒之春〔脊㋛㋲〕也、然者就顕然〔就㋭㋛㋲〕冥、源〔深㋭㋛㋲〕依恐叡慮、令申其旨許也、此条者自
君（後白河法皇）之御心不発候事にて候へは、於今者只可為君御意之由、所被仰下
候也者、且以此由可令申上給候、時政誠恐謹言、

春㋭春『脊歟』　冥㋲宜「冥イ」　条者㋭条は㋛㋲条　君之㋛君
也者㋭㋛㋲也

四月一日　　　　平判、

進上　大夫属殿

○底本は「抑大蔵卿」以下を前行につなげて記す。㋭㋛㋲により改行して示した。㋭㋛は「可為」で改行し、「君御意」以下を次行に記す。

頼朝高階泰経の帰京を認む

（31オ）
二日、己酉、前刑部卿頼経・前大蔵卿泰経等被下流」刑官府〔符㋭㋛㋲〕間事、不誤之由、両人頻陳謝、泰経朝臣事、可被免帰京之旨、可被申京都之由云々、又北面之輩誇朝恩有験〔驕㋭㋛㋲〕逸之思、殊加御誡、可召仕之由云々、

安楽寺別当の平家祈禱の実否糺明を京都に申し入れんとす

三日、庚戌、安楽寺別当安能僧都致平家祈禱畢由事、於今依有其聞、可被糺明之旨、可被申京都云々、被相副宇佐大郡〔宮〕司公通（宇佐）書状等云々、

四日、辛亥、右兵衛尉長谷部信連者三条宮（以仁王）侍也、宮依平家纔、崇〔蒙㋭㋛㋲〕配流

尉㋭㋛㋲ナシ

長谷部信連を御家人と為すよう土肥実平に命ずこれより先信連安芸国司より検非違所職を賜る

官府〔符㋭㋛㋲〕御之時、廷尉等乱入御所中之処、此信連有防戦大功之間、宮令遁
三井寺御訖、而今為抽奉公参向、仍感先日武功、態為御家人召仕之
(31ウ)由、被仰遣」土肥次郎実平于時在西海、之許云々、信連自国司賜安芸国検非違
所幷庄公畢、不可見放之由云々、

経房書状到来す

五日、壬子、帥中納言去月十七日私書状到来鎌倉、盛〔平〕時披露之、其詞
云、

藤原経房書状

使者兼能の改替を憐れむ

兼能事、返々不便候、別奇怪思食事不候、傍輩沙汰之間、被仰出事
許ニテ候歟、被召仕可宜候歟、如当時者、不善不見候、世事可務、
粗知子細[候㋭㋛㋲]之間、院中如召次訴訟随分抽忠、為人不悪事等候、又
漸見馴て候ニ、聖人若荒武者なりと用使者ニ無由候歟、大事御使を
(32オ)はせん候なむ、及廃置返々不便候、奉為君又無」無〈(擦消)〉其詮事候歟、為
彼終身之歎候歟、

頼朝後白河院御灌頂用途京進のため解文を出だす

七日、甲寅、法皇御灌頂用途等事、為京進被出解文、為俊兼〔藤原〕・善信〔三善康信〕等

次㋭㋛㋲二
賜㋭㋛㋲給
可㋭㋛㋲ナシ
帥㋲師
訟㋭㋛㋲詔
随㋭㋛㋲なとにても
随
なりと㋭㋛㋲なと
者ニ㋭㋛㋲者も
をはせん㋭㋲せて㋛
者て
む㋭㋛㋲ん
無無㋭㋛無㋲（アキ）
無
歎候歟㋭㋛㋲歎候歟
云々

奉行、着進〔差㋭㋲〕御使雑色、於駿河・上総両国御米者、先日既出国之由所言上也、此外絹・布等自陸路可相具云々、

（頼朝御台所鶴岡八幡宮に参詣す）

八日、乙卯、二品幷御台所〔北条時政女〕御参鶴岳宮、以[其]㋚次被召出静於廻廊、是依可令施舞曲也、此事去比[被]㋭㋛㋲㋚仰之処、申病痾之由不参、於身不肖者、雖不能左右、為与州〔源義経〕妾忽於掲〔出㋭㋛㋲㋚〕焉砌之条、頗恥辱之由、日来内々雖渋申之、彼既天下名仁也、適参向、帰洛在近、不見其芸者無念由、御台所」頻以令勧申給之間、被召之、偏可備大菩薩冥感之旨、被仰云々、（32ウ）

（御台所の勧めにより静を召し出す）

近日只有別緒之愁、更無舞曲之業由、臨座猶固辞、然而貴命及再三之間、憖廻白雪之袖、発黄竹之謌、左衛門尉祐経〔工藤〕皷、是生数代勇士之家、雖継楯戟之塵、歴一臈上日之職、自携謌吹曲之故也、従此役歟、

（再三の命により静舞曲を施す）（工藤祐経鼓を打つ）

畠山次郎重忠為銅拍子、静先吟出謌云、

（畠山重忠銅拍子を打つ）（静歌を吟ず）

よしの山みねの白雪ふみわけて
いりにし人のあとそ恋しき

上㋲「・上」 出㋭於『出』
乙卯㋚ナシ 静㋭㋛㋲静女
之処㋭㋛㋲㋚処 之由㋭㋛㋲㋚由 肖者㋭屑者者
左㋲庄 与㋭㋲㋚予
旨㋛由
之業㋛業
皷㋭㋲㋚鼓 之謌㋭㋛㋲㋚之歌
之家㋛家
塵㋭㋛㋲基
携謌㋭㋛㋲㋚携歌
也㋭㋛㋲㋚候
従㋭㋛㋲㋚ナシ
次㋭㋲㋚二㋛三
出謌㋭㋛㋲出歌㋚出哥
よしの㋲吉野
みね㋲峯
白㋭㋛㋚しら
わけ㋭㋛分
いり㋲入
恋㋭㋛こひ

頼朝静の歌を難ず

御台所静の心情を測り頼朝を宥む

静に御衣を給う

時政京都より参着し京畿の沙汰に就き頼朝と問答す

次詞別物曲之後、又吟和詞云、

しつやしつしつのをたまきくり返し

むかしをいまになすよしもかな

（33オ）

誠是社壇之壮観、梁塵殆可動、上下皆催興感、二品仰云、於八幡宮宝前、施芸之時、尤可祝関東万歳之処、不憚所聞食、慕反逆義経、詞別曲、歌〔奇怪㋭㋛㋲㋚〕云々、御台所被報申云、君為流人坐豆州給之比、於吾雖有芳契、北条殿怖時宜、潜被引籠之、而猶和順君、迷暗夜、凌深雨、到君之所、亦出石橋戦場給之時、独残留伊豆山、不知君存亡、日夜消魂、〔論㋭㋛㋲㋚〕傷其愁者、如今静之心、忘与州多年之好、不恋慕者、非貞女之姿、寄

（33ウ）

形外之風情、謝動中々〔こ〕露膽、尤可謂幽玄、枉可賞」翫給云々、于時休御憤云々、小時押出御衣卯花重、於簾外、被纏頭「之」㋛㋲㋚云々、

○㋛は「誠是」以下を前行とつなげて記す。㋭は歌の前後の改行がない。

十三日、庚申、北条殿自京都参着、京畿沙汰間事、条々有御問、亦被

次詞㋭㋛㋲㋚次歌　和詞㋭㋛和歌㋲㋚和哥　しつの㋭㋛㋲㋚〱の　返㋚かへ　むかし㋭㋛㋲昔　いま㋭㋛㋲今

感㋚ナシ

之時㋚時　詞別㋭㋛㋲歌別㋚哥別

比㋲此

凌㋲清「凌イ」

独㋛㋲猶　亡㋚士　忘㋭忌「忘」　与㋭㋲㋚予　之姿㋭㋚姿　寄㋚言　々㋭㋛㋲之　膽㋭膽「膽歟」　憤㋭㋲墳　押出㋭押「・出」於㋛　押出於㋲押「・出於」　卯花重㋚卯花重云々

庚申㋚ナシ　亦㋚不

光家京都より帰参し能保の返報を献ず

頼朝摂関家領に就き所存を申し入る

代々の家領は兼実領掌し高陽院領は基通領掌すべき事を提案す

子細〔甲子細㋭㋛㋲㋚〕申、就中註謀反輩知行所々、可検知其地之由雖言上、不被聴之、
次前接政殿〔摂㋭㋛㋲㋚〕(藤原基通)被仰『こ』領家領等難被付渡当執柄(藤原兼実)方由事、加潤色詞被計申、次
幡磨国守護人妨国領由事、在庁注文、景時(梶原)代官状雖被下之、未申切是
非、次今南(播磨国)・石負(丹波国)両庄幷弓削杣兵粮事、度々被下院宣之間、早可停止
(34オ)
之由、捧請文下向畢、凡条々去月廿四日蒙伝奏之由、」毎事不違二品御
命[云々]〔㋭㋛㋲〕、
十五日、壬戌、小中太光家(中原)自京都帰参、左典厩(藤原能保)被献御返報云々、去月
廿五日賢息首服、理髪右中将実教(藤原)朝臣、加冠内府(藤原実定)云々、
廿日、丁卯、摂録〔鎌㋚〕御家領等事、二品令申京都給、其趣、前接政殿〔摂㋭㋛㋲㋚〕称白(平盛子)
河殿領、除氏寺社領等外者、皆御押領云々、尤以不便次第候、接政殿〔摂㋭㋛㋲㋚〕
争無御家領候哉、平家在世之時、号中接政殿〔摂㋭㋛㋲㋚〕(藤原基実)後室白河殿悉所領掌候
也、松殿(藤原基房)繊氏寺[領]〔㋭㋛㋲〕許知行給、其時事極無道邪政候哉、代々家領、新
(34ウ)
接政家〔摂㋭㋛㋲㋚〕可令領掌給候、只知足院」殿(藤原忠実)御附属高陽院(藤原泰子)之御庄五十余所云々、

註㋭㋛㋲㋚注
知其地㋛地
聴之㋚聴也
仰領㋭㋛㋲㋚仰
渡㋲度
次幡…御命㋚ナシ
国守㋛国中守
去㋛九
御㋛ナシ㋲「・御」
府㋭㋲符
丁卯㋚ナシ
河㋚川
殿争㋭㋛㋲㋚家争
河㋚川
領㋲ナシ
許㋭㋛㋲計
庄㋚荘
余㋛余ケ
所㋲可

行家並びに義経に同意せし山僧の処罰を求む

源為頼使節として上洛す

安田義定遠江国より参上す

義経捜索の状況を報ず

頼朝の仰せにより遠江国の勝事を申す

義定二俣山で射取りし鹿の皮を献ず

頼朝勝田成長の自由任官を咎む

以其前接〔摂㋭㋛㋲㋚〕政家可有御領掌候歟、最任道理可被仰下候歟[者]〔㋭㋛㋲㋚〕、又今日行(源)家・義経猶在洛中、叡岳悪僧等同意結構之由有其聞之間、殊可被申沙汰歟、不然者、差登勇士於彼山、可捜求件悪僧等之由、被仰遣師中納言許、依之源刑部丞為頼元者新中納言知盛(平)卿侍、故為長親(源)在之、〔者也㋭㋛㋲〕為使節上洛云々、

廿一日、戊辰、遠江守義定(安田)朝臣自彼国参上、日来於当国潮岩室以下山寺、雖捜求与州、不獲之由被申之、則召御前、遠州被備三献、此間頗及御雑談、二品仰曰、遠江国有何事哉、義定朝臣申云、勝田三郎成長去」(35オ)六日任玄番助、是一勝事也、次為見狩猟、向二俣〔保㋭㋲〕山之処、鹿九頭一列走通義定之間〔弓㋭㋛㋲〕手、仍義定并義資(源)冠者・浅羽三郎(行光)等馳駕、悉以射取之畢、〔㋭㋛㋲「皮」〕[件]〔「ヒ」〕彼所令持参也者、入興給、五枚献二品、三枚進若公(万寿)、一枚被志小山七郎朝光、只今候御酌之故也、成長任官事、兼日無言上之旨、任雅意之条、尤奇怪、早可被紀行之由被仰、遠州聊赭面、無思慮〔申出㋭㋛㋲〕於事有後悔之気歟[云々]〔㋭㋛㋲〕、

又今…洛云々㋚ナシ

遣㋭㋛㋲下
師㋲師

戊㋲代
潮㋭㋛㋲湖
以㋭㋛㋲已

与㋭㋲予

曰㋛㋲云
義㋛㋲善

促㋛役

彼㋭㋛㋲皮
入㋭㋛㋲ナシ
給㋛㋲終

可㋲ナシ
聊㋭㋛㋲所

之気㋭㋛㋲気

藤原秀衡頼朝の貢馬貢金伝送を領状す
源頼朝書状

廿四日、辛未、陸奥守秀衡（藤原）入道請文参着、貢馬・貢金等先可沙汰進鎌倉、可令伝進京都由載之云々、是去比被下御書、御館者奥六郡主、予（35ウ）者東海道悪「惣」『く』官也、尤可成魚」水思也、但隔行程、無所于欲通信、又如貢馬・貢金者、為国土貢、予争不管領哉、自当年早[予]㋭㋛㋲可伝進、且所守勅定之趣也者、上所奥御館云々、

上所を奥御館と記す

○底本は「自当年早」の下に一字分の空白があり、その下に「可伝進」を記す。

頼朝京都の騒動に就き議奏公卿に書状を献じ善政の興行を求む
源頼朝書状

卅日、丁丑、当時京都嗷々、更不相鎮、被献御消息於内府上〔已㋭㋛㋲〕下議奏公卿等、是抽兢戦之誡、可令興行善政給由也、其状云、

天下之政道者、依群卿之議奏、可被澄清之由、殊所令計言上也、具存君臣之議給者、各無私不諛、令廻賢慮給、可令申沙汰給也、頼朝適稟武器之家、雖運軍旅之功、久住遠国、未知公務之子細候、縦又（36オ）雖知」子細、全非其仁候、旁不能申沙汰[候]㋭㋛㋲也、但為散人之愁、一

請㋲「・請」　貢金㋲「貢」金
館㋭館『館歟』　郡㋲郡「郎イ」
悪㋭㋛惣㋲「・惣」　魚水㋛㋲水魚
予争㋭㋛㋲印争
館㋭館『館歟』㋲館
都㋭㋛㋲中　府㋭㋲符　上㋭㋛㋲已
計㋛廻
廻㋭『・廻』

旦令執申事者、雖為頼朝之申状、亦〔不㋭㋛㋲〕可有理不尽之裁許候、諸事可被
行正道之由、所相存候也、兼又縦雖被下勅宣・院宣事候、為朝為世
可及違乱端之事者、再[三]㋭㋛㋲可令覆奏給候也、恐而不令申給者、是非
忠臣之礼候歟、仍為御用意、乍恐上啓如件、

四月卅日　　頼朝

進上　某殿

礼紙状云、

追啓、

如此之次第、自接〔摂㋭㋛㋲〕政家令触申給歟、朝之要枢也、必可竭忠節給候
也、

（36ウ）

○㋲は「被下」で改行し、「勅宣院宣」以下を次行に記す。

五月小

裁㋭載「裁」㋲×哉「裁」

端㋲×瑞「端イ」
恐㋭㋛㋲思
是㋭㋛㋲定

忠㋲×思「忠イ」

黄蝶鶴岡八幡宮に満つ
臨時の神楽を行う
巫女の託言により神馬を奉納す
親光の対馬守還任を後白河院に重ねて申し入る

一日、戊寅、自去比黄蝶飛行、殊遍満鶴岳宮、是怪異也、仍今日以奉御供之次、為邦通(藤原)奉行、有臨時之神楽、此間大菩薩詫〔託〕巫女給曰、有反逆者、自西廻南、自南帰西、自西猶到南、自南又欲到東、日々夜々奉窺二品(源頼朝)之運、能崇神与君(後白河法皇)、申行善政者、両三年中彼輩如水沫可消滅云〔云々㋭㋛㋲〕、依之被奉進神馬、重有解謝云々、

(37オ)

二日、己卯、前対馬守親光(藤原)可被還任之由、重所被申京都也、」此親光在任之間、平氏下向鎮西、可参向屋島之由雖相触、不従、仍以少貳種直(原田)郎従等欲追討之間、遁渡高麗国訖、彼氏族滅亡後、依二品仰、無為上洛、其翔已大功也、加之任中之間、為御祈禱、或令修造八幡宮以下鎮守諸大明神六十余社之御宝殿、或奉餝同宮放生会御輿装束幷錦御戸帳及神殿御戸帷・舞装束等、其准願為三万余疋云々、載目録、先日持参関東、凡任国之時、修造此等神殿之者、募其賞、被仰重任還住〔任㋭㋛㋲〕之例也、可蒙賞之旨言上、其上依賀茂斎院成功、賜重遷任宣旨、以此次可

一㋭㋲二
之神㋭㋛㋲神
詫㋛詑
南帰㋭㋛㋲南又帰
到㋭㋛㋲至
解㋭斛「解」㋛ナシ㋲斛
二㋲三
可参㋛重参
討㋲計
亡㋲×已「亡イ」
翔㋲×朔「翔イ」
装㋛将
戸帳㋭張「帳」㋛㋲帳
帷㋭帷「帳」㋛㋲帳
准㋲×唯「准イ」
録㋭㋛㋲六
還㋛㋲遷
斎㋛㋲斉
重㋭重「任」

拝任尋常国之趣、内々望二品御挙達、而無闕国、如元可拝任彼島之」
(37ウ)由、被奏聞者、以除目之次可被任之旨勅答畢、而去春除目之時、他人
拝任云々、是依廷尉公朝(大江)訴、被閣之、公朝就鎌倉内儀、支申之趣発
言、然而不帯証文、親光捧厳密御消息者也、而〔争㋭㋛㋲〕有御改変乎、除目後
朝、周章所失度也、早重可有御内挙之由、頻令愁申之間、及此沙汰云々、

出雲国杵築大社物検校職を改替す

三日、庚辰、出雲国杵築大社惣検校職事、停止出雲則房、以同資忠令
計補給云々、

御所に於て鶴岡供僧薬師経百巻を転読す

八日、乙酉、於営中転読薬師経百巻、鶴岳供僧等奉仕[之]㋭㋛㋲云々、

能保執進の院宣到来す

九日、丙戌、前大蔵卿(高階泰経)・前刑部卿(藤原頼経)等罪科事、於今者可被免帰京之由、
(38オ)去三月被奏聞畢、叡慮頗快然云々、仍左典厩(藤原能保)」執進職事奉書今日所到
来也、

後白河法皇院宣
泰経並びに頼経赦免の意向を頼朝に伝う

二位卿書状奏聞候畢、泰経・頼経等事、可有恩免之由、度々雖令
申、彼心中猶難知之処、散御不審候畢、北面輩事、各誡抑〔仰㋭㋛㋲〕可召仕之

者㋭㋛㋲之
後㋭㋛㋲ナシ
失㋭㋛先㋲×先「失イ」
三㋛㋲四
給云々㋭㋛㋲給之
執㋭㋛㋲被執
誡㋛㋲誡

秀衡送進の貢馬等の京都への進上を八田知家に命ず

源為頼京都より院宣を持参す

後白河法皇院宣

時政の下向により洛中隠便ならず

由、内々御気色候也、[以]《㋭㋛㋲》此趣可仰遣候、恐惶謹言、

四月廿六日　　左少弁定貞《藤原》〔長㋭㋛㋲〕

十日、丁亥、陸奥守秀衡《藤原》入道有送進貢馬三疋幷中持三棹等、其馬一両日飼労、則相副件使者、可進上京都之由、被仰右衛門尉朝家《八田》云々、

有送㋛送㋲ナシ

（38ウ）

十三日、庚寅、紀伊刑部丞為頼《源》為飛脚自京都到着、所」持参院宣也、以夜継日可進之旨、帥中納言《藤原経房》被触仰之由云々、北条殿《時政》被帰関東之後、洛中狼藉不可勝計、去月廿九日夜、上下七ケ所群盗乱入云々、世上嗷々事、定以令聞及給歟、閭巷之説雖不可有御信受、如此人歟〔口先々《㋭㋛㋲》〕不空歟、時政在京旁依穏便思食、於他武士者、縦雖召下、於彼男者、勤仕洛中守護可宜之由、度々被仰遣候上、直被仰含畢、然而猶以下向之間、如此事等出来歟、義経《源》・行家《源》等在洛中之由風聞、事若実者、天譴已至歟、何不被尋出哉、或説、叡山衆徒之中有同意之

（39オ）

輩云々、如此披露、若為」実事者、為朝家神妙事歟、日来雖被仰所

之旨㋛㋲旨　帥㋲師

洛中㋭㋛㋲洛中之

閭㋭問『閭』

候上㋭㋛㋲之上

被尋㋛尋　山㋛山之

如此㋭㋛㋲中々如此

憂慮の意向を伝え頼朝に対応を求む

々、無聞食出事、於今者、被捜尋有其便歟、但以無証拠事構出者、適所残之天台仏法魔滅之因縁歟、云彼云是、旁歎思食者也、如此事出来ぬれは、奉為君無曲事〔由㋭㋛㋲〕のみ出来は、旁驚思食者也、去月廿日御消息使持〔侍㋭㋛㋲〕為頼、一昨日到来、付其便、雖仰遣此旨、且有［懈怠之］〔㋭㋛㋲〕疑、且為散不審、重所被仰也〔者㋭㋛㋲〕云々、院宣如此、仍執啓如件、

五月六日　　経房

謹上　源二位殿

祐経等酒を持参し静を訪ぬ

静母子芸を施す

梶原景茂静に艶言を通ず

静無礼を咎む

公朝京都より院宣を持参す

(39ウ)十四日、辛卯、左衛門尉祐経（工藤）・梶原三郎景茂・千葉平次常秀・八田太郎朝重・藤判官代邦通等面々相具下若等、向静旅宿、玩酒催宴、郢曲尽妙、静母磯禅師又施芸云々、景茂傾数盃、聊一酔、此間通艶言於静、々頗落涙云、与州者鎌倉殿御連枝、吾者彼妾也、為御家人身、争存普通男女哉、与州不牢籠者、対面于和主猶不可有事也、況於令儀哉〔今㋭㋛㋲〕云々、廷尉公朝自京都参着、所帯院宣等也、以知家宿所為旅館云々、

出事㋭㋲出「・事」
残之㋛残
縁㋲緑
仰遣㋭㋛㋲遣仰
玩㋭㋛㋲抗
聊㋭㋛㋲極
云与㋭㋲云予
哉与㋭㋲哉予
于㋛㋲ナシ

時政の雑色京都より参着す
能保室の女子平産を報ず

頼朝女勝長寿院に参籠す

摂関家領に就き院宣到来す

後白河法皇院宣

基通を不便に思い兼実への所領移管に異を唱う

十五日、壬辰、北条殿雑色自京都参着、去六日左典厩室家(源義朝女)女子御平産

（40オ）

之由申[之](ホシモ)云々、典厩被申云、可鎮世上」歟々之由、去七日蒙院宣云々、

十七日、甲午、大姫君(源頼朝女)令参籠南御堂給、自今[日](ホシモ)可為二七ケ日云々、

是常有御邪気御気色、為御対治也、

十八日、乙未、前接〔摂ホシモサ〕政(藤原基通)御家領事、去月之比被下委細勅答、帥中納言殿

奉書今日所到来鎌倉也、

去月廿日御消息今月四日到来、即令奏聞[候](ホシモサ)畢、接〔摂ホシモサ〕政家領事、令申

給之旨聞食畢、藤氏長者をも退可申定之由、雖令申給、依被〔被サナシ〕彼御辞

退、同時被宣下畢、忽被分取家領之条、為前接〔摂ホシモサ〕政尤以不便、入道関(藤原基房)

（40ウ）

白之時も、氏長者之外事、不付接〔摂ホシモサ〕録〔籙〕歟、当時接〔摂ホシモサ〕政(藤原兼実)」皇嘉門院(藤原聖子)御領等

有知行、不可似入道之時事也、於思食事者、不憚可被仰之由、令言

上給先畢、仍如此所被仰遣也者、依院宣執啓如件、

五月五日　　　経房

壬辰(シ)(小書)

御気色(ホシモ)ナシ
治(ホ)給『治』

乙未(サ)ナシ
帥(モ)師
殿(ホシモサ)ナシ

食畢(サ)食了
をも(ホシモ)おも
彼(ホシモ)破

下畢(サ)下了

能保等の飛脚行家の首を持参す

使者を召し行家誅戮の次第を問う

能保の書状到来す

能保行家の誅戮を後白河院摂政に報じその返答を頼朝に伝う

行家の経歴

○㋭㋛㋲は「者依」で改行し、「院宣」を平出する。

廿五日、壬寅、能保朝臣・平六傔仗時定（北条）及常陸房昌明等飛脚参着、持参前備前守行家之首、先被召件使者於営中、被尋問事次第、各申云、備州日来横行和泉・河内辺之由風聞[之]㋭㋛㋲間、捜求[之]㋭㋛㋲処、去十二日在于和泉国一在庁日向権守清実許之由、得其告行向、圍清実小木郷宅、(41オ)先之備州逃到後山、入或民家」二階々上〔之㋭㋛㋲〕、時定襲寄於後、昌明競進於前、備州所相具之壮士一両輩雖防戦、昌明搦取之、時定相加其所梟首畢、同十三日又誅備州男大夫尉光家云々、又左典厩書状到来、前備前守誅戮事、以左少弁定長奏聞之処、不可被知食、可申接政〔摂㋭㋛㋲〕之旨被仰下、仍申接政〔摂㋭㋛㋲〕、又不知之由返答之間、送献之云々、此事御感已絶常篇、恩賞尤得其次者也、

前備前守従五位下源朝臣行家

大夫尉為義十男本名義盛、

着㋛著

進於㋭㋛㋲進出

前㋭㋛㋲ナシ　一㋭『・一』

定長㋛長定　旨㋭㋛㋲由

献㋛㋲ナシ

本名義盛㋭㋛㋲ナシ

源光家の経歴

治承四年四月〔九〕㋛㋲日補八条院蔵人、今日改行家、
寿永二年八月七日任備後守、〔勲功賞㋭㋛㋲小書〕勲功賞、
同十三日遷任備前守、
(41ウ)
検非〔違㋭㋛㋲〕遺使従五位下左衛門権少尉同朝臣光家、前備前守行家一男、
寿永二年十一月九日補蔵人、任左衛門権少尉、蒙使宣旨、勲功賞、元暦二年六月十六日叙留、

○底本は「大夫尉」から「備前守」まで、および「寿永二年十一月」以下を、それぞれ前行につなげて記す。㋭㋛㋲により改行して示した。

静頼朝女の召しにより勝長寿院に参り芸を施す

廿七日、甲辰、入夜静女依大姫君仰、参南御堂、施芸、給禄、是日来有御参籠了当寺〔于㋭㋛㋲〕、明日満二七日、依可退出給、及此儀云々、

院宣到来す
後白河院行家の誅戮を讃う
頼朝後白河院への疑いを解く

廿八日、乙巳、院宣一通到来、去十六日状之〔也㋭㋛㋲〕、行家朝臣被誅事有叡感之由云々、行家伏誅、梟首已入洛、為天下尤神妙之旨被載之、左馬頭所被執進也、是始不叶叡慮歟之由、就能保朝臣書状、頗及二品御疑之

九㋭「九」
蔵人㋭㋛㋲蔵人〈本名義盛〉
備前㋲備「・前」

刑部卿典侍の訴えにより美濃安平の濫妨停止を命ず

頼朝神社仏寺興行を申し入る

三浦義澄並びに中村宗平に命じ相模国内の主な百姓に米を給う

（42オ）処、覧」此院宣之後、被解御伊欝云々、

廿九日、丙午、美濃藤次安平濫妨美濃国石田郷之由、領主刑部卿典侍訴左典厩能保〔能保㋭㋛㋲小書〕、々々又被執申之間、早可停止之趣、今日被遣御書於典厩、又筑前介兼能上洛、其身蒙勘発事、於都鄙頻有陳申旨云々、又神社仏寺興行事、二品日来思食立之、且所被申京都也、且於東海道者、仰守護人等、被注其国惣社幷国分寺破壊及同霊寺〔尼㋭㋛㋲〕顚倒事等、是重被経奏聞、随事体為被加修造也、為善信（三善康信）・俊兼（藤原）・邦通・行政（藤原）・盛時（平）等奉行、今日面々被下御書云々、」

（42ウ）文治二年［丙午］㋭㋛㋲

六月［小］㋭㋛㋲

一日、丁未、今年国力凋弊、人民殆泥束作業、二品（源頼朝）令憐愍給之余、仰三浦介（義澄）・中村庄司（宗平）等、相模国中於〔於㋭㋛㋲ナシ〕為宗百姓等給鬻牙［人別一斗］㋭㋛㋲云々、且是依

之後㋛㋲後

々々㋛㋲云々

於典厩㋛㋲於典厩云々

仏㋲仰

立之㋛立之由

〈一斗〉云々㋭㋛㋲〈一斗云々〉

藤原季光武蔵国より参上し盃酒を献ず

怪異攘災止〔之㋛㋲〕計也[云々]㋭㋛㋲、入夜豊後守季光（藤原）献盃酒、昨日自武蔵国参上

云々、

刑部卿典侍領に就き下文を発給す

二日、戊申、刑部卿典侍領事、二品被遣御下文云々、

源頼朝下文

下　美濃国大野郡内石大〔太㋭㋛㋲〕郷住人、

可早停止美濃藤次安平濫妨為刑部卿典侍御沙汰事、

美濃安平の濫妨停止を命ず

右件所、致安平無道令押領之由、有其聞、事実者尤以不当也、自今以後、可令停止之状如件、以下、

文治二年六月日

（43オ）

大中臣公宣書状を献じ義経の動向等を報ず

七日、癸丑、神祇権大副公宣（大中臣）献書状、申送云、与州（源義経）去比経廻伊勢国参詣神宮、当時又在南都辺由風聞、而祭主能隆（大中臣）朝臣有内通事、被祈禱歟云々、

政道興行等に就き勅答到来す

九日、乙卯、去四月之比、政道事、殊可致興行[之]㋭㋛㋲趣、付議卿令奏聞給畢、勅答之条々、執職事目録、帥中納言（藤原経房）被進之、今日所到来也、

止㋭上「之」　季㋛秀

早停㋭㋲早×偏「停」

令停㋭令偏「停」

参㋭㋛㋲常

被㋭㋛㋲致

畢㋭㋛㋲了　帥㋲師

職事奏事目録

条々、」

諸社諸寺修造を摂政に命ず

一、諸社諸寺修造事、

於神社者大概被付国訖、諸寺尤大切、東寺以下殆如無其跡、如此

令申旨可然事也、早可計仰之由、被申接〔摂㋭㋛㋲〕政（藤原兼実）訖、

（43ウ）

記録所設置を摂政に命ず

一、記録所事、

先日被計申之時、被仰接〔摂㋭㋛㋲〕政訖、諸方訴訟尤可被決断歟、重可有急

沙汰之由被申歟〔訖㋭㋛㋲〕、

一、光雅（藤原）朝臣事、

聞食歟〔訖㋭㋛㋲〕、

一、所々庄々子細事、」

追可被仰左右、

（44オ）

播磨国武士の押領停止を喜ぶ

一、播磨国武士押領所之事〔々㋭㋛㋲〕、

委細成敗之条、返々所感思食也、人々愁已散歟、但［拵］㋭㋛㋲保『り』『く』・桑原

計申㋛計申入　訟㋭㋛詔㋲「・詔」

追㋭㋛㋲遂

播㋭㋛㋲幡

保㋭㋛㋲保

五ケ庄・上蝙・東這田庄等、猶令召進去文治二〔給㋛㋲〕〔二㋛㋲ナシ〕、或国領眼也、或　二㋭式『法歟』或国㋲式国
難去思食、凡景時（梶原）申状、一旦雖似有其謂、張行国中之時、為免一
日之命、[有]㋭㋛㋲寄附所、[或]㋭㋛㋲自由有押領之地、以之私〔称㋭㋛㋲〕相伝歟、安田
庄、自領家若狭局、雖称預給、全不可然、以之察可〔可察カ〕、〔彼㋭㋛㋲〕得男一類偏　可然㋭㋛㋲然
蔑如国務、早可誡候也、〔仰㋭㋛㋲〕於此国者、可然者、可去進申、〔由㋭㋛㋲〕今被仰　誡㋛㋲被誡 此国㋭㋛㋲此国一国 仰也㋛仰
也、度々可随仰之由言上訖、仍仰能保（藤原）」朝臣被遣仰畢、一旦雖逃
去、猶隠居傍庄、催当国之輩、伺隙、又致濫妨、能々可被誡仰　之輩㋛輩
也、桑原事、殊有[被]㋛㋲仰[之]㋭㋛㋲旨候、　候㋭㋛㋲ナシ

景時への戒めを求む

（44ウ）

備前国の法勝寺御塔用途に就き早急な沙汰を求む

一、備前国事、
下文等施行之後、可被仰左右、但一所も武士事懸之所、一切不叶　も㋭㋛㋲（小書）
国衙下知之、以彼国一向被充法勝寺御塔用途訖、全非他事、明年
伊勢大神宮山口祭也、件祭被行後、不可及仏寺沙汰、仍早速思
食、能々可被計下知也、

一、美濃国事、

在庁申状等、御沙汰先畢、子細追可被仰候也、」

（45オ）

一、所々下文事、

各々給了〔分㋭㋛㋲〕、但為保猶有歎申旨、阿波国久千田之庄者〔之㋭㋛㋲ナシ〕、父為清法師相伝領也、何有他地頭哉、子細見折紙訖、山田庄事、猶雖有申旨、遂可被仰也、業〔平〕忠事、返々驚聞食云々、何様被下知哉、其辺ニ不快ニ思たらん物をは、争不被勘当哉、証跡たに〔なと〕候者、早可被申上、若又高橋庄押領武士、任口申をは為人不便、可令注申子細也、

一、高連島、相尋可被仰左右、」

（45ウ）

更被仰下事等、

春近領と郡戸荘の年貢進済を求む

一、春近幷郡戸庄年貢事、

早無懈怠可進済之由、可被下知也、先々以後年貢〔彼㋭㋛㋲〕被用御服、早々

御㋭㋛㋲行
畢㋭㋛㋲了
追㋭㋛㋲遂
候㋭㋛㋲ナシ
保㋛能
云々㋭㋲者年㋛者年貢
辺ニ㋭㋛㋲辺々
快ニ㋭㋛㋲快之
らん㋭〈ラン〉㋛㋲ナシ
物をは㋭物〈ヲハ〉
たに㋭㋛㋲〈ナト〉
申をは㋭㋛㋲申〈ヲハ〉
一高㋭㋛㋲高

可有沙汰、

富士領の年貢進済を求む

一、富士領事、
件年貢、早可進済、可為御領之由、先々被仰之、〔了㋭㋛㋲〕定存知歟、
以前条々、以此趣委可被仰遣也、細々成敗猶感思食候也、人愁休
ハ世上安堵之計也、謀反之輩［尚帰住諸］㋭㋛㋲国々条々、〔之㋭㋛㋲〕〔々㋭㋛㋲ナシ〕被申旨尤可
然、早可被停止也、」

ハ㋭㋛㋲ナシ
停㋭偏「停」

頼朝丹後内侍の病を見舞う

(46オ)十日、丙辰、晩頭甚雨雷鳴、今日丹後内侍於甘縄家病悩、二品為令訪
其体給、潜渡御彼所、朝光(小山)・胤頼(千葉)外、無候于御共之者云々、

雷㋲×宮「雷」
于㋭乎「于」㋛手㋲× 乎「于」
共㋭㋛㋲供

親光対馬守還任の推挙を謝す

十一日、丁巳、親光(藤原)朝臣以書状申送曰、去月廿八日還任対馬守訖、是
則依御挙状、遂所加朝恩也云々、

曰㋭㋛㋲云
所㋲可

又熊野別当(湛増)知行上総国畔蒜庄也、而地頭職者、二品令避付于彼人給
訖、於其地下者、相馬介〔上総㋭㋛㋲〕(足利義兼)・和田太郎義盛引募之処、各背本所使下知、
不弁年貢等之間、訴申之上、已欲令言上京都之旨、達二品御聴、殊聞

而㋲ナシ
訖㋭㋛㋲ナシ

足利義兼並びに和田義盛に上総国畦蒜荘の年貢納入を命ず

雑色京都より参着し義経母並びに妹の生け捕りを報ず

丹後内侍の病平癒す

頼朝安楽寺別当安能を改替せんとす

安能進むる証文到来す

食驚、今日[為]㋭㋛㋲主計允行政(藤原)奉行、一事以上、随使下知、可被沙汰〔致㋭㋛㋲〕之

(46ウ)趣、触仰于件」両人云々、

○底本は「又熊野別当」以下を前行につなげて記す。㋭㋛㋲により改行して示した。

十三日、己未、当番雑色宗廉自京都参着、去六日於一条河崎観音堂

辺、尋出与州母(常盤)并妹(藤原長成女)等生虜、可召進関東歟由云々、

十四日、庚申、丹後内侍違例平愈、日来病悩之間、二品及御立願之

処、今日聊御安堵云々、

十五日、辛酉、安楽寺別当安能僧都、依有同意平家之聞、欲被改替、

二品所令慎申給也、珍全〔全珍〕望申之、於京都当時有其沙汰、而安能潜進

使、属藤判官代邦通、陳申子細、寺務之間興隆事并当寺務事、付権

(47オ)門」不可濫望之由、[称]㋭㋛㋲有証文、重〔進㋭㋛㋲〕永久起請・保延宣旨状等云々、今

日参着関東也、

河㋲何

家之㋲家×三「之」聞㋭間「聞」㋛㋲間

安能寺務後始置仏神事、

一、建立瓦葺二階一間四面経蔵一宇、

一、毎日調味御供事、

古来[無]㋭㋛㋲此事、

一、建立六間四面御供所屋一宇、次々屋并六宇、

一、於宝前勤修長日尊勝護摩事、

一、同於宝前崛〔啒〕請十口僧侶、毎月一万巻観音経転読事、同像一万体

摺供養事、

毎日充一千体、以毎月十八日供養之、」

（47ウ）

一、同於宝前崛〔啒〕請持経者毎日令転読法華経一部事、

一、同於宝前以寺僧三口長日令転読大般若経事、

已上三ケ事、奉祈上皇（後白河法皇）御願、

一、同於宝前毎月廿五日天神（菅原道真）御月忌、崛〔啒〕碩学八口勤修八講事、

文治二年六月

崛㋛屈㋲×啒「屈」月㋛日

崛㋛屈㋲×啒「屈」華㋭㋲花

若経㋛若

崛碩㋭崛磧「頁」㋛屈磧㋲×崛×碩「屈磧」

件御月忌、元者転読阿弥陀経講〔許㋭㋛㋲〕也、

一、毎月崛〔啒㋛〕十口僧侶一字三礼令書写如法経納銅筒奉籠宝殿事、

一、寺内諸社御燈奉供事、

一、北野宮寺社等供夜燈事、

已上、拝任之後、以新信心所勤行也、

（48オ）

自往古被始置恒例臨時大小仏神事、法会・祭礼、連月連日之勤、日夜灯油、仏聖供・神供・人供、衣食供料田、一々無退転、不及注進之、

此三ケ年、為武士等被打止天、一々断絶、寺僧・神人上下数百人之輩、拭悲涙、迷山野云々、

安楽寺別当濫望人義絶状、

菅氏長者義絶状

為安楽寺別当濫望背氏挙依起大衆義絶事、

右、背父命者非子道、背氏挙者非氏人、然者在殷、在良子〔在良子㋭㋛㋲小書〕（菅原）、不可

崛㋲×崛「屈」

奉供㋛奉供養㋲奉養

已㋛以

日夜㋲月夜 灯㋭㋛㋲燈

云々㋛云云

人義㋭㋛㋲人儀

（48ウ）

為子也、藤実〔厳㋭㋛㋲〕、是綱（菅原）子〔是綱子㋭㋛㋲小書〕、不可為氏人、」天神御起請有限、任氏挙次　綱㋛㋲経
第所補任也、令背氏挙起大衆之輩、公家可禁制、氏人可義絶之状　令㋭㋛㋲今　義㋭㋛㋲儀
如件、
永久六年正月十二日　氏長者式部大輔菅原在殷〔良㋭㋛㋲〕　式㋲或

官宣旨

（49オ）

右弁官下　大宰府
応任起請文停止背氏人進上〔止〕仮事於権勢濫望安楽寺別当輩事、　上㋭上「止」
右、得彼寺在京氏人等去〔去㋭㋛㋲〕二月十九日解状併〔称㋭㋛㋲〕、去大治年中進納北野聖　去㋛ナシ
廟起請文併〔称㋭㋛㋲〕、可停止称氏僧背氏人以貴所威濫望安楽寺別当職事、右　廟㋭㋲庿　停㋭㋛㋲偏
件寺者、」天満天神御終焉之地[也]〔㋭㋛㋲〕、桑梓松柏尚以可崇、氏挙寺官誰　柏㋭㋛㋲栢
以松妨〔相㋭㋛㋲〕、至于別当職、氏僧中推其器量、択其性、以六年為一任、次　至㋛到
第挙補、其来尚矣、而世及澆末、人多貪焚〔婪㋭㋛㋲〕、在之〔々㋭㋛㋲〕禅侶、面々濫望、
貪号〔兮〕望先〔者㋭㋛㋲〕、性情悪逆、行能其闕〔共㋭㋛㋲〕之輩也、以卑自術〔衒㋭㋛〕之故焉、直号〔兮〕侍〔待〕　術㋭衒「術」「衔」㋲衛
者〔㋭㋛㋲〕、法器相備、年臈老大之人也、寺次不営之故耳、謂彼云此、如旧　耳㋭可『耳』
文治二年六月

如前、偏随氏之挙奏者、宜叶神之素意也、何啻貪一旦之名利、忝可黷累祖之広謀哉、所謂師子中虫如食師子歟、就中去大治年中、僧定

(49ウ)

祐恣巧謀計、横致濫望、難背権貴之」命、憖薦挙之状、不能固辞、偏仰庿栄之処、二離未墜、吾氏無絶、定祐忽以入滅、信永猶在寺務、当于彼時也、登触事触境、多凶多怪、是則綷雖出意襄〔表㋭㋛㋲〕徵、独蒙身歟上〔上歟㋭㋛㋲〕、亭屋[忽]㋭㋛㋲為灰燼、身体久沈病痾、倩思此事、偏感彼咎、伏願、霊廟明垂冥察、自今以後、有蔑爾氏人之許否、晴〔暗㋭〕以豪貴之権威、不[測]㋭㋛㋲涯分、若致濫望之輩者、高振霊威、立与冥罰、内則天神必加呵責之誡、外亦氏人永断親族之義、然則遂大業之人宜守此状、企濫望之輩莫致其挙、縦雖受未族、縦登崇班、自非儒者、不可知家

(50オ)

事、明誡炳焉、于今」不朽、請以一言之呈信、郝〔将㋭㋛㋲〕為万代之炳誡、仍起請如件者、望請天裁、任件起請文、早被下宣旨、将仰敬神之政令、俾断非拠之濫望者、権中納言藤原朝臣成通宣、奉勅、依請者、

之素㋛索
広㋭広『廟歟』大㋲×大「文」
薦㋛鷹
廟㋭㋲庿　晴㋛精
立与㋲×立×与「■焉」
宜㋲宜「冥イ」

府宜承知依宣行之、
保延七年六月廿日　　大史小槻宿禰（政重）在判、
右中弁源朝臣（雅綱）在判、

○諸本は「安能寺務後始置仏神事」を前行につなげて記す。内容により改行して示した。底本は「摺供養事」と「毎日」以下を、「勤行也」と「自往古」以下を、「注進之」と「此三ケ年」以下をつなげて記す。㋭㋛㋲により改行して示した。また、㋭は「已上三ケ事」を前行につなげ、㋛は「右背父命」を前行につなげて記す。

頼朝御台所納涼のため比企尼家に渡御す

十六日、壬戌、二品幷御台所（北条時政女）渡御比企尼家、此所樹陰為納涼之地、其上花薗有興之由、依令申也、御遊宴終日云々、

花薗　㋭㋛㋲芲園

梶原朝景京都より使者を進め藤原実定家領の武士狼藉を報ず

十七日、癸亥、梶原刑部丞朝景自京都進使者、執申内大臣（藤原実定）家訴事、是（50ウ）家領等為武士被押妨事也、所謂越前国北条殿（時政）眼代越後介高成妨国務、般若野庄藤内朝宗（比企）、瀬高庄藤内遠景（天野）、大島庄土肥次郎実平、三上庄佐々木三郎秀綱（盛カ）、各或三年、或一両年、煩所務抑乃貢云々、二品殊令

佐　㋲佑
綱　㋭㋛㋲能

頼朝濫妨停止を命ず

驚給、速可止妨之由、面々可被仰含[之]（㋭㋛㋲）由云々、

使節を遣わし平頼盛の薨去を弔う

十八日、甲子、水尾谷藤七為使節上洛、是去二日入道前大納言頼盛〔頼盛㋭㋛〕(平)薨卒〔㋲小書〕之間、為令訪彼旧跡也云々、

○㋭は「前大納言」の右傍に「池」と墨書する。

頼朝諸国守護地頭の停止を申し入る

廿一日、丁卯、為捜尋求行家(源)・義経隠居所々、於畿内近国被補守護・地頭之処、其輩寄事於兵粮、譴責累日、万民為之含愁訴、諸国依此事令凋弊云々、仍雖可待義経左右、有人愁歟、諸国守護武士并地頭等早可」停止、但於近国没官跡者、不可然之由、二品被申京都、以帥中納(51オ)言可奏聞之旨、被付御書於廷尉公朝(大江)帰路便宜〔洛㋭㋛㋲〕、又因幡前司広元(中原)為使節所上洛也、為天下隆清〔澄㋭㋛㋲〕、被下院宣、糺断非道、又可停止武士濫行国国事、

源頼朝書状

山城国　大和国　和泉国　河内国　摂津国　伊賀国
伊勢々　尾張、「近江、」〔㋭㋛㋲〕美濃、　飛驒、　丹波、
丹後、　但馬、　因幡、　伯耆、　出雲、　石見、

訪㋛妨
所々㋭㋛㋲所之
兵粮㋭「・兵」粮
待㋭㋛㋲被待
停㋭㋲偏　帥㋲師
停㋭偏「停」　国国㋭㋛㋲国々
和国㋭㋲和々　泉国㋭㋲㋛泉々　内国㋭㋛㋲内々　津国㋭㋛㋲津々　賀国㋭㋛㋲賀々

（51ウ）

播磨、美作、備前、備後、備中、安芸、
周防、長門、紀伊、若狭、越前、加賀、
能登、」越中国　淡路、伊予、讃岐、阿波、
土佐、
右件卅七ケ国被下院宣、糺定武士濫行、方々之僻事可被直非道於正
理也、但鎮西九ケ国者、帥中納言殿御沙汰也、然者為件御進止被鎮
濫行、可被直僻事也、又於伊勢国者、住人挟梟悪之心、已発謀反
了、件余党猶以逆心不直候也、仍為警[衛]㋭㋛㋲、其輩令補其替之地頭候
也、抑又国之守護〔々㋭㋛㋲〕武士、神社仏寺以下諸人領、不帯頼朝下文、無由
緒任自由押領之[由]㋭㋛㋲、尤所驚思給候也、於今者被下院宣於彼国々、
被停止武士濫行、」方々僻事可被隆清〔澄㋭㋛㋲〕天下[候]㋭㋛㋲也、凡不限伊勢国、謀
叛人居住国々、凶徒之所帯跡には、所令補地頭候也、然者庄園者本
家・領家所役、国衙者国役・雑事、任先例可令勤仕之由、所令下知
文治二年六月

（52オ）

播㋭㋛㋲幡
狭㋛狹
中国㋭㋛㋲中々
路、㋲路
予㋛与
国被㋭㋛㋲国々被
帥㋲師
止㋛士
行㋛行之
挟㋭㋛㋲挿
反㋛返
件㋭㋛㋲而件
猶㋭㋛㋲尚
停㋭偏
方々㋲方
被㋲彼
叛㋛叛方
には㋭㋛㋲〈ニハ〉
衙㋲×衛「衙」

候也、各悉此状、公事為先、令執行其職候はんは、何事如之候畢〔予㋭㋛〕、
㋲若其中ニ不用本家之事、不勤国衙役、偏以令[致]㋭㋛㋲不当候はん輩を
は、随被[仰]㋭㋛㋲下候、可令仰加其誡候也、就中武士等之中ニハ、頼朝
モ不給候へは、不知及候之所ヲ、或号人々寄附、或以無由緒之事、
令押領所々、其数多候之由承候、尤被下院宣、先可被直如此之僻事
候也、又縦為」謀叛人之所帯、令補地頭之条、雖有由緒、可停止之
由、於被仰下候所々者、随仰可令停止候也、院宣争違背候哉、以此
趣可令奏達給之由、可令申帥中納言殿也、

文治二年六月廿一日　　御判

(52ウ)

○底本は「近江、ヽ」を「讃岐、ヽ」の次に置く。㋭㋛㋲により「尾張、ヽ」の次に移し、以下を一項目ずらした。なお、㋭㋛㋲は「ヽ」を「々」とする。

能保の飛脚到来す
義経岩倉辺には見当たらず

廿二日、戊辰、左馬頭飛脚自京都到来、予州隠居仁和寺石倉辺[之]㋭㋛
㋲由、依有其告、雖遣刑部丞朝景・兵衛尉基清(後藤)以下勇士、無其実、而当

はんは㋭㋲〈ワンハ〉㋛〈ハンハ〉
ニ㋛㋲ナシ
衙㋲×衛「衙」
はん輩㋭㋲〈ワン〉輩
㋛〈ハン〉輩
をは㋭㋛㋲〈ヲハ〉
仰加㋭㋛㋲加
之中㋛中
ニハ㋛ナシ
候へは㋭㋛㋲〈ソロエハ〉
ヲ㋭㋛ナシ
人々㋭㋲人之㋛人
叛㋭㋲反
可停㋭㋲可偏
令停㋭㋲偏㋛停
帥㋲師
御判㋲ナシ
予㋛与
以㋭㋛㋲已

比叡山に在る由風聞有り

院宣により播磨国矢野別符地頭の押領を停止す

能保の飛脚到来す

義経の婿有綱去る十六日大和国に於て合戦の後自殺す

院宣により伊勢国林崎御厨の地頭を停止す

成勝寺興行を申し入る

源頼朝下文

時在叡山、悪僧等扶持之由風聞云々、

(53オ)
廿五日、辛未、観〔歓㋭㋛㋲〕喜光院領播磨国矢野別府〔符㋭㋛㋲〕事、海」老名四郎能季称地頭、不随寺家所堪之由、依被下院宣、向後可止非分押妨之旨、二品令加下知給云々、

廿八日、甲戌、左馬頭能保〔能保㋭㋛㋲小書〕飛脚参着、去十六日平六傔仗時定〔北条〕於大和国宇多郡、与伊豆右衛門尉源有綱〈義経聟〉、合戦、然而有綱敗北、各金吾相〔各金吾相具㋭〕具〔㋛㋲ナシ〕、入深山自殺、郎従三人傷死了、搦取残党五人、［相具右金吾首］〔㋭㋛㋲〕、同廿日伝京師云々、是伊豆守仲綱男也、

廿九日、乙亥、伊勢国林崎御厨事、為平家与党人家資〔富田〕跡、雖加没官領注〔文㋭㋛㋲〕又、就大神宮訴申ニ、不可有地頭之旨、被下院宣之間、今日有沙

(53ウ)
汰、所被止宇佐美平次」実正知行也、又成勝寺興行事、被申京都、凡神社仏寺事興行最中也、

下　伊勢国林崎御厨住人、

文治二年六月

播㋭㋛㋲幡　国㋛㋲ナシ

随㋭㋛㋲堪

乙㋛丁

訴申ニ㋭㋛㋲訴申之　不可有…有沙汰㋲「・不可有…有沙汰」

崎㋛島

可令早停止宇佐美平次実正地頭職勤仕　　停㋭×偏「停」

神宮課役事、　　課㋭×倮「課」

右、件御厨者、謀叛人家資知行之所也、仍任所蹤〔前㋭㋛㋲〕、為令致沙汰、以

後〔彼㋭㋛㋲〕実正補任地頭職畢、然而依有神宮訴、所令停止実正之沙汰也、但　　令停㋭㋲令偏㋛停

今雖令改易其職、自神宮令還補本人者、甚[以]㋭㋛㋲可為不便之沙汰也、

早為神宮之沙汰、可致有限御上分已下雑事之沙汰之状如件、」以下、　　致㋛到　之状㋭㋛㋲歟　以㋛已

文治二年六月廿九日

（54オ）

源頼朝書状

成勝寺修造事、可被忩遂候也、若及遅怠候者、弥以破損大営候　　忩㋛急

[歟]㋭㋛㋲、就中被修復当寺者、定為天下静謐之御祈歟、然者国ニモ被宛　　宛㋭㋲充

課候て、忩御沙汰可候也、以此旨可令申沙汰給候、頼朝恐々謹言、　　て㋭㋛㋲〈テ〉　忩㋭㋲急㋛急〈キ〉

六月廿九日　　頼朝〔裏㋭㋛㋲〕旧御判、

進上　帥中納言殿　　帥㋲師

○㋭は「神宮課役事」を前行につなげて記す。

七月大

度々の勲功により時定を兵衛尉に推挙す
伊勢国林崎御厨地頭の停止を後白河院に奏す

（54ウ）一日、丙子、以[平]㋭㋛㋲六傔仗時定（北条）可被任左右兵衛尉之由、被申」京都、是依有度々勲功也、又伊勢国林崎御厨被止地頭職訖之由[事]㋭㋛㋲、今日所被仰遣左中弁光長（藤原）之許、為伝奏〔奏聞㋭㋛㋲〕也、

許㋭㋛㋲知行

源頼朝書状

大神宮御領林崎御厨事、可令停止武士之知行之旨、成下文、謹以進上之候、恐々謹言、

停㋭㋲偏

七月二日　[御判]㋭㋛㋲

謹上　頭左中弁殿

平家没官領等を除き権門家領の地頭停止を申し入る

七日、壬午、諸国地頭職事、平家没官領幷梟徒隠住所処之外、於権門家領等者可令停止之由、所被申京都也、」

幷㋭㋲並
可令停㋭㋲一々偏㋛
一々停

能保の書状到来す
院北面院庁官領の濫妨停止を命ぜらる

（55オ）八日、癸未、院北面左衛門尉能盛（藤原）入道幷院庁官定康〔康定カ〕（中原）所知武士濫妨事、早可停止之由、被仰下之旨、左馬頭（藤原能保）消息到来、

停㋭㋲偏

明日行家を弔うために仏事を修せんとし施物等を導師の許に遣わす

十一日、丙戌、被訪故前備前守行家(源)去五月十三日誅戮、没後、明日依可修仏事、
今夕為俊兼(藤原)沙汰、被送遺施物・僧食等於行慈法橋[之](㋭㋛㋲)許云々、

修㋛被修

勝長寿院万燈会

十五日、庚寅、迎盂蘭盆、於勝長寿院被行万灯会、〔仍㋭㋛㋲〕依二品(源頼朝)幷御台所(北条時政女)渡
御、是奉為二親(源義朝・藤原季範女)[以下](㋭㋛㋲)尊霊〔得㋭㋛㋲〕後脱也云々、

灯㋭㋛㋲燈
親㋛品
也云々㋛也

師兼の出雲国薗山荘下司職への還補を計らう

十八日、癸巳、出雲国薗山庄前司師兼為任憲大徳親昵、此間朝夕祗
候、雖無日来之功、殊蒙御芳志、而望申」(55ウ)出雲国薗山庄下司職之間、
可被還補件本職之由、今日賜御消息於師兼、可付都督(藤原経房)之由云々、

薗㋭㋛㋲園
薗㋭㋛㋲園
司㋛庄

駿河国上政所福地社に神田を寄進す

十九日、甲午、駿河国富士領上政〔所㋭㋛㋲〕下福地社奉寄神田、江馬四郎(北条義時)沙汰
之、

馬㋲間
之㋭㋛也㋲ナシ

後白河院の御願として高野山に建立せられし大塔に供料所を寄進す

廿四日、己亥、為仙洞(後白河法皇)御願、為被宥平家怨霊、於高野山被建立大塔、
自去五月一日被行厳密御仏事、而供料所、以備後国大田庄加御平印〔手㋭㋛㋲〕、

印㋲即印

頼朝土肥遠平の濫妨停止を命ず

今日所被奉寄也、但土肥弥〔太㋭㋛㋲〕大郎(遠平)成妨之由、依其訴出来、殊被仰下之
間、早可退出庄家之旨、今日二品令下知給之云々、

平盛国死去す

盛国の経歴

頼朝広元注進の没官京地目録を覧る

没官京地注進状

(56オ)廿五日、庚子、大夫尉伊勢守、平盛国入道去年被召下、被預」岡崎平田四(田㋭㋛)郎(㋲ナシ)義実之処、日夜無言、常向法華経、而此間断食、今日遂以帰泉、二品令聞之給、心中尤可恥之由被仰云々、是下総守季衡七男、平家氏族也、去承安二年十月十九日遂出家、今年七十四云々、

○㋭㋲は岡崎の右傍に「三浦介義明舎弟」と墨書する。

廿七日、壬寅、因幡前司広元(中原)去十九日[注](㋭㋛㋲)進没官京地目六、今日二品所被御覧也、

注進

没官家地成敗事、

左馬頭三箇所内、

信兼(平)家地　一所、揚梅、」

友実(藤原)家地　一所、仁和寺、

(56ウ)平家領　一所、正親町、重衡(平)卿領、

文治二年七月

泉㋭泉「死歟」

被㋭㋛㋲経

箇㋛ケ

揚梅㋭(小書)

実家地一所㋲実家地所

仁和寺㋭(小書)

正親…卿領㋛(大書)

烏丸御局　一所、左女牛南東洞院西、

親能（中原）　一所、信兼一家地[也]㋭㋛㋲、揚梅南朱雀面、〔西㋭㋛㋲〕

時政（北条）　一所、綾小路小河[原]㋭㋛㋲東、〔北㋭㋛㋲〕景高（平）領、

実平（土肥）　一所、揚梅、信兼領、

実基（後藤）　一所、

近衛局　一所、二条南、室町東、〔二条南㋭㋲小書〕経盛卿（平）領、

南無阿房　一所、堂敷地、高倉東、故八条北、平内尉（清家）領、

已上、拾箇所、　在判、〔在判㋭㋛㋲大書〕広元〔広元㋭㋛㋲小書〕」

○㋭㋛㋲は「信兼家地」から「南無阿房」まで、それぞれ「一所」との文字間を詰め、「烏丸御局」の行を一字分上げる。

新日吉社領の地頭対捍等に就き後白河院の院宣到来す

向津は狼藉実否の調査を行平に命ず

（57オ）廿八日、癸卯、帥中納言奉書到来、新日吉領武蔵国河肥庄地頭対[捍]、去々年乃貢事幷同領長門国向津奥庄武士狼藉事、取庄家解状被下之、早可令尋成敗給之由被載之、去六月一日御教書也、向津事者、可相尋

帥㋲師　対㋭㋛㋲対捍　藉㋛籍　敗㋲取

請所河越荘は別の奉行人による年貢弁済を武蔵守に命ず

之趣、於当座直所被仰含下河辺庄司行平也、河肥事者、請所也、但領主幼少之間、如請料事、殊[有]㋭㋛㋲不法事歟、差別奉行人、可令致厳密弁之旨、被遣御書於武蔵守（源義信）之許云々、俊兼為奉行云々、

料㋲料「断イ」
許云々㋛許云云

頼朝草野永平の本職還任を推挙す
源頼朝書状

（57ウ）

閏七月小

二日、丙子〔丁未〕、二品（源頼朝）令挙草野大夫永平所望事、依有殊功」也、御書云、

平家背朝威、企謀反、鎮西之輩大略雖相従彼逆徒、筑後国住人草野大夫永平仰朝威、致無貳忠訖、依〔仍㋛㋲〕筑後国在国司・押領使両職為本職之間、可知行之由雖申之、[如]㋭㋛㋲此事、非頼朝成敗候、御奉行之由承及候、有御奏聞、可被充行永平候、恐惶謹言、

閏七月二日　　頼朝

進上　帥中納言（藤原経房）殿

反㋭㋛㋲叛
貳㋛二
被㋭㋛㋲ナシ
行㋭㋛㋲給
帥㋲師

○底本は「平家背…永平仰」を二字下げで記し、「朝威」を平出する。㋭㋛㋲

により、一字下げとし、「朝威」を前行につなげて示した。

能保の飛脚到来す
山僧義経に同意するにより其の由を天台座主に相触る
義経の名を義行に改む

（58オ）十日、〔乙〕辛卯、左馬頭（藤原能保）飛脚到来、状云、搦取前伊与守（源義経）小舎」人童五郎丸、召問子細之処、至于去六月廿日之比、隠居山上候之旨、所申上候也、如件白状者、叡山悪僧俊章・承意・仲教等令同心与力者、仍相触其由於座主（全玄）幷殿法印（慈円）訖、又所経奏聞也云々、義経者与殿三位中将殿良〔良経㋭㋛㋮小書〕（藤原）経、依為同名、被改義行〔之㋭㋛㋮〕由云々、

於㋛ナシ
也云々㋭㋛㋮也者亦
被㋛彼

広元京都より帰参す

十九日、〔甲〕庚子、因幡前司広元（中原）帰参関東、去比所上洛也、諸国守護地頭条々事、委細預下問、言上所存了、又播磨・備前両国武士妨、注文給之、可糺明〔之㋭㋛㋮〕由蒙仰、是広元者、為二品御腹心専一者之由、去月十四日及公家（後白河法皇）御沙汰、面目之所至也云々、」

播㋭㋛㋮幡
磨㋛磨国
是㋮『・是』

平康頼所職を賜る
義朝の墳墓堂に水田を寄進せし功に酬いる

（58ウ）廿二日、〔丁〕癸卯、前廷尉平康頼法師浴恩沢、可為阿波国麻殖保々司元平氏家人散位（アキマヽ）之旨、所被仰也、故左典厩義朝〔義朝㋭㋛㋮小書〕（源）墳墓在尾張国有間庄、無人〔于㋭㋛〕㋮奉訪没後、只荊棘之所掩也、而此康頼任中赴其国時、寄附水田三十

平㋭㋛㋮平尉
浴㋮洛
墳㋭憤「墳」
三十㋭㋛㋮卅

能保の書状到来す
能保義経捜索の状況を報ず

町、建小堂、令六口僧修不断念仏々々〔云㋭㋛㋲〕、仍為被酬件功如此云々、

廿六日、〔辛〕丁未、左典厩消息到来、就五郎丸白状、可召進同意于与州山侶之趣、相触山座主之処、彼輩逃亡之旨申之、而去十一日猶在山門歟之由風聞之間、則奏聞子細、仍去十六日於大炊御門仙洞、有公卿僉議、山」上幷横河末寺庄園悉相触之、不日捜尋可召進其身之由、被仰座主全モ、〔玄㋭㋛㋲〕已下之僧綱之、〔了㋭㋛㋲〕而称彼逃脱輩之縁坐、「縁坐召」『〻〻〻』召進三人之間、則被下使庁訖、此事今差遣軍士於台嶺之由雖言上、無左右被遣勇士之条、偏可為法滅之因、且可被仰子細於座主之由、諸卿一同被定申之趣、具被載之云々、又同十七日院宣所到来也、

（59オ）

後白河院の院宣到来す
後白河法皇院宣

義行逃隠叡山、有同意侶之由、義経童称申云々〔行㋭㋛㋲〕、仍被仰山門之処、件交名之輩、逃脱之由〔所〕申也〔㋭㋛㋲〕、無左右遣武士被攻者、一山滅亡〔之〕〔㋭㋛㋲〕基也、就中座主以下門徒・僧綱等、旁廻秘計、又加訴請、〔祈㋭㋛㋲〕可尋捜之由」申請了、以此趣被尋仰人々之処、尤可然之由、一同被計申、

（59ウ）

与㋭㋲予
則㋛アキ
僉㋭×険「僉」
捜尋㋛尋捜
下之㋛下
脱㋲ナシ
縁坐召㋭㋲縁坐召㋛縁座召
台㋭㋲「・台」
云々㋛云云
仰㋲嚮
名㋲×各「名」
攻㋛功
然之由㋛然之旨
計申㋛計申候

件縁坐又両三人搦取之間、給使庁訖、其上、近江国幷北陸道等定有所縁歟、殊可[求]〔㋭㋛㋲〕索、献件悪徒之輩可被抽賞之由、所被下宣旨也、凡依義行一人事、都鄙未安堵、返々所歎思食也、不限今度可尋之由、連々有御沙汰、此上何様令有沙汰哉之由、可仰遣二位卿之由、[院]〔㋭㋛㋲〕御気色所候也、仍言上如件、

義経の逃亡を歎き頼朝に今後の対応を尋ぬ

後七月十七日　　　左少弁定長〔藤原〕

進上　帥中納言殿

○㋛は「祈請」で改行し、「可尋捜」以下を次行に記す。

皇大神宮禰宜御所に参る頼朝御厨一所を寄進す

（60オ）
廿八日、己〔癸〕酉、被召皇大神宮禰宜長重〔荒木田〕、云〔々㋭㋲〕々着衣冠」参営中、而被寄附駿河国方上御厨於本宮之由、二品直被仰含、於御下文者、去廿二日所被直〔成置㋭㋛㋲〕也、而長重遅参之間、于今被閣之、今日被下彼神主フ〔了㋭㋛㋲〕、是義行参詣神宮凝丹祈之由風聞之間、為敗其逆心、及此義〔儀㋭㋛㋲〕云々、

静男子を産む

廿九日、庚〔甲〕戌、静産生男子、是予州息男也、依被待件期、ヲ〔于㋭㋛㋲〕今所被抑

坐㋛座
搦取㋭㋛㋲搦進
献㋭㋛㋲得
令㋲今
哉㋭㋛㋲ナシ
帥㋲師
大㋭㋛㋲太
着㋛著
直㋭直直
彼㋲被
祈㋭訴「祈」㋛訴㋲×
訴「祈」
庚戌㋚ナシ
男子㋚男
予㋛与
件㋭㋛㋲ナシ

安達清経に命じ嬰児を由比浦に棄てしむ

留帰洛也、而其父奉商々〔「敲」「敵」『こゝ』〕背関東、企謀逆遂〔逐㋭㋛㋲〕電、其子若為女子者、早可給母、於為男子者、今雖在襁褓内、争不怖畏将来哉、未熟時断命条可宜之由治定、仍今日仰安達新三郎（清経）、令」棄由比浦、先之新三郎御使欲請取彼赤子、静敢不出之、纏衣抱臥、叫喚及数剋之間、安達頻譴責、礒禅師殊恐申、押取赤子与御使、此事、御台所（北条時政女）［御］㋭㋛㋲愁歎、雖被宥申之不叶云々、

（60ウ）

商々㋭㋛㋲ナシ㋚向
早㋛ナシ
於㋚ナシ
者㋭㋛㋲ナシ
先之㋚×先×之云々
新三郎御使…叶云々
㋚ナシ

八月小

去月二十日義経に同意せし山僧の母を生け捕る能保に引き続き義経捜索を命ず

三日、丁丑、去月廿日之比、生虜同意予州（源義経）悪僧仲教及承意母女之由、台嶺言上之間、被触左典厩（藤原能保）云々、就之猶可被尋義行在所之旨、被仰遣云々、

予㋛与

後白河院の熊野詣の御物進上のため比企朝宗上洛す

四日、戊寅、比企藤内（朝宗）為使節上洛、是依進上皇（後白河法皇）御熊野［詣］㋭㋛㋲御物等也、謂〔謂㋭㋛㋲ナシ〕日来被充召諸庄園云々、」

新日吉社領武蔵国河越荘等の事に就き院宣の請文を奉る

（61オ）五日、己卯、就帥中納言（藤原経房）奉書、被進御請文、是新日吉領武蔵国河越庄年貢事幷長門国向津奥庄狼藉事等也、平五盛時染筆云々、

源頼朝書状

六月一日御教書、七月廿八日到来、謹以令拝見候訖、新日吉社御領武蔵国河肥庄事、本自為請所、令[進]㋭㋛㋲御年貢候之所也、而去年領家令逝去之由依承候、不知可進年貢之所候、仍令相待領家候[之]㋭㋛㋲間、

河越荘地頭に領家への年貢進上を命ず

彼年貢自然罷過候[了]㋭㋛㋲、地頭恣非抑留之儀候[歟]㋭㋛㋲、而今前領家孫以禅師若〔君㋭㋛㋲〕可為領家候者、早令存知其旨、可令沙汰進年貢候[之]㋭㋛㋲由、可令」下知地頭候也、且社役為先、自今年無懈怠可令致沙汰[之㋭㋛㋲由、可

向津奥荘地頭に濫行停止と参洛陳弁を命ず

（61ウ）令下知」候、同御領長門国向津奥『く』庄地頭謀反人豊西郡司弘元之所帯候、仍以景国（大江）令補地頭候[之]㋭㋛㋲処、致種々悪行候之条、事実候者不能申左右候、早企参洛上、且令陳申子細、且可仰天裁、兼停止濫行、可随社家使進止之由、所令下知候也、件状一通謹以進上之候、以此旨便宜時可令洩達給候、頼朝（源）恐惶謹言、

帥㋲師
奥㋭㋛㋲ナシ
年貢自㋭㋛㋲年自
奥庄㋭㋛㋲奥庄　帯候㋭帯〈二〉候
上㋭㋛㋲ナシ　停㋭㋲偏
進止㋛進上

草野永平の還任に就き勅答到来す

藤原経房奉書

永平を筑後国在国司押領使と為す

草野永平に別の勧賞を約す

勝長寿院惣門に修理を加う

頼朝鶴岡八幡宮に参詣す

西行鳥居辺を徘徊す

八月五日　　頼朝〔裏㋭㋛㋲〕旧御判、

○㋭㋛㋲は「六月一日」以下を前行につなげて記す。

(62オ)六日、庚辰、草野大夫永平所望事、令挙申給之処、」有勅答、帥中納言〔経房㋭㋛㋲〕種経卿奉書到来、

平家背朝威零落之時、鎮西輩大略雖相従、永平不与彼凶賊、〔遂㋭㋛㋲〕致忠功之由、「備」傭『ミ』天聴、仍筑後国在国司・押領使両職不可有相違之由、

依天気執達如件、

閏七月廿六日　　大宰帥

七日、辛巳、鎮西住人草野次郎大夫永平殊蒙御感仰、本所帯不可有違失之上、可有別勧賞之由云々、是不従平家、偏仰朝威、奉与源家之故也、

(62ウ)九日、癸未、勝長寿院惣門依風破損、今日加修理、」仍二品〔監臨㋭㋛㋲〕濫候給、

十五日、己丑、二品御参詣鶴岳宮、而老僧一人徘徊鳥居辺、怪之、以

帥㋲師

種経卿㋭㋛㋲〈経房卿〉

傭㋭㋛㋲洎

帥㋲師

己丑㋚ナシ

詣㋚ナシ

岳㋭㋛㋲㋚岡

頼朝謁見を約す
還御の後御所に於て芳談す
西行終夜弓馬の事を語る
俊兼西行の詞を記し置く
西行頼朝より拝領の銀作の猫を門外の嬰児に与う
西行の伝

（梶原）景季令問名字給之処、佐藤兵衛尉業清法師也、今[号]㋭㋛㋲㋚西行云々、仍奉幣以後、心静遂謁見、可談和歌事之由被仰遣、西行令申承之由、廻宮寺奉法施、二品為[召]㋭㋛㋲㋚彼人、早速還御、則招引営中、及御芳読「談」『〻』、此間、就歌道幷弓馬事、条々有被尋仰事、西行申云、弓馬事者、在俗之当初、慭雖伝宗「家」『〻』風、保延三年八月遁世之時、（藤原）秀郷朝臣以来九代嫡家相（63オ）承兵法焼失、依為罪業因、其事曾」[以]㋭㋛㋲㋚不残留心底、皆忘却了、詠歌者、対花月動感之折節、僅作三十一字計也、全不知奥旨、然者、是彼無所欲報申云々、然而恩問不等閑之間、於弓馬事者、具以申之、即令（藤原）俊兼記置其詞給、縡被専終夜云々、

十六日、庚寅、午剋西行上人退出、頻雖抑留[給]㋚、敢不物令「拘之㋭㋛㋲㋚」、二品以銀作猫被充贈物、上人乍存「拝㋭㋛㋲㋚」領之、於一「門」『〻』外与「門㋭㋛㋲㋚ナシ」門放遊嬰児、西行是請重「源」『〻』上人約諾、東大寺料為勧進砂金、赴奥州、以此便路巡礼鶴岳云々、陸奥守（藤原）秀衡入道者上人一族也、」

業㋭㋛㋲憲㋚義
幣㋚弊　歌㋚哥
法㋚ナシ　速㋚ナシ　読㋭㋛㋲㋚談
歌㋭㋛㋲㋚哥　幷㋭㋲並
慭㋲×愁「慭」　宗㋭㋛㋲㋚家
歌㋭㋛㋲㋚哥
動感㋲×勅×勘「動イ感」　三十㋭㋛㋲卅　計㋭㋛㋲㋚許
縡㋛綺
庚寅㋚ナシ
猫㋚描　一㋭㋛㋲門　児西行㋭㋛㋲㋚児　云々上人㋭㋛㋲源上人　進㋲ナシ　砂㋭㋛㋲沙　岳㋭㋛㋲㋚岡

安楽寺別当安能の死去により全珍を補せんとす

小御所修理により御移徙有り

盛長上野国の国役として沙汰す

蓮華王院領紀伊国由良荘の濫妨停止を命ず

源頼朝下文

藤原範季書状

（63ウ）

十八日、壬辰、鎮西安楽寺別当安能依有罪科、二品頻令憤申給之処、去六月廿六日入滅之間、以大法師全珍可被補彼替之由、被執申之云々、

廿日、甲午、小御所東、此程被加修理、今日有御移徒〔徙㋭㋛㋲〕之儀、藤九郎盛（安達）長為上野国役沙汰此事云々、

廿六日、庚子、於蓮花王院領紀伊国由良庄、七条細工宗紀太（守貞）構謀計致濫妨之由、領家範季（藤原）朝臣折紙幷院宣到来之間、今日令下知給之云々、

下　蓮花王院御領紀伊国由良庄官、

可早停止銅細工字七条紀太妨事、」

（64オ）

右、件御庄、被停止［彼］㋭㋛㋲細工之謀計、［任］㋭㋛㋲院宣、領家可令知行庄務之状如件、以下、

文治二年八月廿六日

広田〔由㋭㋛㋲〕良庄濫妨事、折紙進上之、可令奏下給候、七条紀太丸之謀計殊勝候、尤可被処重科候也、称領家者基親（平）朝臣云々、不知子細田舎人

文治二年八月

替㋲賛
之云々㋛之云云
之儀㋭㋲住之儀
幷㋭㋛㋲並
宗㋭『・宗』
字㋲ナシ
紀太㋭「・宗」紀太㋛
㋲宗紀太
被停㋭㋛㋲偏
也㋲ナシ

猶[以]〔㋭㋛㋲〕結構如此之狼藉候歟、以外事候、就中臨幸南山之由其聞候、
彼庄相違候者、檜物具等不可叶候、年来拵田郷勤仕件役、而被建立
高雄与〔寺㋭㋛㋲〕庄候了、雖片時可被忩仰下候歟、恐々謹言、」

閏七月廿四日　木工頭範季[上]〔㋭㋛㋲〕

（64ウ）

後白河法皇院宣

蓮花王院領広田良庄〔由㋭㋛㋲〕妨事、領家範季朝臣所進折紙証文案等如此、可
被尋子細之由、内々御気色候也、仍執啓如件、

後七月廿九日　大宰権帥経房奉〔奉㋭㋛㋲小書〕

源国基に伊勢国玉垣御厨領主職以下を給う

廿七日、辛丑、土左守国基（源）二品御一族也、殊有「断」金契約、仍伊勢国玉
垣御厨領主職已下多令示付之給、又彼家人刑部丞景重可候関東之由、
被仰付、是渡部党也、

九月大」

諸国荘公地頭の濫妨停止の宣下有り

（65オ）

五日、戊申、諸国庄公地頭等忽緒領家所務之由、依有其聞、有限地頭

彼㋲被　被建㋭㋲彼建
可㋲「・可」　忩㋭㋛㋲急
文案等㋛文等案文等
左㋭㋛㋲佐　金㋭㋛㋲断金

院宣により賀茂社別当領近江国安曇河御厨の地頭を停む
同社領備後国有福荘に於る実平の狼藉を停む

源頼朝下文

頼朝由比深沢を歴覧す
重陽節により邦通菊花を献ず

地利之外、不可相交、乃貢以下不可存懈緩、於違越輩者可有殊罪科之
由、被宣「下」ヮ云々、又賀茂社別当領事、院宣到来[之]㋭㋛㋲間、停止地頭知
行、被付社家之由、令下知給、此之『こ』外同社領備後国有福庄可停止実平（土肥）
狼藉之由云々、

下　近江国安曇河御厨、
　可令早停止定綱（佐々木）知行任先例勤仕神役事、
右、件御厨者、賀茂別（雷）当社領也、而近日依彼定綱之無道知行、有限
神役及闕怠（怠㋭㋛㋲）之旨、以社家之申状、自」院（後白河法皇）所被仰下也、於自今以後者、
早可停止定綱之知行、武士之妨之外者、直経奏問、（聞㋭㋛㋲）可令蒙御裁定状
如件、以下、
　　文治二年九月五日

（65ウ）

七日、庚戌、二品（源頼朝）令歴覧[由比]㋭㋛㋲深沢給、岡崎四郎義実献駄餉云々、
九日、壬子、迎重陽節、藤判官代邦通献菊花、則移県之流、被栽北面

宣下㋭㋛㋲定　停㋭㋲偏
此之㋭㋛㋲此　停㋭㋲偏
河㋲何
停㋭㋲偏
菊花㋭㋛㋲花菊　移㋭㋛㋲移南　被栽㋭被載「栽」

頼朝毎年の献上を命ず

院宣を下さるるにより最勝寺領越前国大蔵荘地頭代の濫妨を停む

梶原朝景帰参す

御前に召し洛中の事を問う

群盗張本捕縛等の事を語る

之壺、芬芳得境、艶色満籬、毎秋必可進此花之由、被仰邦通之、又結付一紙於花枝、御[披]㋭㋛㋲覧之処、裁〔載㋭㋛㋲〕絶句詩云々、

（66オ）

十三日、丙辰、最勝寺領越前国大蔵庄事、北条四郎」時政代時定（北条）并常陸房昌明等致押領之由、副寺解、所被下院宣也、仍被経御沙汰、自今以後、時政雖知行地頭職、不[可]㋭㋛㋲忽諸「緒」『こ』本寺下知、早停止新儀之無道、従本寺之進止、可令致年貢謂「課」『こ』役勤之由、所被仰下也、

十五日、戊午、梶原刑部丞朝景去夜自京都帰参、是去年被撰遣勇士於廿六ケ国之時、所向土左国也、件国如厳命沙汰鎮之参上、今日召御前、尋洛中事等給、先予州（源義経）遂〔逐㋭㋛㋲〕電之後沙汰次第并同意之輩事、具言上、又申云、去三月之比、召群盗張本平庄司、丹波国住人、被禁置左獄、余人競来、切破獄、庄司以下犯人悉遁出訖、仍別」当家通（藤原）〔家通㋭㋛㋲小書〕仰廷尉等、雖捜尋

（66ウ）

諸方不出来、而八月十一日朝景搦獲之、同廿一日将参大理以〔門㋭㋛㋲〕下、令請取廷尉云々、

諸㋭㋛㋲緒　停㋭㋲偏

寺之㋛㋲寺　謂㋭㋛㋲課

左㋭㋛㋲佐

予㋛与　并㋭㋛㋲並　之輩㋭㋛㋲輩

去㋭㋛㋲春

破獄㋭㋛㋲破彼獄　以㋭㋛㋲已

獲之㋭㋛㋲獲也

静母子帰洛す

十六日、己未、静母子給暇帰洛、御台所(北条時政女)并姫君(源頼朝女)依憐愍御、多賜重宝、
是為[被]《㋭㋛㋲》尋問予州在所、召下畢、而別離以後事者不知之由申之、則雖
可被返遣、産生之程所逗留也、

洛㋭㋲路
予㋛与　召下…雖可㋛ナシ　召㋭㋲被召
留㋲逕

女房少将局の訴えにより武士の濫妨停止を命ず

廿日、癸亥、女房少将局使者到来鎌倉、蓮花王院法華堂領伊勢国釈尊
寺、[武士]《㋭㋛㋲》致妨、早可被停止之由云々、

来㋭㋛㋲来于　法華㋛法花
停㋭㋲偏

糟屋有季義経家人堀景光を生け捕り佐藤忠信を誅す

廿二日、乙丑、糟屋藤太有季於京都生虜与州家人堀弥太郎景光、此間隠住京都、
(67オ)
又於中御門東洞院誅家人忠信(佐藤)」云々、有季競到之処、忠信本自為精兵、
相戦輙不討取、然而以多勢襲[攻之]《㋭㋛㋲》間、忠信并郎従二人自戮訖、是日
来相従与州[之]《㋭㋛㋲》処、去比自宇治辺別離帰洛、尋往日密通青女、遣一通
書、彼女以件書令見当時夫、其夫語有季之間、行向獲之云々、是鎮守
府将軍秀衡(藤原)近親者也、予州去治承四年被参向関東之時、撰勇敢士差進
継信(佐藤)等云々、

隠住京都㋛京都隠住
誅㋭㋛㋲誅同　為㋭㋛㋲依為
討㋭㋛被討㋲被計
帰洛㋭㋛㋲帰洛中
彼㋲被
予㋛与　士㋭㋛㋲ナシ

紀伊国広由良荘の事に就き召使の状到来す

廿五日、戊辰、平六兵衛尉時定執進召使則国書状、二通之一通付職事

定㋭㋛㋲貞　書状二通之㋭㋛㋲状二通書之

召使藤井則国言上状

云々、彼一通今日所到来也、是紀伊国由良庄七条記〔紀㋭㋛㋲〕太〔守貞〕濫行事也、」（67ウ）

下遣蓮華王院御領広由良御庄召使則国申藤三次郎吉助丸謀計濫妨　華㋭㋛㋲花

事、

右、則国捧持院宣、相具御使、検非違使平六兵衛尉代管〔官㋭㋛㋲〕、罷入御庄、相尋根元之処、彼吉助以前ニハ号左馬頭殿（藤原能保）御使字藤内、而今則国罷向之時、吉助申云、左馬頭殿トハ僻事也、吉田中納言阿闍梨使也ト称申テ、於　也ト㋛也　申テ㋛申

院宣者不可用トテ、放種々悪口、綾〔陵㋭㋛㋲〕礫御使、申云、我兄弟者、於伊　口㋭㋲口企㋛口令

与国斬院力者二人頸、況於召使者不及沙汰之由申之、然而則国申含由緒検非違使所小目代〔使㋭㋛㋲ナシ〕、被陳〔披㋭㋛㋲〕子細之刻、謀計露顕、支度相違、夜中逃去畢、件吉助者貞能（平）」（68オ）法師之郎従高太入道丸之舎弟也、今又巧濫　畢㋭㋛㋲了

吉田中納言阿闍梨等の召し取りを求む

妨、欲押領蓮華王院御庄、罪過旁深歟、又件阿闍梨者、自七条紀太　華㋭㋛㋲花

[守]《㋭㋛㋲》貞之[手]《㋭㋛㋲》取文書、耽賄賂、相話〔語㋭㋛㋲〕北条小御館、所巧謀略也云々、

件阿闍梨并七条紀太ヲ召取院庁、被加炳誡者、無後日之狼藉歟、仍　并㋭㋛㋲並　ヲ㋭〈ヲ〉㋛㋲ナシ

勒在状、言上如件、

文治二年九月十一日　　御使召仗〔使㋛〕藤井判、

時定の飛脚到着し義経の動向を報ず

廿九日、壬申、北条兵衛尉飛脚参着、申云、去廿二日糟屋藤太有季虜堀弥太郎、誅佐藤兵衛尉[者]㋭㋛㋲、景光[白]㋭㋛㋲状云、予州此間在南京聖仏得〔弘〕業辺、亦景光為予州使者、度々向木工頭範季〔藤原〕之許、有示合事云々、仍

義経捜索のため奏聞を経て朝宗を南都に遣わす

(68ウ)南都之」事、付左典厩経奏聞、差副五百余騎於比企藤内朝宗、為披求〔捜㋭㋛〕之㋲、遣南都云々、

着㋛著　藤太㋛藤大
予㋛与
亦㋭㋛㋲又　景光㋛景光度々　予㋭㋛㋲与　度々向㋛向
之事㋭㋛㋲事
都㋭㋛㋲都了

下野国寒河郡内の田地を日光山に寄進す

卅日、癸酉、下野国参河郡〔寒㋭㋛㋲〕内以田地十五町被付日光山三昧田、当郡去年雖被寄進野木宮、於件十五町者、可被切改国領之由云々、

十月大

秀衡陸奥国の貢金を送る
賀茂社に下文を遣わす

一日、甲戌、陸奥国今年貢金四百五十両、秀衡〔藤原〕送献之、二品〔源頼朝〕可令伝進給之故也、又賀茂別当領出雲国福田庄・石見国久永保・参河国小野庄

秀衡㋭㋛㋲秀衡入道
久㋲文

等成遣御下文〔遣㋭㋛㋲ナシ〕、［被遣］㋭㋛㋲社家、当宮事、二品御帰依異他之故也、此外、
（69オ）院宮貴所以下」権門領事、為被停止地頭新儀、先日自公家被下目録訖、
仍連々被尋究子細、成御下文、今日被進京都云々、其詞云、

諸権門領の地頭の新儀停止を後白河院に報ず

源頼朝書状

先日所下給候御下文書『こ』内、神社仏寺御領者、去比令沙汰進候畢、其
外院宮貴所及諸家・諸司・諸国季御読経［御］㋭㋛㋲祈用途便補任等『こ』［事］㋭㋛㋲、
下文二百五十二枚・書状二通、相具本文書并目録、一々所令成敗進
上候也、於武士押領不当者、善悪尤可被仰下事候、然者、随御尋、
任所行之旨、可加其誡候、此外事等少々相交［候］㋭㋛㋲、不知子細候之
間、雖不能計沙汰候、於今度者、任仰旨、大略成下文進上候、凡如
（69ウ）此事、自今以後、令仰」合接〔摂㋭㋛㋲〕政家〔藤原兼実〕仰下于記録所、可有御成敗候也、
以此旨可令披露給候、頼朝恐惶謹言、

十月一日　頼朝

進上　帥中納言殿〔藤原経房〕

停㋭㋲偏
書㋭㋛㋲書　御領㋛領　畢㋭㋛㋲了
便㋭㋛㋲便
并㋭㋛㋲並
武士㋭㋛㋲武士之
凡㋭㋛㋲凡者
仰㋭㋛㋲御
帥㋲師

私啓、
造大神宮御遷宮は明年歟、明後年歟、無其要候へとも、可承[事]㋭㋛㋲候
て[所]㋭㋛㋲申候也、可仰給候、兼又遼遠之間にて候へは、如此奏覧状に
判をし候てまいらせ候、而広元（中原）・盛時（平）か手跡にて候はさらむ時は、
判を可仕候也、是一筆にて候へは、今度は判を仕候はぬに候、恐々
謹言、」

○底本は「先日所」以下および「下文二百五十二枚」以下をそれぞれ前行につなげて記す。㋭㋛㋲によりそれぞれ改行して示した。

貢馬貢金を京進す

（70オ）三日、丙子、貢馬并秀衡所進貢金等所被京進也、主計允行政（藤原）書解文
云、

貢馬進上状

進上、
御馬五疋
鹿毛駮
文治二年十月

大㋭㋛㋲太　は㋭㋲〈ハ〉㋛ナシ
又㋭㋲亦　へは㋭㋛㋲へはとて
候て㋭㋛㋲て　む㋭㋛㋲ん　判を可㋭㋛㋲判〈ヲ〉可
今度は判を㋭㋛㋲今度〈ハ〉判〈ヲ〉　仕候はぬ㋛㋲仕らぬ
并㋭㋛㋲並
云㋭㋛㋲云々
五㋭㋛㋲伍

蘆毛駮　蘆㋭㋛㋲葦

黒栗毛

栗毛

連銭蘆毛　蘆㋭㋛㋲葦

右、進上如件、」

文治二年十月三日

（70ウ）

去月比企朝宗南都に打ち入るにより衆徒蜂起し維摩会を停止せんとの風聞有り

十日、癸未、去月朝宗（比企）等打入南都、雖捜求聖（弘）仏得業辺、不獲義行（源）本名義経、去比改名、之間、空以帰洛、依之南都頗物忩、衆徒蜂起含欝訴、可停止維摩大会之由風聞云々、

蜂起㋭㋛㋲成蜂起　停㋭㋲偏

雑色御使として上洛す範季の義経同意を訴えるよう時定に命ず

十六日、己丑、々剋雑色鶴次郎為御使上洛、是木工頭範季（藤原）朝臣同意伊予守義行事、殊[可]（ホシモ）訴申之旨、被仰北条兵衛尉（時定）、行程所被定三ケ日也、

々㋭㋛㋲丑　剋㋛刻　予㋛与　ケ㋭㋲箇

大江景国頼朝の妾腹の若君を扶持するにより御台所の不興を蒙る

廿三日、丙申、長門江太景国蒙御台所（北条時政女）御気色、是奉扶持御妾若公去二月誕

門㋛国　二月㋛二日

甘縄神明社を修理す

頼朝監臨す

信濃国伴野荘の年貢送文到来す

頼朝御書を副え京都に進む

義経の事を後白河院に奏す

頼朝範季及び守覚法親王の同意を疑う

（71オ）生、事、依令顕露也、今日景国抱」若公、隠居深沢辺云々、

廿四日、丁酉、甘縄神明宝殿被加修理、今日立四面[荒]（㋭㋛㋲）垣幷鳥居、藤　　幷㋭㋛㋲並
九郎盛長（安達）沙汰之、二品監臨給、小山五郎宗政・同七郎朝光・千葉小太
郎胤正・佐々木三郎盛綱・梶原刑部丞朝景・同兵衛尉景定等在御共、

廿七日、庚子、信濃国伴野庄乃貢送文到来、二品則副御書、令進京都
給、地頭加々美次郎長清日者頗緩怠云々、　　次郎㋭㋛㋲二郎

十一月大

五日、戊申、予州（源義経）事、猶被付帥中納言（藤原経房）、其趣、義行于今不出来、是且　　申㋛甲　予㋭㋛㋲与　帥㋲師
（71ウ）公卿侍臣皆悉悪鎌倉、且京中諸人同」意結構之故[候]（㋭㋛㋲）、就中範季（藤原）朝臣
同意事、所憤存候也、兼又仁和寺宮（守覚法親王）御同意之由承及候、子細何様事哉
云々、是大夫尉友実（藤原）為予州使、出京都行向摂津国畢、而彼友実居所　　予㋭㋲与㋛歟　畢㋭㋛㋲了
屋、北条殿（時政）被点定訖、是御宝〔室㋭㋛㋲〕御近隣也、則被触申子細之処、非反逆者

康信義行の名字を難ず

家之由、一旦雖被謝候〔仰ホシモ〕、此屋自御室借給友実[之]ホシモ条、露顕之間、頗非無御同心之疑、仍及此儀云々、又大夫属〔三善康信〕入道申云、義行者其訓[能行]ホシモ也」、能隠之儀也、故于今不獲之歟、如此事尤可思字訓、可憚同音云々、

なお義経と為すべき由を摂政に申し入る

依之猶可為義経之由、被申接〔摂ホシモ〕政家〔藤原兼実〕云々、

藤沢盛景厚免を蒙る

(72オ)八日、辛亥、藤沢余一盛景依諏方大祝訴、去比蒙御」気色、今日所預厚免也、是盛景於御寄進地[黒]ホシモ河内藤沢抑留御狩、妨拝殿営〔作ホシモ〕候之間、就愁申及此儀訖、而[祝]ホシ申云、為被懲粛傍輩、可止自由張行之由、為蒙恩載〔裁〕、言上之処、忽被罪科之条、還可違神慮之由云々、仍件両条、尤守先規、可致急速之沙汰之由、被仰含云々、

源頼朝下文

下　信濃国黒河内藤沢、

　可令早任先日御下文旨専随大祝下知勤仕[神]ホシモ事等事、

右、件両郷、御寄進諏訪大明神之外、全無他勤、而余一盛景已忘本跡、抑留恒例之御狩、忽緒拝殿造営之由事、以彼対押〔拝ホシモ〕之時、無左右

亥シ未
預ホ×領「預」シモ領
寄ホシモ奉寄
進ホシモナシ
沢モナシ
抑モ×抑『沢』
儀ホモ式シ或
祝モ「.祝」
之沙汰ホシモ沙汰
随ホシモナシ
之外ホシモ々外

（72ウ）

雖可令改之、早任先例、」且令勤仕御狩、且可令修造拝殿之状耳〔こ〕敢不　改㋲段　耳㋭㋛㋲耳
可及遅々、大明神者、以神主・大祝下知、為御宣事也、仍〔何〕背其下知
哉、返々不当也、

元暦三年十一月八日

○底本は「可令早」以下を前行につなげて記す。㋭㋛㋲により改行して示した。

頼朝の息万寿鶴岡八幡宮に参詣す

十二日、乙卯、若公（万寿）御参鶴岳八幡宮、被用御輿、小山五郎宗政・同七　岳㋭㋛㋲岡
郎朝光・千葉平次常秀・三浦平六義村・梶原三郎景茂・同兵衛尉景定
等供奉、還御於馬場本仮屋、大庭平太景義献駄餉云々、　駄㋭㋛㋲ナシ

雑色貢馬使等帰参す

十七日、庚申、雑色鶴次郎幷貢馬御使生沢・御厩舎人宗重等自京都帰　幷㋭㋛㋲並

（73オ）

時定貢馬御覧範季の解官を報ず

参、北条兵衛尉（時定）書状到来、貢馬」去二日経御覧訖、同日木工頭兼皇后
宮亮範季解却見任之〔之㋭㋛㋲ナシ〕云々、

去る頃到来の宣旨院宣の請文を奉る

廿四日、丁卯、去月八日宣旨・同九日院宣、去比到来、今日被奉御請　奉㋭㋛㋲奉書

現在の謀叛人跡の外は地頭の干渉を停止す

太政官符

文、大夫属入道・筑後権守（藤原俊兼）等加所読云々、是平氏追補〔捕㋭㋛㋲〕跡地頭等以非指謀叛跡充行課役、煩公官等之旨〔間㋭㋛㋲〕、国司・領家所訴申也、現在謀叛人跡〔之〕㋭㋛㋲外者、可令停止之由云々、

〔太〕大政官符　諸国、

応早令停止国衙・庄薗地頭非法濫妨事、

右、内大臣（藤原実定）宣、奉勅称、依令追伐平氏、被補其跡之地頭」等、称勲功之賞、非指謀反跡之処、充行加徴課役、張行検断、妨惣領之地本、責煩在庁官人・郡司・公文以下公官等之間、国司・領家所訴申也、然者、仰武家、現在謀反人跡之外者、可令停止地頭綺之状如件、〔依㋭㋛㋲〕仍宣行之、符到奉行、

（73ウ）

文治二年十月八日

修理左宮城使従四位上左中弁兼中宮権大進藤原朝臣（光長）

正六位上行左少史大江朝臣

読㋭㋛㋲談　指謀叛跡㋛指謀叛人跡云々

停㋭㋲偏

薗㋭㋛㋲園

等㋭㋛㋲ナシ

反㋛叛　徴㋭微「徴歟」㋛㋲微

庁㋛聴　郡㋛㋲群

反㋛叛　停㋭㋲偏　綺㋭㋛㋲綷

到㋛列

後白河法皇院宣

（74オ）

諸国庄公被補平氏追伐跡之地頭等称勲功之」賞、非指謀反跡之処、
宛行加徴課役、張行検断、妨惣領之地本、責煩在庁官人・郡司・公
文以下公官之間、依国司・領家之訴訟所成官符也、然者、現在謀叛
人跡之外者、早可被停止地頭等綺之由院宣候也、仍執啓如件、
文治二年十月九日　　左少弁（藤原）定長
進上　源（頼朝）二位殿

伐㋲代
反㋭㋛㋲叛
宛㋛㋲充
徴㋭㋛㋲微
訟㋭㋲詔
跡㋭㋛㋲ナシ
停㋭㋲偏
綺㋭㋛㋲綷

源頼朝請文

（74ウ）

御請文云、
跪請　院宣事、
右、所被仰下諸国庄公被補平氏追伐跡之地頭等、」称勲功之賞、充行
加徴課役、張行検断、妨惣領地本［之］㋭㋛㋲〔由㋭㋛㋲〕田事、官符・宣謹拝見仕候
畢、現在謀叛人跡之外者、可令停止地頭綺之旨、面々加下知候者
也、早仰国司・領家、可有御禁断候歟、此上致張行之輩候者、注給
交名、可加炳誡候、以此旨可令言上給候、院宣所請如件、頼朝頓首
文治二年十一月

伐㋲代
徴㋭微「徴」㋲微
妨惣領㋛惣領妨
仕㋲任
畢㋭㋛㋲了
叛㋭㋲反
停㋭㋲偏
綺㋭㋛㋲綷
領家㋭領
注㋲「．注」
請㋲ナシ

恐惶謹言、

文治二年十一月廿四日　源頼朝請文、

◯㋛は「謀叛人跡云々」で改行し、「充行」以下を次行に記す。

義経捜索に就き能保院殿上議定の旨を報ず

廿九日、壬申、可捜求義行〔改義顕〕事、去十八日於院殿上有公卿僉議、如先度、猶可被下宣旨於畿内・北陸道、於京中者、仰使庁相分保々可尋(75オ)求之、又如奉」幣諸社、仁王会御修法御祈可被始行之旨、群議一同之由、右武衛〔藤原能保〕被申送之云々、

顕㋛経　京中㋭㋛㋲京都　群㋭㋲郡　衛㋲御『衛』

十二月小

千葉常胤下総国より参上し盃酒を献ず

常胤康信芸を尽くす

一日、甲戌、千葉介常胤自下総国参上、今日献盃酒、二品〔源頼朝〕〔出御㋭㋛㋲〕於西侍上、常胤・朝政〔小山〕・善信〔三善康信〕・義実〔岡崎〕・遠元〔足立〕・盛長〔安達〕以下宿老多以候其座、綺〔綷㋭㋛㋲〕及数巡、爪醯十分、常胤赴〔起㋭㋛㋲〕座舞蹈、善信尽野曲、謌〔郢㋭㋛㋲〕催馬楽云々、

以下㋭㋛㋲已下　謌㋭㋛㋲歌

御台所鶴岡八幡宮に参詣す

六日、己卯、御台所〔北条時政女〕御参鶴岡、有神楽、巫女・職掌面々給禄云々、

岡㋛岳

草野永平を肥前国鏡社宮司職と為す

天野遠景鎮西九国奉行人として地頭職を賜る

（75ウ）

十日、癸未、肥前国鏡社宮司職事、以草野次郎大夫」永平被定補、是且任相伝、且被優奉公労云々、今日藤原(天野)遠景為鎮西九国奉行人給所之〔々〕地頭〔㋭㋚㋲〕職等云々、

且任㋲任
労㋚賞
給㋚又㋲又給
地頭㋚給地頭

平知康の処遇に就き後白河院の叡慮を伺う

十一日、甲申、去年同意行家(源)・義顕(源義経)等之凶臣事、依二品御鬱陶、或被解却見任、或被下配流官符訖、其中、前廷尉(平)知康殊現棄怪〔奇㋭㋚㋲〕之間、被憤申之処、称可陳申、所参向関東也、何様可被沙汰哉、可随勅定之旨、可被申京都之由云々、

義㋲「・義」
陶㋚胸

能保興福寺別当の御家人南都駐留を愁訴せし事を報ず

十五日、戊子、当時比企藤内朝宗以下御家人差置郎従等於南都、寺聖〔守㋭㋚〕仏〔㋲弘〕得業坊、是為尋義顕也、而去比山階堂〔寺㋭㋚㋲〕別当(信円)僧正企参洛、此事已可為（76オ）一寺滅亡之」基歟、早可尋索之趣申請之由、左武衛〔右㋭㋚㋲〕(藤原能保)所被申送也、

以㋭㋚㋲已

○㋚㋲には「吾妻鏡六終」の尾題があり、㋭にはそれを摺り消した形跡がある。

（表紙題簽）「吾妻鏡第六」

（1オ）吾妻鏡第六

丁未　文治三年　自六至十二」

（1ウ）」

（2オ）文治三年丁未

正月大

源頼朝御台所同息鶴岡八幡宮に参詣す
御経供養

一日、癸卯、二品（源頼朝）御参鶴岳宮、其儀如例、御台所（北条時政女）幷若公（万寿）同参給、有御経供養、導師別当法眼（円暁）也、　岳㊍岡

御所心経会

八日、庚戌、営中心経会也、導師行慈法橋云々、

頼朝同息万寿御行始として八田知家宅に入御す

十二日、甲寅、二品幷若公御行始也、入御于八田右衛門尉知家南御門宅、千葉小太郎（胤正）役御剣、知家献御馬・御剣等云々、

六条西洞院の地を六条八幡宮に寄進す

十五日、丁巳、左女牛御地令奉寄六条若宮給、早可令奉行之旨、所被

頼朝新田忠常の病を見舞う

琳猷希義墳墓料所の狼藉を能保に参訴す

能保濫妨停止を命ず

度会光倫伊勢奉幣のために進発す

公朝帰洛す
院宣の返事を公朝に託す
頼朝平知康の処断に就き後白河院の意向を度々伺う

仰阿闍梨季厳也、是六条以南、西洞院以東壹町也、」

（2ウ）十八日、庚申、新田四郎忠常病悩太辛苦、已欲及死門、仍二品渡御彼宅、令訪之給云々、

十九日、辛酉、文治元年所被寄附于希義(源)主墳墓之土佐国津崎在家等、為甲乙人致濫妨狼藉之間、琳猷上人参訴右武衛能保(藤原)〔能保㋭㋛㋲小書〕、仍可停止濫吹之由、被加下知訖、彼上人雖可参訴関東、行程隔遠路之上、武衛為二品御耳目在京之間、如此云々、

廿日、壬戌、合鹿大夫光望〔倫〕(度会)為御使為奉弊〔幣㋭㋛㋲〕于太神宮、進発伊勢国、神馬八疋、内外宮分各二疋、風宮・荒祭・伊雑・淹〔滝㋭㋛㋲〕原各一疋、砂金二十両・御剣二腰所被奉送也、是依伊与守義経(源)反逆御祈禱也云々、」

（3オ）廿一日、癸亥、江廷尉公朝日来在鎌倉、帰洛之間、院宣条々被申御返事云々、

廿三日、乙丑、前廷尉知康(平)同意于行家(源)・義顕叛逆事露顕之後、為遁一旦之難、参向関東訖、断罰〔罪㋭㋛㋲〕之篇、二品頗難被決賢慮之間、度々雖被伺

已㋛㋲也

佐㋛㋲左

藉㋛㋲籍
猷㋛㋲献

之上㋭之候㋛㋲之際

望㋭㋛㋲生
風宮㋭風
原㋭㋛厚㋲厚「原各一宮廻」
一疋㋭一宮疋
二十㋭㋛㋲廿
与㋭㋛㋲予

頼朝摂津国の没官領二荘を建礼門院に去り進む

定康近江国領所の狼藉を参訴す

頼朝定康の領掌を命ず

定康平治合戦後美濃国に於て源義朝を匿う

〔奏㋭㋛㋲〕奉、于今依無左右、言上事等不預分明勅裁之条、有恐欝之由、所被仰
遣黄門経房(藤原)〔経房㋭㋛㋲小書〕之許也、

二月大

一日、癸酉、二品(源頼朝)以没官領内二箇所可被避進于建礼門院(平徳子)之由有其沙
(3ウ)汰、是摂津国真井・島屋両庄也、元者八条前(平宗盛)」内府知行云々、依被訪
申彼御幽栖也、

九日、辛巳、有大夫属定康者、関東之功士也、彼近江国領所、平家在
世之時者称源家方人被収公、滅亡今又守護定綱(佐々木)為兵粮米点定云々〔之㋭㋛㋲〕、依
之企参上、募申有労之間、停止旁狼藉、如元可領掌之趣、今日被仰下
云々、去々年〔々年㋭㋛㋲ナシ〕文〔平㋭㋛㋲〕治元年十二月合戦敗北之後、左典厩(源義朝)令赴東国美濃国
給、于時寒嵐破膚、白雪埋路、不進退行歩、而此定康忽然而令参合其〔向㋭㋛〕
所㋲之間、為遁平氏之追捕、先奉隠于氏寺号大吉堂、天井之内、以院主阿願

無㋭无　裁㋭截

大㋭小㋛㋲ナシ

箇㋛㋲ケ　進㋭㋲ナシ㋛渡

者㋭㋛㋲ナシ

藉㋛㋲籍

嵐㋛㋲風「嵐イ」　康㋭綱

義経秀衡を恃み奥州に赴く

中原親能後白河院の熊野参詣のため貢馬を具し上洛す

鎮西の宇佐宮神官御家人領の施行を天野遠景に命ず

頼朝女の御願により相模国内の寺塔にて誦経を修す

頼朝女岩殿観音堂に参詣す

頼朝三浦義澄家に渡御す

信濃国保科宿の遊女長者郢曲を歌う

伊沢家景時政の推挙により京都より参着す

房以下住僧等警固之後、請申私宅、至于翌年春竭忠節云々、」

（4オ）十日、壬午、前伊予守義顕（源義経）日来隠住所、今度遁追捕使之害訖、遂経伊勢・美濃等国、赴奥州、是依恃陸奥守秀衡（藤原）入道権勢也、相具妻室男女、皆仮姿於山臥幷児童等云々、

十六日、戊子、美濃権守親能（中原）為上洛使節進発、相具貢馬十疋、是来月上旬之比、法皇（後白河）依可有御熊野詣也、

廿日、壬辰、鎮西宇佐宮神官幷御家人等多以浴二品御恩、或新給、或本領云々、仍其所々可令施行彼輩之旨、所被仰遣遠景（天野）之許也、

（4ウ）廿三日、乙未、依大姫公（源頼朝女）御願、於相模国内寺塔被修誦経、」藤判官代邦通・河勾七郎政頼等奉行之、姫公参岩殿観音堂給云々、

廿五日、丁酉、二品渡御三浦介義澄家、有御酒宴、折節信濃国保科宿遊女長者依訴訟事参住、召出其砌、聞食野曲〔郢㋭㋛㋲〕云々、

廿八日、庚子、左近〔右㋭㋛㋲〕将監家景（伊沢）昨日自京都参着、携文筆者也、仍北条殿（時政）

等㋛寺
云々㋭云云
今度㋭㋛㋲々度々
之㋭ナシ
遂㋭「・遂」
河㋲阿
家㋭㋛㋲亭
訟㋭㋛㋲詔
事参㋭参事
砌㋭㋛㋲女

月俸給与を政所に命ず

慇懃被挙申之、在京之時、試示付所々地頭事之処、始終無誤云々、二品御許容之間、今日召御前、則可給月俸等之由、被仰下政所、其上雖（5オ）非貴人、於京都之輩者、聊可恥思之旨、被仰含昵近之士云々、是」元者九条入道大納言（藤原）光頼〔光頼㋛㋲小書〕侍也、

示㋭㋛㋲亦　所々㋭㋛㋲所之　無㋭无　給㋭㋛㋲賜　上㋭㋛㋲ナシ

非㋛㋲非指

三月小

越中国吉岡荘地頭改替に就き経房奉書到来す

頼朝請文を献ず

二日、甲辰、越中国吉岡庄地頭成佐不法等相累之間、早可令改替之由、（藤原）経房卿奉書到来、仍則被献御請文、

源頼朝書状

地頭成佐の改替を約す

去月十九日御教書今月二日到来、謹令拝見候畢、越中国吉岡庄地頭成佐事、任御定、早可令改定候、但彼庄未復本之間、御年貢不式数之由を、成佐申候き、重相尋候て可令改他人候也、以此旨可令洩達給候、（源）頼朝恐々謹言、

三月二日

を㋭㋛㋲ナシ　申候き㋭㋛㋲申之候　候て㋭㋛候而

美濃国守護大内惟義の申請により路駅の新設を認む

周防国地頭に東大寺造営料材引きの人夫供出を再度命ず

能保義経隠匿に就き秀衡の尋問を決せし旨を報ず

頼朝義経の師檀聖弘と対面す

（5ウ）

三日、乙巳、美濃国守護人相模守惟義（大内）申当国路駅可加」新宿所々事有其沙汰、早可依請之由、今日所被仰遣也、俊兼（藤原）為奉行、

四日、丙午、東大寺造営之間、為引材木、被仰人夫事之処、周防国地頭等及対捍云々、二品殊令驚申給、可致精勤之由、今日被仰遣彼地頭等中云々、

五日、丁未、与州義顕〔義顕㋭㋛㋲小書〕（源義経）在陸奥国事、為秀衡（藤原）入道結構之由、諸人申合府〔状㋭㋛㋲〕〔符㋛㋲〕合之間、厳密可被召尋之旨、先度被申京都訖、仍及御沙汰之由、右武衛能保〔能保㋭㋛㋲小書〕（藤原）被申之云々、

八日、庚戌、南都周防得業聖弘依召参向、為予州師檀之故也、日者小

（6オ）

山七郎朝光預置之、今日二品有御対面、」直及御問答、仰曰、予州者欲濫邦国之凶臣也、而逐電之[後]（㋭㋛㋲㋚）、捜求諸国山沢、可誅戮之旨、度々被宣下畢、然者天下尊卑皆背彼之処、貴房独致祈禱、剰有同意結構之聞、其企如何者、聖弘答申云、予州為君御使征平家剰〔刻㋭㋛㋲㋚〕、合戦属無為之

所々㋭㋛㋲所之
勤㋭勒
与㋭㋛㋲予
旨㋭㋛㋲間
皆㋭㋛㋲ナシ
独㋭㋛㋲ナシ
聞㋚間聞
無㋭无

頼朝聖弘の直心に感じ勝長寿院供僧と為す

様、可廻祈請之旨、慇懃契約之間、年来抽丹誠、非報国之忠乎、爰予州称蒙関東譴責、逐電之時、以謂師檀之好、来南都之間、相構先遁一旦害、退可被謝申于二品之由、加諷詞、相副下法師等、送伊賀国畢、其後全不通音信、謂祈請不祈謀反、謂諷詞和逆心畢、彼此何被処与同哉、凡」（6ウ）倩按、関東安全只在予州武功歟、而聞食讒訴、忽忘奉公、被召返恩賞地之時、発退心之条、人間所堪可然事歟、速翻日来御気色、就和平之儀、被召還予州、兄弟令成魚水思給者、可為治国之謀也、申状更非引級之篇、所求天下静謐之術也者、二品依感得業直心給、早為勝長寿院供僧職、可抽関東御繁栄御祈禱之由被仰含云々、

夜須行宗梶原景時壇浦合戦の功に就き対問す

十日、壬子、土左国住人夜須七郎行宗与梶原平三景時遂対問、二品直令決断之給、行宗壇浦合戦之時、生虜平氏家人周防国住人岩国次郎兼秀・同三郎」（7オ）兼末等、召進畢、募其功、可被行賞之由、日来言上之処、景時支申云、彼合戦之比、全無称夜須之者、件兼秀等者自然帰降之輩

勲㋚勤　忠㋭㋛㋲志
反㋭叛　詞和㋲「・詞」和　此㋭ナシ　被処㋚処
按㋛㋲㋚案　東㋚ナシ
退㋚ナシ
左㋭佐
壇㋭㋛㋲檀　次郎㋭㋛㋲二郎
無㋭无

頼朝直断し行宗の功を認む景時讒訴の科により鎌倉中の作路を命ぜらる

也、経年序後、行宗廻姦曲申子細之由訴申之、而行宗、彼時者、与春日部兵衛尉令乗同船之由令陳謝之間、召出春日部、被尋問之処、申勿論之旨、已為分明証人、仍可被加賞之趣、被仰含行宗也、景時依讒訴之科、可候「作」「こ」鎌倉中道路云々、俊兼奉行之、

公朝両社行幸の行粧助成を乞う

十五日、丁巳、江判官公朝進使者申云、可有両社行幸、橋渡行事所奉之也、殊欲餝行粧、仍可為莫太」経営、偏仰御成助云々、

（7ウ）

能保の使者到着す

義経同意の山僧の召還に就き天台座主請文を献ず

十八日、庚申、右武衛使者到来、是山徒民部卿禅師同意義顕之間、召出可被罪科之由、二品令申給之間、雖被仰座主僧正全玄〔全玄㋭㋛㋲小書〕、逐電云々、仍重就憤申、為権右中弁長〔定長〕（藤原）朝朝臣奉、下知山門事也、則被副献座主請文云々、

天台座主全玄書状

民部卿禅師猶可尋進之由、謹以承［候］㋭㋛㋲畢、但件禅師事、子細去年申候畢、以此仰重可下知候、恐々謹言、

三月八日　　　僧正全玄

文治三年三月

被仰㋲彼仰　也㋭㋛㋲ナシ

候㋭依㋛㋲作

助㋭助也

長朝㋭㋛㋲長本

謹以㋭㋛㋲謹

此㋲「・此」

（８オ）

追啓、

件悪徒等事、随承及、可致其沙汰之由、山門」令存知候歟、更無緩　無㋭无

怠候、其間子細、澄雲法印申上候、謹言、　其㋭×甚其

○底本は「件悪徒等事」以下を前行につなげて記す。㋭㋛㋲により改行して示した。

十九日、辛酉、依被重上宮太子（厩戸王）聖跡、法隆寺領地頭金子十郎（家忠）妨事、可停止之趣、其年〔去㋭㋛㋲〕下知給之処、猶不静謐之由、寺家帯院宣、就訴申、遣雑色里久、可止鵤（播磨国）庄押領之由及沙汰、件庄事、太子殊依執思食、有被載趣、二品専所聞食驚也、

謐㋭ナシ　里㋛呈

法隆寺領播磨国鵤荘地頭金子家忠の押領停止を再度命ず

下　幡磨国鵤庄住人、

可令停止金子十郎妨一向従領家所勘事、

源頼朝下文

（８ウ）

右、件庄可令停止金子十郎妨之由、去年依院宣令下知畢、」而金子十郎入置代官、令押領庄之由、重所被仰也、甚以不当之所行也、自今

以後、早可令停止其妨、若於不用者、為召誡其沙汰人、所下遣使者里久也、早可令停廃彼妨之状如件、

文治三年三月十九日

於㋭㋛㋲猶
九㋭㋛㋲五

佐竹蔵人を岡辺泰綱に預け置く

廿一日、癸亥、佐竹蔵人年来雖列二品門客、心操聊不調、度「々」〔〻〕之現奇怪之間、今朝蒙御気色、為比企藤内朝宗沙汰被遣駿河国、所被召「〻」起〔預㋭㋛㋲〕岡辺権守泰綱也、

之㋭㋛㋲々

○底本は下部欄外に「起〈不審〉」と補書する。

馬以下を公朝に与う

廿五日、丁卯、龍蹄・砂金・桑糸等、被付公朝廻季〔孫〕〔李㋭㋛㋲〕云々、

四月大

頼朝御亭建造のため山科沢殿領の地を所望す

（9オ）一日、壬申、洛辺可被建御亭之由、日来有沙汰、而当時無可然地之間、可給闕所之旨、被申帥中納言（藤原経房）、山科沢殿領有便宜地、所望云々、

無㋲旡
闕㋭㋛㋲ナシ

後白河院の病気平癒のため百部大般若経転読を始行す

二日、癸酉、被始行百部大般若経転読、鶴岳・勝長寿院・筥根山・走

岳㋭岡

義経捜索のため日来神社仏寺に於て祈禱を修す

鶴岡八幡宮別当の夢想により上野国金剛寺住侶に祈禱を命ず

広元の厩に落雷す

棟上の般若心経焼け残る

百部大般若経転読結願す

藤原重弘巻数を帯し上洛す

美濃国御家人清綱に国衙の下知に随うよう命ず

湯山幷相模国中寺々供僧等尽数勤行、是太上法皇(後白河)御不予、玉体不安、仍御使上下而已(向㋭㋛㋲)及数度、然而御平愈之由未聞之間、及此儀云々、

四日、乙亥、予州(源義経)在所未聞、於今者非人力之所覃、須被祈神祇仏陀之由、人々依計申、於鶴岳以下神社仏寺、日来被修御祈禱、而若宮別当(円暁)法眼被蒙夢想曰、」(9ウ)於上野国金剛寺可逢予州云々、仍申子細之間、彼寺住侶等各可抽御祈禱丹誠之旨、可相触之趣被仰藤九郎盛長(安達)云々、

十四日、乙酉、雨降雷鳴、政所霹雷、落于因幡前司広元(中原)厩之上、馬三疋斃、屋上幷柱多以焼訖、而以一巻心経安棟上之処、聊雖焦、字形鮮也、因州随喜之余、持参彼経於営中、申仏法之未落地事、拭感涙云々、

十七日、戊子、百部大般若経転読事、一昨日歴二七ケ日結願、仍被奉巻数於仙洞、今日大和守重弘(藤原)帯之上洛云々、」

(10オ)十八日、己丑、御家人平九郎瀧口清綱就領所居住美濃国之間、募武威不随国衙下知、対捍乃貢、令過言召使之由、請在庁之訴、早可令尋沙

寺々㋭㋛㋲寺之

申㋭㋛㋲申之
岳㋭岡

乙酉㋚ナシ
政所霹雷㋭改所霹雷
㋚ナシ
雷落㋭落雷
以一㋭㋛㋲一
心㋭四

訴㋭㋛㋲許

汰給之旨、所被下院宣也、仍成御下文、副請文、被遣帥卿之許云々、

帥㋲師

平五盛時奉行之、

平盛時奉書

誠不善の物にてありけり、口の落合ぬさま、猶奇怪也、家人にて

ありなから、いかてか君にあしさまの見参にいれむとはするそ、

あしさま㋭㋛㋲あしきさま　いれむ㋭入れむ㋛㋲入れん

美濃国内清綱地頭所、未済為先、対捍国催之由、依在庁訴、重自院

所被仰下也、就中口不落合、ヮ「致」放言致『こ』之」[旨]㋭㋛有聞、返之「々」『こ』不当事歟、

致放㋭㋛㋲放　言㋭㋛㋲言を　致之㋭㋛㋲致之　返之㋭㋛㋲返々

自今以後、可随国衙下知、若猶令対捍者、早可離散国中、仰旨如

此、仍以執達如件、

四月十八日　　　　盛時《(平)》奉、

奉㋭㋛（大書）

平九郎瀧口殿

（10ウ）

頼朝泰経の昵近奉公の勅許留保を申し入る

十九日、庚寅、前大蔵卿泰経《(高階)》出仕事、可有勅許之趣、去月六日院宣所

経㋭綱

令到来也、而此事度々被仰下之上、二品《(源頼朝)》御鬱憤漸欲令休之間、可被免

帰京之由、内々雖被申之、又有予儀、於昵近奉公事者、暫不可有勅許

[之]㋭㋛㋲旨、所被申也、

（11オ）

東大寺勧進聖人重源の周防国御家人濫妨を訴うる状到来す

廿三日、甲午、周防国者、去年四月五日為東大寺造営」被寄附之間、材木事、於彼国有杣取等、而御家人少々耀武威、依有成妨事、勧進聖人重源取在庁等状、訴申公家之間、被下其解状於関東、所被尋仰件子細也、

重源書状

重源申上候御材木の事、いそきさたつかまつり候へきよしそんし候て、まかりくたり候ところに、なを〳〵武士のらうせきと丶まり候はす、

筑前冠者家重　内藤九郎盛経
三奈木次郎守直　久米六郎国真
江所高信　」

（11ウ）

これらかをの〳〵かまくらより地頭になり候て、所々におさめをきて候米百八十六石、そのゆへなくをしとり候畢、人夫の食料にたの

甲午㋚庚寅
耀㋛㋲輝
尋㋚尋源
件㋭㋛㋲㋚ナシ
つかまつり㋭仕り
そんし候て㋭㋛㋲そんして
次郎㋭㋛三郎㋲㋚二郎
をの㋭㋛㋲㋚おの
頭㋛官㋲×殿「頭」
おさめ㋲おさ「・め」
をしとり㋚おしとり
人夫の㋭㋛㋲人夫
たのみて㋭たのみ候て

みてまかりくたり候間、かやうに狼藉いてき候て、よろつ相違つか
まつり候了、わたくしに制止をくはへ候に、さらにもちゐす候、か
やうの事しつまり候はすは、此御大事なりかたく候者也、かねては
国人をかりあつめて、城墎をかまへて、わたくしのそまつくりをは
しめて「候」間、御材木引夫めし候に、さらに承引せす候、或は山野の
かりつかまつり候に、またく院宣に」はかり候はす、かくのことく

（12オ）

の事によりて、諸事ことゆかす候へは、おそれのためにいそき申上
候、くはしくは在庁解に申上候、重源恐惶謹言、

文治三年三月一日　　　　在判

周防国在庁官人等解状

周防国在庁官人等、

言上二ケ条

筑前家重の官庫所納米を押し取り勧農を妨げる事を訴う

一、為得善・末武地頭筑前太郎家重令横行都乃一郡打開官庫押取所
納米狩猟為宗駈寄土民掘城墎任自由押妨勧農事、

文治三年四月

間㋭あひた㋛㋲あいた
つかまつり候㋛㋲つかまつりくたり候あいたかやうに狼藉いてき候てよろつ相違つかまつり候
了㋭訖㋛㋲畢
くはへ㋛㋲㋚くわへ
もちゐ㋭もちい
此㋭㋛㋲㋚この
墎㋭㋛㋲郭
をはしめて候㋭㋲をはしめし
間㋭あひた㋛㋲あいた
せす候㋭㋛㋲せす
或は㋭あるひは㋛㋲あるいは
のかり㋭㋛㋲の狩
かくのことく㋭㋛㋲如此
事に㋛事「・に」㋲事
〈二〉
よりて㋭㋛㋲より候て
事こと㋭㋛㋲事事
おそれ㋭㋛㋲恐
ため㋭㋛㋲為
いそき申上候㋭㋛㋲急申候由
くはしくは㋭㋛㋲委
解㋲ナシ
に申上候㋭㋛㋲に申候よし
恐惶㋭㋛㋲恐々
ケ㋭箇
末㋚米
家重㋭(小書)
土民㋭㋛㋲公民

（12ウ）

右、謹案事情、両国〔当㋭㋛㋲㋚〕自本狭少之上、庄々巨多之間、敢」無随国衙之
地、而天下之騒動以後、弥作田畠荒廃、土民如無、在庁官人以下夭
亡之輩不可勝計、然間、被寄進東大寺造寺料之後、留跡在庁・窮民
等運無二之忠、励随分[之]㋭奔走、引営未曾有大物之処、云不輸別
納、〔云㋭㋛㋲〕之新立庄々加納、寄事於左右、敢無随催促之地、動以喧嘩訴訟
為基、一切無結縁之思、輙無随国宣者、就中、謂得善・末武者、非
指庄号之地、又無国免別納御下文、只地頭職可致沙汰之由、鎌倉殿
給御下文許云々、而寄事於武勇、彼両保令押領之上、御柱引食」料

（13オ）

令割置乃米四拾余石、打開官庫令押取之上、農業之最中、駈集人民
而令堀営城墎、以鹿狩・鷹狩為業、更不恐院宣、押取如此公物、
「充」宛『く』食物而張行濫悪、何況居住在庁・書生・国侍等令服仕家中而不令
勤仕公役、造寺之営永以忘畢、誠大魔障之至、何事過之哉、仍国中
之庄々、使〔便〕補・国免地頭沙汰人等聞習之、弥陀〔施㋭㋛㋲〕梟悪、無真実勇之

墎㋛郭
任㋛住「任乎」
自本…自由濫吹之㋚
「無殊事略之」
無随㋭无随
如無㋭如无
以下㋭㋛㋲已下
造寺㋭「・造寺」
庄々㋭庄々之㋲庄之
敢無㋭敢无
促㋭促役
訴㋲詔
無結㋭无結
輙無㋭輙无
又無㋭又无
只㋭㋛㋲只為
給㋭㋛㋲賜
云々㋭云云
拾㋭㋛㋲十
駈㋭駆
墎㋛郭
宛㋭㋛㋲充
等㋛等之
大㋭㋛天
無真㋭无真

高信の官庫所納米を押し取る事を訴う

間、雖採置大物、引出者少、未引者巨多也、以何所可相励希代之御
造寺哉、斟酌之処、争無御載〔裁㋭㋛㋲〕報乎、望請、且為傍輩向後[被]〔㋭㋛㋲〕召禁其
身、且被下別御」使、欲被停止自由濫吹之、（13ウ）

一、為所衆高信、久賀・日前・由良、号地頭打開官庫押取所納米如
保司張行雑事不随国衙事、

副進証文等、

右、件所々者、非指庄号之地、有限国保、勿論[之]〔㋭㋛㋲〕公領也、而天下
騒動以後、云領主、云地頭、依令牢籠、落居之住〔程㋭㋛㋲〕、所被改補也、而
寄事於左右、恣施地頭威之間、既為造寺之妨、何況僅国庫納米者、
是非指運上料、非私相料、令勧進当作国〔国他㋭㋛㋲〕之上、適当国狭少所当来「米」『こ』
也、而僅割置米、或云国中斗代高徴〔以㋭㋛㋲〕、或以浮」言之愚案、背法所令（14オ）
押取也、而官庫納米之習、以納所使書生令検納又検封之事、諸国一
同之流例也、而任自由、恣不触国衙令押取之条、未曾有事也、只以

文治三年四月

採置㋛採直
引者㋭引出㋛㋲引出者
争無㋭争无

由㋚申
所㋚ナシ

副進…等㋚ナシ

有限…以解㋚「無殊事略之」

云地頭㋭㋛㋲者地頭

来㋭㋛㋲米

置㋛直
斗㋭計
徴㋭微
押取㋭㋛㋲押領
令検納又㋭『.令検納又』
又検封㋛㋲又令検封

一察万尤可仰推察也、被尋子細於本所、為傍輩向後、且被停止狼　尤㋭左
藉、且欲被糺返件納米等矣、　矣㋭㋛（大書）
以前二ケ条、言上如件、以解、　ケ㋭箇
文治三年二月日

散位賀陽宿禰弘方
散位土師宿禰安利
散位土師宿禰弘安
散位菅乃朝臣成房
散位土師宿禰助遠
散位土師宿禰国房　国房㋭㋛㋲国方
散位賀陽宿禰重俊
散位土師宿禰弘正」

（14ウ）

散位大原宿禰清広　広㋭㋛㋲廉
散位中原朝臣（盛保）在京、　在京㋭（大書）

伊勢国在庁公卿勅使駅家雑事の対捍御家人目録を注進す
頼朝状を覧じ懈緩を戒む

伊勢国駅家雑事勤否散状

散位日置宿禰高元　　元㋚光

権介大江朝臣(高範)

権介多々良宿禰(弘盛)在京、　　在京㋭(大書)

○㋚は改行して「勧農事」を記す。また、諸本「以前二ケ条」以下を前行につなげて記す。内容により改行して示した。

廿九日、庚子、三月公卿勅使駅家雑事、伊勢国地頭御家人等多以対捍之間、召在庁等注進状被下之、仍今日二品覧彼目録、仰不法之輩、可被誡向後懈緩之由、及厳密御沙汰云々、

庚子㋭㋛㋲丙申　月㋭日
彼㋲×被『彼』　法㋭注

件目録云、

文治三年三月卅日

公卿勅使伊勢国駅家雑事勤否散状事、」(15オ)

合

一、勤仕庄、

文治三年四月

勧学院領〔飯㋭㋛㋲〕鹿庄松本判官代盛澄知行、　多々利庄四方田五郎弘綱知行、

荻野庄一方次官、(中原親能)一方中村蔵人、　常楽寺庄山城介久兼、(大江)

一、不勤仕庄、

書〔昼㋭㋛㋲〕生庄預所次官親能代官民部大夫範重、　富田庄院御領、[工藤左衛門尉助経知行]、

豊田庄地頭加藤大〔太㋭㋛㋲〕光員、　池田別府〔符㋭㋛㋲〕同前、

中跡庄同前、　栗真庄因幡前司広元、

窪田庄同上、〔前㋭㋛㋲〕　長田庄光員、

遍法寺領広元、　慈悲山領同上、」

（15ウ）

曾禰庄刑部丞経俊、(山内)　重安名田高野冠者、

恵雲寺領経俊、　東薗二品、親能、

西薗村同、　黒〔田㋭㋲〕白庄二位、経俊、

丹生山公田四方田五郎、　穂積庄預所式部大夫惟度、

小倭田庄預所広元、　長田庄光員、

学㋭㋛㋲覚　方㋛万

大夫㋭太夫　範重㋛㋲ナシ

広元㋛広光

禰㋭㋲称

東薗㋭東園

西薗㋭西園　白㋛×白「田乎」

大夫㋭太夫　惟㋭㋛㋲維

(16オ)

河口兵衛尉基清(後藤)、
英多庄経俊、
新屋庄二品、近衛局、
永平名二品、宇佐美三郎(祐茂)、
松永名四方田五郎、
弘抜名一河別当(行房)、
武久名加藤太、
安清名渋谷五郎(重助)、
新得末名曾井入道、
吉久名莚間三郎、
福武名親能、
吉光名庄田太郎家房、
光吉得光渡吉清同、

家城庄地頭常陸(伊達)太郎(為宗)、
天花寺二位、久気次郎、
木造寮田歌〔斎カ〕官寮〔宮㋲〕頭、
三ケ山常陸(伊達)三郎(資綱)、
弘清佐野太郎忠家、」
粥安苗名〔富㋭㋛㋲〕岡部六野太(忠澄)、
高垣名親能、
本得末名長法寺五郎、
揚丸名尾前七郎、
糸末名中村蔵人、
岩成庄小次郎、
光吉名経俊、
堀殖永恒地平次、

太郎㋭㋛㋲六郎
英㋭㋛㋲荚
経俊㋛ナシ
歌㋭㋛㋲哥
太郎㋭大郎
垣㋛垣「恒乎」㋲恒
揚㋛楊
庄㋭(大書)
光得…地平次㋭ナシ
恒㋛㋲垣
地㋛地「池乎」
次㋲三

高成名以官〔次㋭㋛㋲〕、　近富安富一河別当、

末光安富一河五郎(行重)、　加納光員、」

(16ウ)

永富名広元、　得永名同、　広元㋭広光

永藤名伊豆目代頼澄、　光藤名同、

久藤名泉乃判官代、　加垣湊光員、

新光吉名同、　安富名一品房(昌寛)、　同㋭名同

山永垣名伊与守(源季長)、　堀殖加納〔同〕㋭㋛㋲、　与㋭㋛㋲予

位田光員、　辰吉刑部丞、

近津廷名八田太郎(知重)、　豊富安富次官、　廷㋭㋛㋲連

曾禰庄返田刑部丞、　吉行名常陸太郎、　禰㋭称

福延別名因幡前司、　石丸名同上、

末松名渋谷四郎(時国)、　松高名常陸太郎、」

(17オ)

有光名白山別当、

鶴岡八幡宮神事
源希義の墳墓堂に供料米を施す

此外一志駅家饗三百前沙汰進之、
後院御庄内薬各村〔葉若㋭㋛㋲〕・井後村・平野村・上野村・久吉名・河曲村・安楽村、
已上皆無沙汰、

介大鹿俊光
散位大鹿兼重
惣大判官代散位大鹿国忠

○底本は「件目録云」を前行につなげて記す。㋛㋲により改行して示した。㋭は「合」を前行につなげてしるす。署名部分について、底本は「散位大鹿兼重」を「介大鹿俊光」の下に記す。㋭㋛㋲により改行して示した。

五月小

五日、丙午、鶴岳神事也、御台所（北条時政女）御参云々、
八日、己酉、為土左冠者希義（源）追善、於彼墳墓被建一ケ梵宇、以介良庄（土佐国）
（17ウ）恒光名并津崎在家、御寄附先訖、而今日又有」沙汰、供料米六十八石、

安楽村㋭㋛㋲安楽村
已上
無㋭无
大鹿国忠㋭（小書）
鶴岳㋭鶴岡㋛㋲鶴岳
左㋭佐
義㋭㋛㋲義主
ケ㋭箇
恒㋛㋲垣

為毎年役被施之、若令不足者、引募庄内乃貢、可沙汰渡琳猷上人、於
事可施芳志之由、被仰遣源内民部大夫行景、于時介比庄地頭兼預所也、
十三日、甲寅、閑院皇居去々年七月大地震動之時破壊、可被加修造之
由有其沙汰、而彼時倒傾殿舎、同冬比被引直之処、清涼殿東西六ケ間
役、雖被宛「充」『〻』参河守範頼(源)〔範頼㋭㋲小書〕、無沙汰而参向関東之由、有伝申二品(源頼朝)之者、仍
乍浴朝恩、懈緩国役、太無謂、可有罪科[之]㋭㋛㋲由、以[此]㋭㋛㋲次被仰、参州
殊恐申、今度造営之時、可励微力云々、
(18オ)
十五日、丙辰、大和守重弘(藤原)自京都参着、上皇(後白河法皇)御悩事、」已令復本御、依
此御事、去月三日被行非常赦、但伊予守義顕(源義経)并縁坐衆者被除之由申
之、
廿日、辛酉、藤原行政為使節下向常陸国、是鹿嶋社領名主貞家押領御
寄進地之旨、御物忌依訴申之、為広元(中原)奉行、日来有其沙汰、[為沙汰]㋭㋛㋲
付之、所被差遣也、

猷㋭㋛㋲献
遣㋭「.遣」　大夫㋭太夫　比㋭㋛良㋲×郎「良」
寅㋭亥　居㋛㋲后　被加㋭加被
時㋭地　傾㋭㋛㋲顚　ケ㋭箇
宛㋭㋛㋲充　無沙㋭无沙
無謂㋭无謂
申之㋛㋲(小書)
其㋛㋲ナシ

範頼閑院内裏清涼殿修造用途を懈緩す頼朝範頼を叱責す

重弘京都より帰参す後白河院の御悩本復により去月三日非常赦有り

藤原行政使節として常陸国に下向し鹿島社に御寄進地を沙汰し付く

伊勢国斎宮寮田押領の科により宇治義定の恩地を収公す

廿六日、丁卯、宇治蔵人三郎義定代官押領伊勢国斎宮寮田櫛田郷内所処云々、可被糺明之旨、自仙洞被仰下之、即被尋向〔問㋭㋛㋲〕義定之処、在鎌倉既及多年之間、不知彼国子細、可召進眼代之由謝申之、而懐理訴者、（18ウ）追可言上歟、今臨群行之期、武家之輩押領件式田之旨、乍〔含㋭㋛㋲〕合勅定、不行其科者、似軽御旨、仍被収公義定恩地云々、

斎㋭㋛㋲斉
之旨㋭之上旨
軽㋭㋛㋲恒

六月小

紛失の宝剣捜索のため西海地頭に料米を充て課す

三日、癸酉、去々年平氏討滅之時、於長門国海上宝剣紛失、雖被捜求、于今不出来、猶被凝御祈禱、仰厳島神主安芸介景弘（佐伯）、以海人依可被索之、所申粮米也、早可召仰西海地頭等之旨被宣下、仍今日有沙汰、可被充催之由云々、

女房上野局を染殿別当に補す

八日、戊寅、以女房上野局今日被定補染殿別当云々、

義朝の乳母参上し往事を談ず

十三日、癸未、故左典厩（源義朝）御乳母（摩々）参上、則召御前、談往事、令落涙給、

頼朝相模国早河荘内の田地の永代領掌を認む

六条八幡宮放生会始行のため後白河院の意向を伺わんとす

伊勢国の太神宮領に於る地頭の濫妨停止を命ず

源頼朝下文

（19オ）是平治牢籠之後、自京都下向、在相模国早河」庄、而為庄内田地七町作人令世渡之由言上、仍永可領掌彼地之旨被仰下云々、

十八日、戊子、於六条若宮可始行放生会之由有其沙汰、且可被窺叡慮云々、

廿日、庚寅、伊勢国没官領事、加藤太光員随令注進之、被補地頭之処、彼輩於太神宮御領致濫行之由、自所之〔々㋭㋛㋲〕有其訴之間、宜令停止之旨、今日被定下、其状云、

下　伊勢国御神領内地頭等、

早可停止無道狼藉、従内外宮神主等下知致沙汰事、」

（19ウ）右、於謀反人之所領者、任先跡、令補地頭職許之処、各致自由之濫行、或押領所々、或煩神人之由、依有其聞、可先神役之由、度々令下知畢、仍神官等擬致沙汰之処、任光員任「注」「ミ」文補地頭之輩、尚所々押領、致神領煩之由有其訴、所行之旨甚以不当也、自今以後、従神官

在㋭㋛㋲ナシ

旨㋭「・旨」

旨㋭㋛㋲由

神領㋭㋛㋲領

無道㋭无道
藉㋭籍

於㋭件於
反人㋭叛輩㋛㋲反輩
跡㋭㋛㋲蹤

神官㋭㋛㋲神宮官
任光㋭住光
任文㋭㋛㋲注文

之下知可致神忠、縦雖地頭、何煩神人怠神役乎、宜停止件狼藉、若
猶令違背者、慥注交名、可言上之状如件、以下、

文治三年六月廿日

（20オ）
廿一日、辛卯、因幡前司広元（中原）為使節上洛、閑院皇居」可加修復之由被申之、又帥中納言経房（藤原）〔経房㋭㋛㋲小書〕望申大納言、其事可預御挙之旨、日来内々被申于二品（源頼朝）、此卿為膠漆御知音也、仍無左右雖可致奏達、上臈有数歟、随京都之形勢、可奏試之由被仰広元、凡不限此卿、於廉直臣者、於事可加扶持之由、朝暮被挿御意、偏為君為世也（後白河法皇）云々、

廿九日、己亥、雑色正光為御使帯御書赴伊勢国、是当国治田御厨者、畠山次郎重忠所領地頭職也、而重忠眼代内別当真正令追捕員部大預家〔領㋭㋛〕

（20ウ）
綱㋲所従等宅、没収資財之間、家綱差進神人等令訴申、仍為被糺」行其科也、又正光寄事於御使、於現濫行者、加誡可言上子細之趣、被仰遣山城介久直（大江）、〔兼㋭㋛㋲〕在彼国云々、

文治三年六月

広元使節として上洛し閑院内裏修造の事等を申し入る
経房日来大納言昇進の推挙を頼朝に求む
頼朝京都の形勢に随い奏すべき事を広元に命ず

重忠代官の罪科を糺さんがため雑色頼朝の御書を帯して伊勢国に赴く

可致㋭㋛㋲可令致　藉㋭籍
猶㋭於
無左㋭无左　致㋭㋛㋲被
挿㋛㋲挟
帯㋭帯剣　治㋭㋛㋲沼
次郎㋭㋛㋲二郎
在彼国云々㋭（大書）

斎宮群行用途を進む

平頼盛の推挙により橘維康参仕す

雑色御使として上洛す
能保女参内料として長絹を遣わす

新田忠常妻三島社参詣の途次溺死す

七月小

二日、辛丑、初斉〔斎〕宮（潔子内親王）来九月依可有群行、被進其用途、日来所被充諸御家人也、善信（三善康信）奉行云々、

三日、壬寅、山城守橘維康自京都参向、為致官仕也、池亜相禅門（平頼盛）被挙申之云々、如前駈事可勤役之人、依有御尋也、則為俊兼（藤原）之沙汰、点給旅宿云々、

四日、癸卯、雑色里長為御使上洛、是右武衛能保（藤原）〔能保㋭㋛㋲小書〕姫公為御乳母依可有参内、被遣長絹百疋之故也、御家人等」（21オ）面々沙汰進之云々、

十八日、丁巳、新田四郎忠常妻参豆州三島社、而洪水之間、掉扁舟浮江尻渡戸之処、逆浪覆船、同船男女皆以入水底、而各希有〔兮〕（㋛㋲）存命、忠常妻一人没畢云々、是信力強盛者也、自幼稚之昔、至長大之今、毎月不闕詣当社之処、去正月比、夫重病危急之時、此女捧願書於〔彼〕（㋭㋛㋲）社

小㋭㋛㋲ナシ

奉行㋛㋲奉行之

人㋭ナシ

掉㋛㋲棹

而㋭㋛㋲然而
兮㋭号

夫重病の時の所願によるか

貞女との評口遊に在り

能保の消息院宣到来す

後白河院泰経の昵近奉公の許可を求む

後白河法皇院宣

頼朝由比浦逍遥の後岡崎義実宅に入御す

壇云、縮妻之命、令救忠常給云々、若明神納受其誓願乎〔兮㋭㋛㋲〕令転歟、志之
所之為貞女之由在時口遊矣、
十九日、戊午、右武衛消息到来、所副進院宣也、是前大蔵卿泰経〔泰経㋭㋛㋲小書〕（高階）去年
（21ウ）
被処義顕（源義経）与同［之］（㋭㋛㋲）過訖、可被免帰京之由、就令」申給［被］（㋭㋛㋲）免之、而本
自依為近臣、於今者可被聴昵近之趣、被仰下之故也、
泰経卿事、度々被仰二位卿（源頼朝）畢、而御返事趣不分明之間、御猶予候
也、然而近日殊歎申、可然之様可計仰遣之由、内々御気色候也、仍
執啓如件、

七月一日　左中弁（源兼忠）

謹上　右兵衛督殿

○㋛㋲は「内々」で改行し「御気色」を平出する。

廿三日、壬戌、二品逍遥海浜給、故一条次郎忠頼之侍甲斐中四郎秋家（大中臣）
被召具之、以歌舞為業之者也、於由比浦小笠懸之後、入御岡崎四郎（義実）

壇云㋭㋲壇之
矣㋭㋛（大書）
来㋲ナシ
京㋭㋛㋲洛

大中臣秋家舞曲を尽くす

宅、御酒宴之間、秋家尽舞曲云々、」

信濃国善光寺再興への合力を諸人に命ず

（22オ）廿七日、丙寅、信濃国善光寺、去治承三年廻禄後、有再興沙汰之間、
殊可加合力之由、被仰付諸人云々、
其状云、

源頼朝下文

下　信濃国庄薗公領沙汰人等所、
　可早結縁助成善光寺造営間
　土木人夫事、
右、件寺霊験殊勝伽藍也、草創年旧、堂宇破壊、加之動有火災之
難、礎石之外更無残、有情之輩何不歎此事、早国中不云庄薗公領、
一味同心与力拘「杓」〔拘㋭㋛㋲㋚〕『ヽ』勧進〔上人〕㋭㋛㋲㋚『ヽ』、士「土」木之間、励出人夫、令終其功、若不
奉加此功之者、不可有所知領掌之儀之状如件、以下、
　文治三年七月廿七日」

○底本及び㋚は「其状云」を前行につなげて記す。㋭㋛㋲により改行して示し

薗㋭園
土㋲士
無残㋭无残　此事㋛×法「此乎」事　薗㋭園
士㋭㋛㋲㋚土
此功㋚功　以下㋚ナシ

た。また、㋭は「下　信濃国…」「可早…」を行頭に記す。底本及び㋭㋛㋲は「土木人夫事」を前行につなげて記す。㋚により改行して示した。

善光寺造営に就き信濃国御家人の奉加を同国目代に命ず

僧某奉書

（22ウ）
廿八日、丁卯、善光寺造営間事、令下知信濃国御家人給之上、被仰当国目代[云々]㋭㋛㋲、

其奉書云、

善光寺造営之間、国中さう〳〵さいはす、人夫をいたして、ちからをくわふへき由、御くたしふみたひ候ぬ、とのも所知なとしらせ給候はゝ、与力をさせ給候へく候、このたひ不奉加之人は所知をしらさりけりとおほしめさむするに候、あなかしこ〳〵、

七月廿八日　　僧

信濃御目代殿

○底本は「其奉書云」を前行につなげて記す。㋭㋛㋲により改行して示した。

さう〳〵さいは㋲草創権破
ちから㋭力
くわふ㋭㋛㋲くはふ
由㋭㋛㋲よし
くたし㋭下
はゝ㋭㋛㋲て
めさむ㋛㋲めさん

来たる十五日までの殺生禁断を関東の諸荘園等に命ず

筑前国筥崎宮宮司祈禱の賞として所領を拝領す

鶴岡八幡宮放生会始行のため流鏑馬の射手的立役を課す

熊谷直実的立役辞退の科により所領の一部を没収せらる

八月大

(23オ)

一日、己巳、自今日到〔至㋭㋛㋲〕来十五日可専放生会之旨、兼被触仰関東庄薗等之、而鎌倉中幷近々海浜河溝事、重被廻雑色等、(藤原)行政・(藤原)俊兼奉行之、

三日、辛未、筑前国筥崎宮々司(秦)親重被行賞、当国那阿西郷・糟屋西郷等拝領云々、平氏在世之時、依抽彼祈禱、日来聊雖有御気色、所詮於神官等事者、一向可被優恕之由、被思食[定]㋭㋛㋲云々、

四日、壬申、今年於鶴岳依可被始行放生会、被宛催流鏑馬射手幷的立等役、其人数、以熊谷次郎直実可立上手的之由被仰之処、直実含鬱憤(23ウ)申之、御家人者」皆傍輩也、而射手者騎馬、的立役人者歩行也、既似分勝劣、於此事者、直実難従厳命者、重仰曰、如此所役、守其身器被仰付事也、全不分勝劣、就中的立役者非下職、且新日吉社祭御幸之時、召本所衆被立流鏑馬的畢、思其濫觴〔觴㋭㋛㋲㋞〕触誤〔説㋲〕、於〔猶㋭㋛㋲〕越射手之所役也、早可勤仕者、直実遂以不能進奉之間、依其科、可被分召所領之旨被仰下

兼㋭㋛㋲兼日
薗㋭㋛㋲園
而㋭㋛㋲与
阿㋭㋛㋲河
郷等㋭㋛㋲郡郷等
領㋭㋛㋲領之
官㋭㋛㋲宮
食㋭召
岳㋭㋞岡
宛㋭㋛㋲㋞充
次郎㋭㋛㋲二郎
於此㋭於如此
曰㋭㋛㋲云
所役㋭㋛㋲所役者
分㋞劣
且㋞ナシ
畢㋞了
誤㋭㋛訖
役也早可㋞(破損)
可被分召㋞(破損)
分召㋭召分

云々、

寺家の訴えに対し梶原景時原行能陳状を献ず

八日、丙子、梶原平三景時・原宗四郎行能押領最勝・尊勝等寺領之由、有寺家訴之旨被仰下之間、就被尋両人、各献陳状、以之可被付職事云々、」

押領㋭㋲押領家㋛押領於

梶原景時陳状

(24オ)

平景時謹陳申、

尊勝寺御領美作国林野・英多保事、

右、下給候之折紙謹以令拝見候畢、先度被仰下之刻、子細言上候畢、御年貢以下雑事、任先例令弁勤候也、於代官改補条者、不可及寺家訴、其故者、先例限候御年貢雑事不致懈怠者、不可為訴歟、只為令停止景時沙汰、如此候歟、子細度々言上畢、仍不能委曲陳状、謹陳申、

候畢㋭㋛㋲畢

弁勤㋭弁勒

曲㋭㋛㋲細

文治三年八月五日　　平景時

原行能解状

惟宗行能謹解、

文治三年八月

最勝寺訴申若狭国今重保背
院宣幷鎌倉殿（源頼朝）御下文旨企押領由事、」　殿㋭ナシ　企㋭㋛㋲ナシ

（24ウ）
右、九郎判官（源義経）逆乱之時、自東国武士上洛[之]（㋭㋛㋲）日、行能相具北条時政
之手上洛畢、而為兵粮米充給所置代官不可致沙汰之由、鎌倉殿依被　鎌倉㋛㋲自鎌倉
仰下、不置代官、罷下本国畢、況於今重保者、無可知行之由緒、又　無可㋭无可
自鎌倉殿非恩給之所、何以令致押領乎、但号行能代官、無告〔去㋭㋛㋲〕文者、　無㋭无
[称]（㋭㋛㋲）不可用之由、度々背院宣幷鎌倉殿御下文之間、依院宣、預御勘　御下文㋲下文
発、因之且取不当之名、其恐不少、然者於号行能代官之輩者、早被　当㋭審
搦取、可被処罪科也、全非行能結構、仍謹解、」　罪科㋭㋛㋲罪

文治三年八月八日　　惟宗判

（25オ）
○㋭は「平景時謹陳申」「尊勝寺…」「最勝寺…」を行頭に記す。また、㋭㋛㋲
は「院宣幷…」を前行につなげて記す。

鶴岡八幡宮に馬場を造る

九日、丁丑、鶴岳宮中殊以掃治「除」『歟』、今日造馬場結埒、仍二品監臨給、若（円　岳㋭岡　治㋭除

能保の消息到来す

去年十二月二日強盗皇太后宮に押入り男女を殺害す後白河院武士の警衛を求む

鶴岡八幡宮放生会

流鏑馬

囚人諏方盛澄流鏑馬の妙技により厚免を蒙る

宮《暁)》別当法眼被参会、常胤《千葉》・朝政《小山》・重忠《畠山》・義澄《三浦》以下御家人群参云々、

十二日、庚辰、右武衛能保〔能保㋛㋲小書〕《藤原》消息到来、当時京中群盗乱入所[処]《㋭㋛㋲》、尊畢「卑」『こ』

為之莫不消魂、就中、去年十二月三日強盗推参太皇太后宮《藤原多子》、殺害大夫

進仲賢《藤原》以下男女以来、大略隔夜有此事、差勇士等、殊可警衛給之由有

天気云々、

(25ウ)

十五日、癸未、鶴岳放生会也、二品御出、参河守範頼《源》・武蔵守義《源》

信・信濃守遠光《加々美》・遠江守義定《安田》・駿河守広綱《源》・小山兵衛尉朝政・千葉介

常胤・三浦介義澄・八田右衛門尉知家・足立右馬允遠元等扈従、有流

鏑馬、射手五騎、各先渡馬場、次各射訖、[皆]《㋭㋛㋲㋞》莫不中的、其後有珍

事、諏方大夫盛澄者、流鏑馬之芸窮、依慣伝秀郷《藤原》朝臣秘決也、爰属平

家、多年在京、連[々]《㋭㋛㋲》交城南寺流鏑馬以下射芸訖、仍参向関東事頗遅

引之間、二品有御気色、日来為囚人也、而被断罪者、流鏑馬一流永可

後廃間、賢慮思食煩、渉旬月之処、今日俄被召出之、被仰可射流鏑馬

群㋛㋲強

畢㋭㋛㋲卑

太皇㋛大皇

大夫㋭太夫

大略㋭太略

岳㋭㋛㋲㋞岡

信濃㋭々濃

秘決…交㋞ナシ

訖㋞了

遅㋭延

後㋭凌㋛㋲淩㋞陵

食㋞ナシ

被仰㋞ナシ

（26オ）之由、盛澄申領状、召賜御厩第一」悪馬、盛澄欲令騎之刻、御厩舎人密々告盛澄云、此御馬於的前必馳于右方也云々、則於一的前寄于右方、盛澄為生得達者、押直〔号㋭㋛㋲㋞〕乎射之、始終無相違、次以小土器、挟于五寸之串、三被立之、盛澄亦悉射畢、次可射件三ケ串之由重被仰出、盛澄承之、既雖思切生涯之運、心中奉祈念諏方大明神、拝送瑞籬之砌、可仕霊神者、只今垂擁護給［者］㋭㋛㋲㋞、然後、鏃於平仁捻廻天射之、五寸串皆射切之、観者莫不感、二品御気色又快然、忽被仰厚免云々、

之由㋞之由被仰
則於㋭㋛㋲則出
直㋭置　無㋭无　挟㋞挿
畢㋞号
送㋭㋛㋲㋞還
於㋭（大書）
気色㋲色　被仰㋞（破損）

今日流鏑馬　流鏑馬射手的立交名

一番

射手　長江太郎義景　的立野三刑部丞成綱（横山）」

成綱㋭（大書）

（26ウ）

二番

射手　伊沢五郎信光　的立河勾七郎政頼、

沢㋭津　政頼㋭（大書）

三番

射手　下河辺庄司行平　的立勅使河原後三郎有直、

的立勅㋭「的」立勅
後㋭㋛ナシ
有直㋭（大書）

四番

射手　小山千法師丸　的立浅羽小三郎行光、

浅羽㋭成相
行光㋭（大書）

五番

射手　三浦平六義村　的立横地大郎〔太㋭㋛㋲〕長重、

長重㋭（大書）

○㋭㋛㋲㋞は「今日流鏑馬」を前行につなげて記す。底本及び㋞は「一番」の下に「射手」を小書きし、その下に「長江太郎」以下を記す。㋭㋛㋲により改行して「射手」以下を記した。「二番」以下の書式も同様。

洛中狼藉停止のため千葉常胤下河辺行平に上洛を命ず

十九日、丁亥、洛中狼藉事、連々被下院宣之間、且尋問子細、且為相鎮之、千葉介常胤・下河辺庄司行平可上洛之旨被仰付訖、各申領状之間、今日被召御前、有御餞別之儀、又賜御函〔馬㋭㋛㋲〕、承条々仰云々、

藉㋭籍

御消息云、

息云㋭息

源頼朝書状

（27オ）

洛中群盗蜂起幷散在武士狼藉事、度々被仰下」候之趣、殊驚歎思給候、時政下向之時、東国武士少々差置候訖、其外も或為兵粮米沙

藉㋭籍

文治三年八月

汰、或為大番勤仕、武士等在京事多々歟〔候㋭㋛㋲〕、彼輩不鎮狼藉、還疲計略、若如此事をや企候覧、人口難塞候、然者偏可為頼朝恥辱候、当時親能（中原）・広元（中原）雖在京候、元自非武器候、只閑院殿修造事致沙汰候計也、如然事全不可為彼等不覚候歟、仍常胤・行平を差進候、於東国有勢者候之上、相憑勇士候也、自余事は知候はす、武士等中狼藉は此両人輙可相鎮候、見器量計進候、能々可被仰付候、条々猶以別紙言上候、且此趣可令洩披露給候、頼朝恐々謹言、」

八月十九日　　頼朝

進上　帥中納言殿（藤原経房）

（27ウ）

源行景の使者土佐国より参着し弓干物以下を献ず

廿日、戊子、民部大夫行景（源）使者自土佐国参着、以弓百張幷魚鳥干物以下、積一艘船進上之、又依励故土左冠者希義（源）追福、可愍琳猷上人之由、先日被仰事、殊可存其旨之趣、捧請文云々、件弓二十張者仰堀藤（親家）次被納置之、八十張者分給祇候之壮士等、其中勤仕弓場御的之輩者、

勤㋭勤
藉㋭籍
をや㋭㋛㋲をもや
然㋭㋛㋲此
差進㋭差×進進
上㋭㋛㋲ナシ
事は㋭㋛事㋲事〈ハ〉
武㋭方武
藉は㋲藉〈ハ〉
能々㋭能能
猶㋭㋛㋲ナシ
佐㋛㋲左
艘㋭般
左㋭佐
希義㋭㋛㋲（小書）
福㋭捕
猷㋭㋛㋲献
二十㋭㋛㋲廿
祇㋭伺
候之㋭㋛㋲候
勤㋭勤

各賜三張、所謂下河辺庄司行平・和田小太郎義盛・佐野太郎基綱・三
浦十郎義連・稲毛三郎重成・榛谷四郎重朝・藤沢次郎近清以下也、」

（28オ）

広元の使者京都より参着し六条八幡宮放生会の乱闘を報ず

廿五日、癸巳、因幡前司広元使者自京都参着、去十五日於六条若宮始
行放生会之処、見物雑人中闘乱出来、有被疵之者等云々、

遠江守安田義定稲荷社修造を命ぜらる 義定重任を望む

廿六日、甲午、可令遠江守義定修造稲荷社之由、為権黄門経房〔経房㋭㋛㋲小書〕奉被仰
下、所被募重任之功也、稲荷・祇薗両社破壊之間、皆付成功、可被終
修治之功、

行平使節として上洛す

廿七日、乙未、下河辺庄司行平為使節上洛、又重被申京都条々、

源頼朝言上条々事書

一、群盗事、
洛中案内者所為歟、若又畿内近国武士歟、両篇能々可有御尋歟
事、」

（28ウ）

一、江大夫判官（公朝）下部等狼藉事、
於河内国、号関東家人、及寄取狼藉由、所令風聞也、全頼朝無申

廿五日…等云々㋲ナシ
修㋭候　由㋛ナシ
任㋭仕　薗㋭㋛㋲園
藉事㋭籍事
藉由㋭籍由　無㋭无

付之旨、可有御尋事、　之旨㋭㋛㋲旨

一、北面人々任廷尉事、

此事近年諸人望也、先々不輙事歟、能々撰其仁、可被抽補事、

一、壹岐判官（平知康）下向事、

同意義経・行（源）家等者也、随而無別仰、此上［可進上］（㋭㋛）歟事、　無㋭无　可進上㋲可追上

一、奉公人々子孫事、

先々有功之人子孫沈淪ハ〔君㋭㋛㋲〕若御（後白河法皇）不覚也、殊可被進公庭事、」　淪㋭×輪「淪」　ハ㋭ナシ

（29オ）

一、西八条地事、

為没官領雖「充」宛『こ』賜之、可有公用之由、内々承畢、早可在御定事、　宛㋭㋛㋲充

一、所々地頭輩事、

以前、既面々含子細畢、若猶不物〔拘㋭㋛㋲〕頼朝成敗輩事「者」は『こ』、随被仰下、可　猶㋭於　は㋭ナシ㋛㋲〈ハ〉

加治罰事、

右条々、存公平、所令言上也、

閑院遷幸料の幄覆の調進を中原親能に命ず

常胤使節として上洛す

頼朝の申請により去る頃院庁下文を陸奥国に遣わす

同道の雑色奥州の形勢を報ず

同雑色を京都に遣わす

文治三年八月廿七日

廿八日、丙申、閑院遷幸料[楽]〔㋭㋛㋲〕屋[幄]〔㋭㋛㋲〕覆幷御誦経軽覆〔幄㋭㋛㋲〕以下、十月中可染進仙洞之由、被仰美濃権守親能之許云々、」

料㋭断

○底本は「遷幸料屋」の下一字分を空白とする。

（29ウ）卅日、丁酉〔戊戌〕、千葉介常胤為使節上洛、是洛中狼藉事、為関東御家人等所為歟之由、有疑貽之旨、風聞之間、為令尋沙汰也、合〔令㋭㋛〕御使行平先以進発訖、可同道之処、常胤違例之間、延而及今日云々、

卅㋲三十　藉㋭㋛籍

九月小

四日、壬寅、秀衡〔藤原〕入道扶持[前]〔㋭㋛㋲〕〔源義経〕伊与守、発反逆之由、二品〔源頼朝〕令訴申給之間、去比被下庁御下文於陸奥国畢、其時関東同被遣雑色之処、今日帰参、於秀衡謝申無異心之由、而如雑色申者、既有用意事歟云々、仍彼雑色重被差進京都、為令言上奥州形勢也、」

与㋭予

無㋭无　而㋭ナシ　有㋭「・有」

重陽により頼朝御台所比企尼家に渡御し白菊を賞翫す

（30オ）
九日、丁未、比企尼家南庭白菊開敷、於外未有此事、仍今日迎重陽、
二品幷御台所（北条時政女）渡御彼所、義澄（三浦）・遠元（足立）以下宿老之類候御共、御酒宴及終
日、剰献御贈物云々、

摂津国の御家人役等に就き頼朝の所存を申し入る

十三日、辛亥、摂津国在庁以下幷御室（守覚法親王）御領間事、被定其法、今日為北（時政）
条殿奉可得其意之由、所被仰遣三条左衛門［尉］㋭㋛㋲之許也、其状云、

北条時政奉書

摂津国為平家追討跡無安堵之輩、惣諸国在庁・庄園下司・惣押領使
可為御進退之由、被下宣旨畢者、縦領主雖為権門、於庄公下職等・
国在庁者、一向可為御進退之也、〔候㋭㋛㋲〕速就在庁官人、被召国中庄公下
（30ウ）
司・押領」使之注文、可被充催内裏守護以下関東御役、但在庁者公
家奉公無隙云々、可被止文書調進外之役候、兼又以河辺船人名御家
人時定（北条）、面々成給下知状云々、事若実者不可然、速可被停止、抑御
宇〔室㋭㋛㋲〕御領預所称数輩之寺官、充催御家人役之由、有御訴訟、所詮三人
寺官之外、可止他人妨之由、被申御返事、可相存其旨、依仰執達如

之類㋭類
許㋭計
無㋭无　輩㋭㋛㋲輩云々
注文㋭㋛㋲住人
無㋭无　隙㋭㋛㋲憚
状云々㋭㋛㋲状之
預㋭㋛㋲ナシ　訟㋭㋛詔

件、

文治三年九月十三日　平

熊野別当の使者参着す

廿日、戊午、熊野別当法印湛増使者永禅、参着于関東、叙法印之後、（31オ）未啓子細、恐思之由也、以此次相副巻数、献」綾三十端、是太背御意云々、仰曰、於神社仏寺寄進庄園事、皆所奉仏神也、全不充別当・神主等之恩顧、如然者、施与件輩之条、中心之所志也、然者為酬何事、還可及進物乎、更不可有領納之儀者、則被返下使者云々、

頼朝進物を返し下す

○㋛㋲は「御意云々」で改行し、「仰曰」を行頭に記す。

宇都宮信房貴海島追討のため鎮西に下向す

廿二日、庚申、所衆信房号宇都宮所、為御使下向鎮西、是天野藤内遠景相共可追討貴海島之旨、依含厳命也、件島者古来無飛船帆者、而平家在世時、薩摩国住人阿多平権守忠景依蒙勅勘、逐電于彼島之間、為追討（31ウ）之、遣筑後守家員〔貞㋭㋛㋲〕（平）、粧軍船、雖及数度、終不凌風波、」空以令帰洛云々、今度同意予州之輩隠居歟之由、依有御疑貽有此儀、又去年河辺平太通

如然者㋭㋲如然物者　㋛如然×者「物イ」
乎㋭㋲畢
無㋭无　帆㋭㋛㋲帆之
守家㋭守家真家　家員㋛㋲家貞々々
同意㋭同「・意」

綱到件島之由、聞食之間、殊所思食給也云々、遠景元来在鎮西云々、

重忠を囚人として千葉胤正に預く
代官の姦曲により所領四か所を収公す

廿七日、乙丑、畠山次郎重忠為[囚]㋭㋛㋲人被召預千葉[新]㋭㋛㋲介胤正、是依代官真正之姦曲、太神宮神人長家〔綱㋭㋛㋲〕強訴申故也、代官所行不知子細之由、雖謝申之、可被収公所領四ケ所云々、

後白河院の御灌頂用途を京都に運送す

十月大

一日、戊辰、法皇（後白河）御灌頂御訪用途事、兼日雖被仰下、他事計会之間、于今無沙汰、於御入壇者、去八月廿二日令遂御訖、然而所調置之貢物（32オ）依不可黙止、所令運送京」都給也、雑色六人相副之、

源頼朝解文

解文書様、

進上、

紺絹　百切

上品絹　百疋

思食㋭㋛㋲思企
次郎㋭㋛㋲二郎
ケ㋭箇
戊辰㋚ナシ
兼日…書様㋚ナシ
無㋭无
依㋭㋛㋲ナシ
令㋭㋛㋲ナシ
也㋭㋛㋲之

国絹　百疋

藍摺　百端　端㋭㋛㋲疋

色革　百枚　枚㋲疋

右、進上如件、

文治三年十月日

○底本は「解文書様」を前行につなげて記す。㋭㋛㋲により改行して示した。㋚は進上注文を四段で記し、「枚」と「右」をつなげて記す。

由比浦に於て牛追物有り

頼朝帰路岡崎義実宅に入御す

義忠の遺児見参に入る

（32ウ）

二日、己巳、二品（源頼朝）令出由比浦給、有牛追物、重朝（榛谷）・義盛（和田）・義連（三浦）・」清（葛西）重等為射手、還御之次、入御岡崎四郎（義実）宅、献盃酒、此間召出故余「与」一「之」（佐那田）義忠子息小童入見参、義忠奇（棄㋭㋛㋲）命於石橋戦場、勲功異［于］（㋞）他之間、殊憐愍給之云々、〔之㋭㋛㋲㋞ナシ〕

物㋛㋲㋞者　余㋭㋛㋲㋞余

洛中群盗以下条々の院宣到来す

三日、庚午、付下河辺庄司（行平）・千葉介（常胤）等上洛、洛中群盗以下条々令奏聞給事、悉有勅答、其状、今日所到来于鎌倉也、又御熊野詣用途事、被

洛中㋭㋛㋲々中　所㋭㋛㋲ナシ

仰下、不日可令進御請文給之由云々、

院宣云、

去八月十九日・同廿七日等御消息、今月十五日到来、条々事奏聞　聞㋭問

[候]㋭㋛㋲畢、」

後白河法皇院宣

洛中群盗の事検非違使庁に沙汰を命じ在京武士の合力を求む

（33オ）

一、群盗并人々事、

如令申給、洛中案内者、若又畿内之輩一〔所㋭㋛㋲〕門為之由、一〔所㋭㋛㋲〕向聞食也、

本自関東武士所行をは、全不風聞、又不仰遣其旨、只近代使庁沙

汰、逐日尫弱、偏如鴻毛、在京守護武士合力致沙汰者、何不被禁　不被㋭不「・被」

遏乎之由依思食、[殊]㋭㋛㋲可有尋沙汰之由、所[被]㋭㋛㋲仰遣也、就中実犯　乎之㋭㋛㋲乎

之輩、号武士威之時、使庁弥迷成敗云々、尤可有推察事歟、然而　弥㋭於

可為使庁沙汰之由、令計申給之条、法之所指、尤可然事也、仍殊

可有御沙汰之由、被申摂政（藤原兼実）畢、但於武士可合力事歟、抑公朝（大江）所従

公朝所従狼藉の調査を命ず

（33ウ）

事、未聞食及、如然者、尤不当事歟、早可有尋沙汰也、」信盛（藤原）・公　未㋭㋛㋲等　如然㋭如㋛㋲如状

北面の人々を検非違使の尉に任ずるは新儀に非ず

知康送還の事は頼朝の意に任す

奉公の者の子孫重用の進言に喜悦す

西八条の地御用無きにより頼朝の知行を認む

朝等任廷尉事、令申給之趣、尤有其謂事歟、但白河・鳥羽院御時
も、源氏・平氏等相並為追捕官人、其外又如此被召仕之輩、依無
他昇進之道、拝任来、強非新儀歟、（平）知康事、下向之時も不奏事
由、在国之間も無申入之旨、逐上をも、只可在御計、不及沙汰事
也、奉公者子孫事、令執申給之旨、随喜思食也、且是本自有御存
知也、

一、西八条事、
事次被仰出畢、令去進給、雖為御本意、当時無指御用、早如本可
令知行給、」

（34オ）

一、所々地頭事、
任令成敗給之旨、各可被仰下也、此上有申上事者、重可被仰遣
歟、偏限御用事、非被触仰、多依為神社仏寺訴訟、難黙止之間、
細々所仰遣也、人愁、神祟も積ぬれは、世間も如此不落居、若被

捕㋭㋛㋲補　無他㋭无他
来㋭㋛㋲来歟
無申㋭无申　旨㋭㋛㋲間　をも㋭㋛㋲とも
無指㋭无指
頭事㋭㋛㋲頭等事
旨㋭上　申上㋭申
神社㋲神社×社　訟㋭㋛㋲詔

散所々愁者、神明も擁護し、諸人も悦予せは、徳政をも成〔と㋭㋛㋲〕て、世上も弥属静謐、義顕（源義経）事も神明冥助にて、分明に聞事やあると思食之上、如此事、随理非可有成敗之様、度々依令申給、且随人申、且不尋決是非、為令計沙汰給、連々所仰遣也、然而義顕事、雖有

(34ウ)

説々、未聞食現証、依此事用心之条、旁有其謂、縦雖」有御大功事、可随令計申給、何況非私用、偏存公平、為鎮天下、令計沙汰申[給]（㋭㋛㋲）、不及異儀歟、自今以後、可有御猶予也、但依所々訴、猶雖被仰遣、只任理非、可令成敗給歟、為御存知、兼所被仰置也、

一、園〔円㋭㋛㋲〕勝寺領駿河国益頭庄事、

非没官領内、故（平）信業朝臣年来所知行也、仍件庄、去比雖被仰付能（藤原）保朝臣、所辞申也、早致沙汰、寺家年貢無懈怠可令進済給、

後白河院熊野参詣用途の軽物の訪いを求む

(35オ)

一、御熊野詣事、

御宝算不可令過今明年御之由、旁所思食也、依難令」期向後御年

愁㋭㋛㋲然　し㋭㋛㋲之　悦㋭㋛㋲猶　明に㋛明㋲明〈二〉　ある㋭有　之上㋭㋛㋲言上　且随人申㋭ナシ　縦㋭従　功㋛㋲切　偏㋭而偏　無㋭无　令期㋭合期

籠、可有御参詣之由、所思食企也、御僧供米千石、如前々令沙汰
進給乎、依無他御計略、所被仰遣也、又軽物も少々可訪進給、但
能々不及被相尋事也、御灌頂已被遂畢、件用途事、於今者不及沙
汰事也、

一、阿武郡事、
御造作連々之間、材木多入、仍雖被仰、此上不能左右歟、

以前条々、院宣如此、仍執達如件、

九月廿日　　大宰権帥藤経房奉、

藤原経房副書

後白河院常胤行平上洛以後の洛中静謐を喜ぶ

私啓、
朝覲行幸事、来十一月上旬可候也、先日所被仰候之」（35ウ）軽〔幄㋭㋛㋲〕覆事、出来
候者、朝日〔期㋭㋛㋲〕以前令進給可宜候歟、為御仏〔仏㋭㋛㋲ナシ〕存知、所申候也、兼又群盗
事、付常胤・行平、雖令献御礼給、為省紙筆、以一通申御返事候
也、彼両人上洛以後、洛中以外静謐、能々可被感仰之旨候也、重謹

文治三年十月

乎㋭㋛㋲畢
無㋭无
能々㋭熊々㋛態と㋲熊と
阿㋭㋛河㋲河『阿イ』
郡㋭群
大㋭太
幸事㋛㋲幸
十一㋭㋛㋲十
日㋭㋛㋲自

言、

○㋭㋛㋲は「以前条々」を前行につなげて記す。

胤正御所に参り重忠の厚免を求む

四日、辛未、千葉新介胤正参申云、重忠（畠山）被召籠已過七ケ日也、[此間]㋭㋛㋲
寝食共絶畢、終又無発言語、今朝胤正尽詞雖勧膳不許容、顔色漸変、
世上事殆思切歟之由、所見及也、早可有免許歟者、二品頗傾動給、則

厚免の仰せにより胤正重忠を具し参る

以被厚免、仍胤正奔帰、相具参上、重忠着于里見冠者義成座上、談傍
輩云、浴恩之時者先可求眼代之器量、無其仁者、」(36オ)不可請其地、重忠存
清潔、太越傍人之由、挿自慢意之処、依真正男不義、逢恥辱畢云々、

重忠武蔵国に下向す

其後起座、直令下向武蔵国云々、

重頼遺領武蔵国河越荘の名主百姓等に後家尼の下知に従うよう命ず

五日、壬申、河越太郎重頼、依伊予前司義顕縁坐雖被誅、令憐愍遺跡
給之間、於武蔵国河越庄者、賜後家尼之処、名主・百姓等不随所勘之
由、就有風聞之説、向後者庄務・雑務一事以上、可従彼尼下知之由、
所被仰下也、

終㋭給　無㋭无
殆㋭㋲給㋛終　歟者㋭歟云々㋛㋲云々
談㋭㋛㋲諸
云㋭㋛㋲之　無㋭无
挿㋛㋲挟
者㋭㋛㋲云　雑務㋭㋛㋲云雑務

後白河院の熊野参詣用途を御家人及び武蔵上総両国に課す

六日、癸酉、法皇御年籠可有熊野山御参詣供米千石・軽物少々、可沙（36ウ）汰之由、所被仰也、仍有沙汰、国絹・白布等」被充催御家人、八木千石可為武蔵・上総両国所課云々、

被充㋭祐充

能保の飛脚参着し去月十九日斎宮群行に於る闘乱を報ず

七日、甲戌、右武衛飛脚参着、去月十九日斎宮（潔子内親王）群行也、而勢多橋[破]㋭㋛㋲損之間、為佐々木定綱奉行、以船奉渡湖海之処、延暦寺所司等相交雑人中、依狼藉、定綱郎従相従『こ』相咎間、不図起闘乱及殺害、衆徒聞此事、忽以蜂起、擬及嗷訴、而国司雅長（藤原）卿幷定綱等殊可加制止、就中於定綱事者、不被触仰関東者、輙難決聖断之由、雖被仰座主全玄僧正、衆徒等猶不静謐云々、

斎㋭㋛㋲斉
中㋭㋛㋲之中
依㋭㋛㋲依現
郎従相従㋭㋛㋲郎従
相従

行平常胤京都より帰参す

八日、乙亥、下河辺庄司行平・千葉介常胤自京都帰参、於院宣等者、

頼朝御前に召しこれを讃う

（37オ）先々付雑色進上畢云々、爰両人被召御」前、上洛之間、京中静謐之由及叡感、尤為御眉目之趣、所被成「感」『こ』仰也、而行平九月十一日入洛、即夜窺兼承及群盗衆会之所々、令郎従致夜行之処、於尊勝寺辺行逢奇怪之

被成㋭㋛㋲被感

東大寺より衆徒の状巻数等到来す
頼朝返報を遣わす

源頼朝書状

者、人数八人、不残乎〔兮㋭㋛㋲〕搦取之、尋明所犯之間、不相待常胤、㋭㋛㋲[将又不相触使庁、任北条殿（時政）之例、刎彼等首訖、常胤]同十四日京着、各在洛、雖不歴幾日数、更不聞狼藉事、自然無為、誠是依将運㋭㋛㋲[之]所令然歟、次在京武士事、以御使雑色幷両人使、不廻日時悉召之、所来聚也、尋問訖、面々有陳申之旨、非無子細、其状五十三通進上之、其上無所犯実証、不能沙汰事也云々、就之、件陳状等可付帥中納言（藤原経房）歟之由、雖有（37ウ）其沙汰、関東」武士所行とは、全不風聞之旨、被載院宣之間、加斟酌不備進之、令持参之由、行平等申之、此事其理可然、仍又有御感、被留㋭㋛㋲[営]中云々、

九日、丙子、南都衆徒状幷大般若経転読巻数等到来、抽祈禱之由也、二品依「信」『〻』仰給、仍被遣御報、其状云、

八月廿七日貴札、十月九日到来、示給之旨、具以承候畢、平家逆略朝廷之余、奉焼失大仏之廟壇、仍征伐之心弥催、逐〔遂㋭㋛㋲㋚〕誅戮平家之凶賊

刎㋲刖『刎』
無為㋭无為
之旨㋭㋛㋲之由
非無㋭非无
其上㋲其
無所㋭无所
不能㋲不能上
帥㋭師
抽㋭㋛㋲ナシ
祈禱㋭㋛㋲㋚祈請
依仰㋭㋛㋲仰信㋚依仰
廷㋭㋛㋲ナシ
廟㋭㋛㋲庿
壇㋭㋛㋲ナシ

員部家綱に所領資財を返付し伊勢国治田御厨の武士狼藉停止を命ず

閑院内裏修造の勧賞辞退せんことを広元に伝う

（38オ）

畢、誠是為朝敵、又寺敵之所致也、毎思仏徳、信仰尤深、其条令知　信㋭㋛㋲ナシ　其㋚甚

及給歟、抑大般若巻数謹以奉請也、〔之㋭㋛㋲〕群議之至、喜」悦令申候、但追　議㋭儀

月捧賜巻数之事、有使者之煩歟、然者雖不給巻数、有懇誠之至者、

自今以後、可令存知給之状如件、

文治三年十月九日　　御判

十三日、庚辰、依太神宮神人等之訴訟、被召放畠山［次郎］（㋭㋛㋲）重忠所領伊　之㋭㋛㋲ナシ　訟㋭㋛㋲ナシ

勢［国］（㋭㋛㋲）沼〔治㋭〕田御厨、被充行吉見次郎頼綱、仍於重忠者、雖召禁其身、申　沼㋛㋲治

不知子細之由、頗有陳謝歟之間、厚免已畢、至当御厨者、賜他人之　之由㋛㋲由

旨、被仰神宮之上、員部大預〔領㋭㋛㋲〕家綱所領・資財等、任員数可沙汰付本　神宮㋭㋛㋲宮　付㋭㋛㋲ナシ

主、雖向後、於彼辺可停止武士狼藉之趣、令下知山城介久兼（大江）給云々、」　云々㋭云云

（38ウ）

廿五日、壬辰、閑院修造事、其功漸成、来月上旬可有遷幸之旨承之、

定被仰御勧賞歟之由、広元（中原）言上之間、勧賞事及御沙汰者、早可辞之　之間㋭㋛㋲間

趣、仰盛時（平）被遣御書於広元之許也、其詞云、　之許㋭㋛㋲許

平盛時奉書

成功申請の仰せ有れば知行国六か国の重任のみを望む

六条八幡宮に所領を寄進す

閑院殿依造営事、御勧賞なとの事、若其沙汰出来者、可令辞申也、勲功賞度々可依申請御之旨、雖被仰下、造作賞なとよりは、勲功賞をは可給事なれは、御居住田舎之上者、旁無便宜之間、乍恐再三令辞退申乎、〔畢㋭㋛㋲〕如此可言上也、次云閑院殿作事、者〔云㋭㋛㋲〕初斎宮用途、如此之勤、可募申成功之由、被仰」（39オ）下者、御知行国々、相模・武蔵・駿河・伊豆・信濃・越後以下六ケ国、重任之功ニ可令申成給候也者、仰旨如此、仍以執啓如件、

十月廿五日　盛時奉、

因幡前司殿

○㋭は「閑院殿」を行頭に記す。

廿六日、癸巳、筑前国鞍手領・土左国吾河郡・摂津国山田庄・尾張国日置領被奉寄左女牛若宮、一事已上可為別当季厳阿闍梨沙汰之由、被仰下云々、

勧賞㋭歓喜
可依㋭㋛㋲可給
旁無㋭旁无
恐㋭㋛㋲恐悦
申㋭㋛㋲申給
初㋭祈
斎㋭㋛㋲斉
以下㋭㋛㋲已下
功ニ㋭㋛㋲功
仍以㋭㋛㋲仍
奉㋭（大書）
手領㋭㋛㋲手預
左㋭佐
置領㋭㋛㋲置預

閑院遷幸料の幄覆去る八日調進す

廿八日、乙未、為閑院遷幸楽屋二本軽〔幄㋭㋛㋲〕覆幷幔十八帖事、去八日染進仙洞之由、親能（中原）自京都所申送也、

鹿島社毎月御膳料を常陸国御家人に課す

（39ウ）

廿九日、丙申、常陸国鹿島社者御帰敬異他社、而毎月御膳料事、被充于当国奥郡、今日令加下知給云々、

源頼朝家政所下文

政所下　常陸国奥郡

可令早下行鹿島毎月御上日料籾

佰拾石事、

多賀郡　十二石五斗

佐都東　十四石

佐都西　九石八斗

久慈東　三十六石一斗

久慈西　十四石三斗

那珂東　十三石九斗

（40オ）

文治三年十月

加㋭「・加」

陸国㋭㋛㋲陸（アキ）

佰拾㋭佰「二」拾

那珂西　　十九石四斗

右、件籾、毎年無懈怠可下行之状如件、

文治三年十月廿九日

中原（光家）
藤原（後兼）
大中臣（秋家）
主計允（藤原行政）
前因幡守中原

秀衡死去す

（40ウ）今日秀衡（藤原）入道於陸奥国平泉館卒去、日[来]㋭㋛㋲重病、依少」恃、其以前、伊予守義顕為大将軍可令国務之由、令遺言男泰衡以下云々、

秀衡の卒伝

鎮守府将軍兼陸奥守従五位上藤原朝臣秀衡法師、出羽押領使基衡男、

嘉応二年五月廿五日任鎮守[府]㋭㋛㋲将軍、叙従五位下、養和元年八月廿

無㋭无

卒㋭率
依少恃㋭㋛㋲依急
其以㋭㋛㋲其時以

嘉㋭喜
従㋲位

五日任陸奥守、同日叙従五位上、

○㋲は「佰拾石事」を前行につなげて記す。また㋭は「鎮守府」を行頭に記す。底本は「嘉応」以下を前行につなげて記すが、㋛㋲により改行して示した。

十一月大

鎮西守護人天野遠景去る八月十八日恩沢を住人に施行す

五日、壬寅、鎮西守護人天野藤内遠景申云、[浴]㋭㋛㋲恩沢当所住人等事、任御下文之旨、去八月十八日加施行畢[云々]㋭㋛㋲、

当㋭ナシ

之旨㋭㋛㋲旨

佐々木高綱周防国に於て東大寺の棟木を採りし事を報ず

十日、丁未、佐々木四郎左衛門尉高綱申云、東大寺棟木、去年雖被
(41オ)
尋、終不得之、去九月之比、於周防国杣採之、其長十」三丈也、是偏依重源上人信心、綺〔縡㋭㋛㋲〕成就之兆也云々、

佐々木経高貢馬を具し上洛す

十一日、戊申、貢馬三疋進発、佐々木次郎経高為御使相具之上洛云々、

経㋛㋲綱

貢馬目録

一疋黒、　千葉介常胤進、

一疋葦毛、　小山兵衛尉朝政進、

一疋鹿毛駮、　宇都宮左衛門尉朝綱［進］㋭㋛㋲、

○㋭㋛㋲は「一疋〈黒〉」以下の交名を五日条末尾に載せ、その前行に「四郎政義・千葉四郎胤通等騎之」と記す。

去夜景時重忠反逆の風聞を内々に申し入る

十五日、壬子、去夜梶原平三景時内々申云、畠山次郎重忠不犯重科之処、被召禁之条、称似被棄捐大功、引籠武蔵国菅谷館、欲発反逆之由風聞、而折節一族悉以在国、縡已符合、争不被廻賢慮乎云々、依之、」（符㋭府）

頼朝朝政以下を召し所存を問う

朝光使者を遣わし子細を問うべき由を申す

（41ウ）

今朝召集朝政・行平（下河辺）・朝光（小山）・［義澄］㋭㋛㋲（三浦）・義盛（和田）等勇士、遣御使、可被問子細歟、将又直可遣討手歟、両条可計申旨、被仰合之、（仰合㋭仰含）朝光申云、重忠天性稟廉直、尤弁道理、敢不存謀計者也、然者、今度御気色、依代官所犯之由、令雌伏畢、其上殊怖畏神宮照鑒之間、更不存怨恨歟、謀反（反㋭叛）条、定為僻事歟、被遣専使、可被聞食其意者、自余衆令一同云々、爰

行平に使者を命ず

行平者弓馬友也、早行向可尋問所存、無異心者、可召具足之旨被仰（無㋭无）出、行平不能辞退、明暁可揚鞭云々、

行平重忠を具し武蔵国より帰参す

(42オ)
廿一日、戊子〔午㋭㋛㋲〕、行平相具重忠、自武蔵国帰参、重忠属景時、」陳申無逆心之由、景時云、無其企者可進起請文者、重忠云、如重忠之勇士者、募武威奪取人庶財宝等、為世渡計之由、若及虚名者、尤可為恥辱、欲企謀反之由風聞者、還可謂眉目、但以源家（頼朝）当世仰武将主之後、更無貳、而今逢此殃也、運之所縮也、且重忠本自心与言不可異之間、難進起請、疑詞用起請給之条者、対姦者時之儀也、於重忠不存偽之事者、兼所知食也、速可披露此趣者、

景時重忠との対問の趣を頼朝に申す

景時申其由、

頼朝重忠行平を御前に召す

二品付是非無御旨、則召重忠・行平於御前、談世上雑事等給、曾不被仰出此間事、小時令入給

入御の後行平に御剣を給う

(42ウ)
之後、以親家（堀）賜御剣於行平、無為相具重忠、為」大切〔功㋭㋛㋲〕之由云々、行平去十七日向畠山館、相触子細於重忠、重忠太忿怒云、依何恨、抛多年勲功、忽可為反叛凶徒哉、且於重忠所存不能左右、二品御腹心今更無御疑歟、偏就讒者等口状、称有恩喚、相度為誅、被差遣貴殿也、至末代今聞此事、可恥業果者、取腰刀欲自戮、行平取重忠手云、貴殿者不

無逆㋭无逆
無其㋭无其
謀反㋭謀叛
与㋭㋲而
景時申㋭㋛㋲申景時
非無㋭非无
無為㋭无為
重忠太㋭㋛㋲々々太
云㋭㋛㋲之
反叛㋭㋛㋲反逆
不㋭㋛㋲者
左右㋭㋛㋲在
更無㋭更无
偏㋭ナシ
讒㋲説
至㋭㋛㋲生

知詐偽之由自称、行平又誠心在口之条、争可異貴殿哉、可誅者亦非可
怖之間、不可偽度也、貴殿将軍(平良文)後胤也、行平四代将軍(藤原千常・同文脩・同兼光・同頼行)裔孫也、態令露
顕、及挑戦之条、可有其興、時儀適撰朋友行平為使節、是無異儀、為
(43オ)
令具参之御計者、于時重忠含咲、勧盃」酒、歓喜相伴云々、

但馬国住人山口家任を召し義仲義経に仕えし由緒を尋問す

廿五日、壬戌、有但馬国住人山口太郎家任者、弓馬達者、勇敢士也、
而属木曾左馬頭(源義仲)為近仕随一也、彼誅亡之後、在予州(源義経)之家、予州逐電之
刻、同横行所々[之]㋭㋛㋲間、北条殿(時政)令生虜之、所被召進也、仍仕于両人由
緒被尋問之処、申云、家任譜代源氏御家人也、就中父家脩者仕六条廷(源為義)

家任弁明し源為朝下文を備進す

尉禅室、輸忠、拝領数ケ所、平家執天下之時、悉以牢籠、左典厩入洛
最初、寿永二年八月適令安堵畢、為酬其徳、一旦雖列門下、於関東不
挿異心、又属予州之条者、人々為虚訴歟、六条殿御下文于今令帯否、
(43ウ)
被尋仰之間、備進」之、二品洗両手、令拝見之給、邦通(藤原)読申、保元三
年二月日御下文也、為内舎人筆跡也云々、優此御下文、他事不及糺明

頼朝為朝下文を拝見し家任を本の職に安堵す

詐㋭許　心㋭心々　口㋭㋛㋲公　之間㋲間　態㋭熊
是無㋭是无
含㋛㋲令　咲㋭笑
任者㋭㋛㋲任云者
彼㋛㋲被
所々㋭㋛㋲所処　仕㋭任
脩㋭修
挿㋛㋲挟　条者㋭㋛㋲条　人々㋭㋛㋲人之　歟㋭㋛㋲歟者

閑院修造の勧賞辞退に就き院宣到来す

沙汰、可安堵本職之旨、直被仰含云々、被重曩時之趣、諸事如斯云々、

廿八日、乙丑、閑院修造勧賞事、可辞申之旨、兼以被仰遣広元（中原）之許畢、広元得其趣、遮依辞申、無其沙汰、去十三日以遷幸之次、相模・武蔵両国可為重任之由、被仰之許也、仍被下御感院宣、今夕到来、其詞称、

無㋭无　去㋭吉木㋛者来㋲吉本

後白河法皇院宣

（44オ）

閑院修造事、雖為大厦之功、已為不日之営、可有勧賞之由雖思食、内々依有聞食之旨、于今所有」御猶予也者、院宣如此、仍執達如件、

雖㋭㋛㋲ナシ

十一月十六日　　太宰権帥藤原経房奉、

太㋛㋲大　奉㋭（大書）

謹上　源二位殿

○㋛は「御感」で改行し、「院宣」を平出する。㋭は「閑院修造事」を行頭に記す。また、㋭㋛㋲は「也者」で改行し、「院宣」を平出する。

十二月小

雪の興により頼朝山岳辺を歴覧せんとす雷鳴により中止す

一日、戊辰、雪降、雷一声、被催雪興、二品（源頼朝）欲歴覧山岳辺給之処、依驚雷鳴給[令]㋭㋛㋲留給云々、

掾㋛㋲丞 細㋭㋛綱

小山朝光の母に所領を給う

今日小山七郎朝光母（八田宗綱女）下野大掾政光入道後家、給下野国寒河郡拼細〔網〕戸郷、是雖為女性、依有大功也、

性㋭㋛㋲姓 大功㋭太功

○底本は「今日」以下を前行につなげて記す。㋭㋛㋲により改行して示した。

景時霊鶫を献ず

七日、甲戌、梶原平三景時献霊鶫、背与腹白似雪、自美作国出来云々、景時者、彼国守護也、二品殊賞翫給、是可謂吉瑞歟、爰善信（三善康信）(44ウ)申云、天武天皇御宇二年八月、帝遷坐野上宮給之時、自鎮西献三足赤色之雀、仍改元為朱雀元年、明年三月、自備後国献白雉、又改朱雀二年為白雉元年、同十五年、自大和国進赤雉之間、改年号為朱鳥元年、彼御宇平大友皇子逆悪之後、天下静謐、而邪姦〔姦邪㋭㋛㋲〕寝謀之節也、以為佳例、随而瑞物多西国、所献也云々、

鶫㋭㋛㋲鴨 作㋭㋛㋲濃

十五年㋛十五日 大和㋭太和

○㋛㋲は「申云」で改行し、「天武天皇」を行頭に記す。

後白河院の熊野参詣料の砂金を進む

二日、己巳、被進飛脚於京都、行程被定七ケ日、往来十一日〔是ホシモ〕法皇(後白河)熊野

法皇モ法

御参詣之間、依被進砂金也、其上、御分三ケ国之内、武士等押領所々

砂モ皇砂
所々ホシモ所之

(45オ)
由、被仰下畢、賜注文、可加下」知之旨、令言上給云々、

○諸本とも二日条を七日条の次に記す。

橘為茂を免じ所領を給う

十日、丁丑、橋〔橘ホシモ〕次為茂蒙免許、為北条(時政)殿計、賜富士郡田所職、是父遠

茂者、為平家方人、治承四年奉射二品、仍日来為囚人云々、

足利義兼室の危急により御台所これを見舞う

十六日、癸未、上総介義兼(足利)北方(北条時政女)頓病頗危急、為令訪給之、御台所(北条時政女)渡御

彼宿所、是為御姉妹之故也、依之諸人群集、及晩得少減、邪気云々、

公朝京都より下向す

十八日、乙酉、大夫尉公朝(大江)自京都参向、依有自訴、令下向云々、可令

尋成敗給歟之旨、為帥中納言(藤原経房)奉、所被下五日御教書也、亦今年所進貢

勤ホ勤
厚歟モ厚

(45ウ)
馬頗異様、後年殊可有勤厚歟、次貢」金有未進、路次不通之間者到来〔別事〕

也〔ホシモ〕、当時凌〔陵〕遅尤御不審之由、被載之云々、

遅ホシモ進

頼朝同息万寿鶴岡八幡宮に参詣す

廿四日、辛卯、二品幷若公(万寿)御参鶴岡、

岡ホシモ岳

明春の二所詣の供奉人を定む

廿七日、甲午、明春正月可有二品〔所㋭㋛㋲〕御参詣之間、今日被差定供奉人、各可潔斎之由被仰下、筑後権守俊兼（藤原）・平五盛時等奉行之云々、」

斎㋛㋲斉
行之㋭㋛㋲行

○㋛㋲は尾題「吾妻鏡第七巻」あり。

隆直　　菊池
文治1.07.12　64 菊池
文治1.12.06　110 隆直
(注)経直の男(続群 菊池系図)。
良遠　　桜庭
文治1.02.18　16 桜庭介良遠散位成良弟
(注)延慶 下374は「阿波民部大夫成良ガ叔父桜間外記ノ大夫良遠」とする。
良覚　　(僧)
文治1.03.27　28 走湯山住侶僧良覚
良経　　藤原
文治1.05.06　46 右大将良経
文治2.⑦.10　196 殿三位中将殿良経
(注)兼実の男，母は藤原季行の女(分脈 ①86)。
良弘　　(僧)
文治1.06.02　55 法印大僧都良弘
(注)藤原孝能の男，母は菅原時登の女(分脈 ①257)。醍醐寺僧。
良成　　藤原
→能成
良暹　　(僧)
文治1.08.20　69 専光房
文治1.09.03　74 専光房
良文　　平
文治3.11.21　278 将軍
(注)高望王の男(分脈 ④12)。
領子　　藤原
文治1.04.11　31 帥典侍先帝御乳母
(注)藤原顕時の女(分脈 ②115)，平時忠の妻，安徳天皇の乳母(山槐記治承4.03.09)。
琳猷　　(僧)
文治1.03.27　28 土佐国介良庄住侶琳猷上人/此上人
文治1.05.02　45 土左上人琳猷
文治3.01.19　221 琳猷上人
文治3.05.08　242 琳猷上人
文治3.08.20　256 琳猷上人

れ

冷泉天皇
文治1.06.21　62 冷泉天皇
(注)憲平。村上天皇の皇子，母は藤原師輔の女安子(紹運録)。
鈴置平五＊
文治1.08.24　71 [郎従]鈴置平五
(注)下河辺行平の郎従。
蓮仁　　(僧)
文治1.04.28　42 僧蓮仁
鎌足　　藤原
文治1.06.21　61 大織冠
文治1.11.22　101 大織冠
(注)中臣御食子の男(分脈 ①27)。

ろ

六代　　平
文治1.12.17　114 権亮三位中将惟盛卿嫡男字六代
文治1.12.24　115 故維盛卿嫡男六代公
(注)維盛の男。分脈 ④34は妙覚(童名六代丸，文覚弟子，母は藤原成親の女)と載せる。

わ

わうわく法師＊
文治1.01.06　8 わうわく法師
(注)わうわくは枉惑で，道に外れたの意。
和田五郎＊
文治1.10.24　87 同五郎
(注)人名索引・人名総覧 は義長に比定する。ただし，平氏諸流系図・続群 和田系図は義長の称を「平内」とする。

文治3.02.28　224 二品
文治3.03.02　224 頼朝
文治3.03.04　226 二品
文治3.03.08　225 二品/君，226 二品
文治3.03.10　226 二品
文治3.03.18　227 二品
文治3.03.19　228 二品
文治3.03.21　229 二品
文治3.04.19　231 二品
文治3.04.23　234 鎌倉殿
文治3.04.29　237 二品，238 二品/二位，239 二位/二品
文治3.05.13　242 二品
文治3.06.21　245 二品
文治3.07.19　247 二位卿
文治3.07.23　247 二品
文治3.08.08　252 鎌倉殿
文治3.08.09　252 二品
文治3.08.15　253・254 二品
文治3.08.19　256 頼朝
文治3.08.27　257・258 頼朝
文治3.09.04　259 二品
文治3.09.09　260 二品
文治3.10.02　263 二品
文治3.10.04　268 二品
文治3.10.09　270 二品
文治3.11.21　277 源家当世/二品
文治3.11.25　278 二品
文治3.11.28　279 源二位殿
文治3.12.01　280 二品
文治3.12.07　280 二品
文治3.12.10　281 二品
文治3.12.24　281 二品
(注)義朝の男，母は藤原季範の女(分脈③296)。

頼朝の女　源
文治2.05.17　171 大姫君
文治2.05.27　173 大姫君
文治2.09.16　207 姫君
文治3.02.23　223 大姫公
(注)大姫。母は北条時政の女。分脈③298は清水冠者義基室とする。

頼朝の妾
→時長の女

頼朝の男　源
文治2.02.26　134 二品若公
文治2.10.23　212 御妾若公
(注)のちの貞暁(分脈③297)。

頼澄
文治3.04.29　240 伊豆目代頼澄

頼隆　源
文治1.09.03　74 陸奥冠者頼隆
(注)義隆の男(分脈③307)。

楽円　(僧)
文治1.11.29　104 [悪僧]楽円

楽遠　(僧)
文治1.11.29　104 [悪僧]楽遠

り

里久
文治3.03.19　228 雑色里久，229 里久

里長
文治1.04.12　33 [雑色]里長
文治3.07.04　246 雑色里長

隆季　藤原
文治2.03.12　149 大宮大納言入道
(注)家成の男，母は高階宗章の女(分脈②364)。

隆経　高階
文治1.12.29　117 越前守高階朝臣隆経

隆職　小槻
文治1.06.23　62 大夫史隆職
文治1.12.06　107 隆職，109 左大史隆職
文治2.01.07　122 左大史小槻隆職
文治2.02.23　133 前大史隆職宿禰
(注)師経の男(分脈④167)。地下家伝は政重の男とする。

人名索引

【凡例】

1．本冊所収の文治元年～3年の校訂本文の人名を対象として採録した。
2．人名は原則として名（諱）により採録した。実名不明の人物は通称、〇〇の女などの関係名称、または用例により採録した。天皇は諡により、上皇・法皇は〇〇天皇で採録した。女院については諱で採った。異称・通称のまま採録した人物には*を付した。
3．人名の配列は名（諱）の頭文字の音読みによる五十音順とし、同音異字の場合は画数の少ないものを先として配列し、2字目以降もそれに倣った。異称・通称のままの人物も同様に配列した。通称が仮名表記の場合は仮名の五十音順とした。
4．人名の次に貴族・官人・神職の場合はウジ名、武士の場合は苗字を示し、僧尼については（僧）または（尼）と記した。ウジ名と苗字を並記した場合もある。
5．各項目には掲載月日、本書頁数、用例を掲げた。閏月は丸囲み数字で示した。官職名・苗字などが同前という理由で省略されている場合には［　］で省略部分を補い、あるいは（　）で説明を加えた。
6．同一日の同一頁の記載中に同一人が複数箇所表われ、かつ一方が他方の表記をすべて包摂するような場合、短い表記を採らなかった。
7．参照すべき項目は、→で示した。
8．可能な限り各人物に（注）を付し、出自や比定の根拠などを記した。『尊卑分脈』に掲載されている人物については、『新訂増補国史大系』（吉川弘文館）の巻数・頁数を付した。ほかの引用史料についても必要に応じて巻数・頁数を付したものがある。父母については『尊卑分脈』の記載を含めて代表的な系図史料の記載などに基づいて示したが、伝承や偽作であることも多く、確定的なものでない。なお、注記については安田元久編『吾妻鏡人名総覧』（吉川弘文館）を参照した箇所も少なくない。引用史料の略称および史料の典拠は以下の通りである。

　宇佐氏系譜…『大分県史料』（大分県立教育研究所）
　延慶…『延慶本平家物語　本文編』（勉誠出版）
　覚一本…『日本古典文学大系　平家物語』（岩波書店）
　加藤遠山系図…『日本中世史料学の課題』（弘文堂）
　鎌遺…『鎌倉遺文』（東京堂出版）
　吉記…『新訂吉記』（和泉書院）

局中宝…『尊経閣善本影印集成』（八木書店）
玉葉…『図書寮叢刊　九条家本玉葉』（明治書院）
公卿補任…『新訂増補国史大系　公卿補任』（吉川弘文館）
群類…『新校群書類従』（名著普及会）
現代語訳…『現代語訳吾妻鏡』（吉川弘文館）
元徳度注進度会系図…『神宮古典籍影印叢刊　神宮禰宜系譜』（八木書店）
皇大神宮延喜以後禰宜補任次第…『神宮古典籍影印叢刊　神宮禰宜系譜』（八木書店）
高野山往生伝…『日本思想大系　往生伝　法華験記』（岩波書店）
埼玉…『新編埼玉県史　別編４』（埼玉県）
山槐記…『増補史料大成』（臨川書店）
纂要…『系図纂要』（名著出版）
地下家伝…『地下家伝』（自治日報社）
紹運録…『本朝皇胤紹運録』（新校群書類従）
盛衰記…『中世の文学　源平盛衰記』（三弥井書店）
書陵部本中原氏系図…『書陵部紀要』第27号
人名索引…『吾妻鏡人名索引』（吉川弘文館）
人名総覧…『吾妻鏡人名総覧』（吉川弘文館）
姓氏…『姓氏家系大辞典』（角川書店）
先代旧事本紀…『新訂増補国史大系』（吉川弘文館）
僧綱補任残闕…『大日本仏教全書　伝記叢書』（名著普及会）
続群…『続群書類従』（八木書店）
千葉大系図…『改訂房総叢書　第５輯』（改訂房総叢書刊行会）
鶴岡八幡宮寺社務職次第…『新校群書類従』（名著普及会）
都甲文書…『大分県史料』（大分県立教育研究所）
豊受太神宮禰宜補任次第…『神道大系　神宮編４　太神宮補任集成』（神道大系編纂会）
日本書紀…『新訂増補国史大系』（吉川弘文館）
女院小伝…『新校群書類従』（名著普及会）
布川系豊島系図…『豊島・宮城文書』（豊島区立郷土資料館）
畠山氏系図…『史料纂集　熊野那智大社文書三』（八木書店）
兵範記…『増補史料大成』（臨川書店）
分脈…『新訂増補国史大系　尊卑分脈』（吉川弘文館）
平遺…『平安遺文』（東京堂出版）
平氏諸流系図…『中条町史　資料編１』（中条町）
真名本曾我物語…『妙本寺本曾我物語』（角川書店）
妙本寺本平家系図…『千葉県の歴史　資料編中世３』（千葉県）

あ

あつまの新大夫＊
文治2.03.27　155 あつまの新大夫
阿願　（僧）
文治3.02.09　222 院主阿願房
阿光　（尼）
文治2.03.02　138 故前宰相光能卿後室比丘尼阿光
阿保五郎＊
文治1.10.24　89 阿保五郎
藍沢二郎＊
文治1.10.09　78 藍沢二郎
安家　仙波
文治1.10.24　89 仙波次郎
（注）家信の男（埼玉 党家系図村山）。
安徳天皇
文治1.01.06　5・6 大やけ
文治1.02.19　18 先帝
文治1.03.24　27 先帝
文治1.04.11　30 先帝
文治1.06.21　61 公家
（注）言仁。高倉天皇の皇子，母は平清盛の女建礼門院徳子（紹運録）。
安能　（僧）
文治2.04.03　159 安楽寺別当安能僧都
文治2.06.15　180 安楽寺別当安能僧都，181 安能
文治2.08.18　203 鎮西安楽寺別当安能
（注）菅原在長の男（分脈 ④68）。
安平　美濃
文治2.01.05　121 美濃藤次安平
文治2.05.29　174 美濃藤次安平
文治2.06.02　175 美濃藤次安平
安利　土師
文治3.04.23　236 散位土師宿禰安利
按察局
文治1.03.24　27 按察局
文治1.04.11　31 按察局
（注）安徳天皇の女房。
按察使＊
文治2.03.12　145 按察使
（注）あるいは平頼盛か。

い

いかの五郎＊
文治2.03.27　157 いかの五郎
いかの四郎＊
文治2.03.27　157 同四郎
いかの平三＊
文治2.03.27　157 いかの平三
いはなの次郎＊
文治2.03.27　156 同次郎
いはなの太郎＊
文治2.03.27　156 いなはの太郎
いはなの平三＊
文治2.03.27　156 同平三
いや五郎＊
文治2.03.27　156 同五郎
いや四郎＊
文治2.03.27　156 いや四郎
いや六郎＊
文治2.03.27　157 同六郎
以広　橘
文治1.01.01　3 右馬助以広
文治1.09.05　75 橘判官代以広
文治1.10.24　86 橘右馬助以広，90 以広
以仁王
文治1.01.06　5 三条高倉宮
文治2.04.04　159 三条宮，160 宮
（注）後白河天皇の皇子，母は藤原季成の女成子（紹運録）。
伊周　藤原
文治1.06.21　62 内大臣伊周
（注）道隆の男，母は高階業忠の女貴子（分脈 ①308）。
惟栄　緒方
文治1.01.12　10 同弟緒方三郎惟栄

文治1.01.26　10 惟栄
文治1.10.16　80 [豊後国住人]緒方三郎惟栄
(注)惟用の男(都甲文書豊後大神氏系図)。

惟義　　大内
文治1.08.29　72 惟義相模守
文治1.09.03　74 惟義
文治1.10.24　85 相模守惟義
文治3.03.03　225 美濃国守護人相模守惟義
(注)義信の男(分脈 ③354)。

惟広　　塩谷
文治1.05.08　48 塩谷五郎
(注)家遠の男(埼玉 党家系図児玉)。元暦1.02.05による。同系図は維弘と表記する。

惟盛　　平
→維盛

惟度
文治3.04.29　238 式部大夫惟度

惟繁
文治2.03.12　149 隠岐判官代惟繁

惟平　　中原
文治2.03.27　156 ちうはち
(注)治承4.08.20による。

惟隆　　臼杵
文治1.01.12　10 豊後国住人臼杵次郎惟隆
文治1.01.26　10 惟隆
文治1.10.16　80 豊後国住人臼杵次郎惟隆
(注)惟用の男(都甲文書豊後大神氏系図)。

為義　　源
文治1.02.19　17 六条廷尉禅門為義
文治2.05.25　172 大夫尉為義
文治3.11.25　278 六条廷尉禅室/六条殿
(注)義家の男，母は藤原有綱の女(分脈 ③289)。

為久　　藤原
文治1.08.23　69 為久
(注)為遠の男(元暦1.01.22)。

為重　　中山
文治1.10.24　88 中山五郎
(注)文治5.07.19による。

為清
文治2.06.09　178 父為清法師
(注)為保の父。

為宗　　伊達
文治3.04.29　239・240 常陸太郎
(注)時長の男(文治5.8.8)。

為長　　源
文治2.04.20　164 故為長
(注)源為頼の「親者」とあり，「為」の字を共有していることから，源姓と判断した。

為定　　大中臣
文治2.01.19　125 [神祇]少副為定
(注)為仲の男(群類 中臣氏系図)。

為保
文治2.06.09　178 為保
(注)為清の男。阿波国久千田荘地頭。

為茂　　橘
文治3.12.10　281 橘次為茂
(注)遠茂の男。

為頼　　源
文治2.04.20　164 源刑部丞為頼元者新中納言知盛卿侍、故為長親者也
文治2.05.13　169 紀伊刑部丞為頼，170 侍為頼

維康　　橘
文治3.07.03　246 山城守橘維康

維盛　　平
文治1.12.17　114 権亮三位中将惟盛卿
文治1.12.24　115 故維盛卿
(注)重盛の男，母は官女(分脈 ④34)。

一条天皇
文治1.06.21　62 一条天皇
(注)懐仁。円融天皇の皇子，母は藤原兼

家の女東三条院詮子(紹運録)。
尹明　藤原
文治1.04.11　31 兵部少輔尹明
文治1.06.02　55 前兵部権少輔尹明
(注)知通の男(分脈②484)，母は源有仁家の女房。
印東四郎*
文治1.10.24　92 印東四郎
院性　(僧)
文治2.03.02　140 院性
胤信　千葉・大須賀
文治1.10.24　87 千葉四郎
(注)常胤の男，母は秩父重広の女(平氏諸流系図)。文治5.11.17による。
胤正　千葉
文治1.10.24　84 千葉太郎胤正
文治2.10.24　213 千葉小太郎胤正
文治3.01.12　220 千葉小太郎
文治3.09.27　262 千葉新介胤正
文治3.10.04　268 千葉新介胤正
(注)常胤の男，母は秩父重広の女(平氏諸流系図)。
胤頼　千葉・東
文治1.10.24　86 同六郎大夫胤頼
文治2.01.03　120 散位胤頼
文治2.06.10　179 胤頼
(注)常胤の男，母は秩父重広の女(平氏諸流系図)。

う

うゑはら九郎*
文治2.03.27　156 うゑはら九郎
宇佐美平三*
文治1.10.24　88 宇佐美平三
烏丸局
文治2.07.27　194 烏丸御局

え

永禅　(僧)
文治3.09.20　261 熊野別当法印湛増使者永禅
永平　草野
文治2.⑦.02　195 筑後国住人草野大夫永平
文治2.08.06　201 草野大夫永平
文治2.08.07　201 鎮西住人草野次郎大夫永平
文治2.12.10　219 草野次郎大夫永平
栄増　(僧)
文治1.02.19　17 僧栄増
円暁　(僧)
文治1.01.01　3 別当法眼尊暁
文治1.12.11　113 若宮別当法眼
文治1.12.28　116 若宮別当坊，117 若宮別当法眼
文治2.01.08　123 若宮別当法眼
文治2.02.01　127 別当
文治2.02.04　130 若宮法眼
文治3.01.01　220 別当法眼
文治3.04.04　230 若宮別当法眼
文治3.08.09　252 若宮別当法眼
(注)行恵の男，母は源為義の女(鶴岡八幡宮寺社務職次第，分脈③568)。園城寺僧。
円恵法親王　(僧)
文治1.01.06　5 鳥羽の四宮
(注)後白河天皇の皇子，母は坊門局(紹運録)。園城寺僧。
延朗　(僧)
文治2.03.26　155 松尾延朗上人/対馬太郎義信対馬守義親男男
(注)源義信の男(分脈③225)。
遠景　天野
文治1.01.26　12 天野藤内遠景
文治1.03.11　24 天野藤内遠景
文治1.10.24　87 天野藤内遠景
文治2.02.22　133 天野藤内遠景
文治2.02.28　135 天野藤内遠景

文治2.06.17　185 藤内遠景
文治2.12.10　219 藤原遠景
文治3.02.20　223 遠景
文治3.09.22　261 天野藤内遠景
文治3.11.05　275 鎮西守護人天野藤内遠景
（注）景光の男（分脈 ②501，続群 天野系図）。

遠元　足立
文治1.04.13　33 右馬允遠元
文治1.06.07　57 足立馬允
文治1.09.05　75 右馬允遠元
文治1.10.24　86・91 足立右馬允遠元
文治2.01.03　120 足立右馬允遠元
文治2.01.28　127 足立右馬允遠元
文治2.12.01　218 遠元
文治3.08.15　253 足立右馬允遠元
文治3.09.09　260 遠元
（注）遠兼の男（分脈 ②288）。母は豊島泰家の女（埼玉 足立系図）。

遠光　加々美
文治1.08.29　72 遠光信濃守
文治3.08.15　253 信濃守遠光
（注）清光の男（分脈 ③332）。

遠平　土肥
文治2.02.06　130 土肥弥太郎
文治2.07.24　192 土肥弥太郎
（注）実平の男（平氏諸流系図）。治承4.08.20による。

遠茂　橘
文治3.12.10　281 父遠茂
（注）為茂の父。

遠隆　宇佐那木
文治1.01.26　10 周防国住人宇佐那木上七遠隆

莚間三郎＊
文治3.04.29　239 莚間三郎

か

かうない＊
文治2.03.27　157 かうない

河原三郎＊
文治1.10.24　89 河原三郎

家季　三上
文治1.10.09　78 三上弥六家季昌俊弟

家景　伊沢
文治1.10.24　90 右近将監家景
文治3.02.28　223 右近将監家景，224 九条入道大納言光頼侍
（注）文治5.07.19による。

家綱　員部
文治3.06.29　245 員部大領家綱
文治3.10.13　271 員部大領家綱

家綱　蓮池
文治1.03.27　28 蓮池権守家綱

家綱
文治3.09.27　262 太神宮神人長家綱

家綱の所従
文治3.06.29　245 員部大領家綱所従

家資　富田
文治2.06.29　189 平家与党人家資，190 謀叛人家資
（注）元暦1.08.02は家助とする。

家脩　山口
文治3.11.25　278 父家脩
（注）家任の父。

家重　筑前
文治3.04.23　232 筑前冠者家重，233 筑前太郎家重

家村
文治1.04.11　31 右馬允家村
文治1.05.16　49 ［家人］家村

家忠　金子
文治1.02.19　18 金子十郎家忠
文治1.10.24　89 金子十郎
文治3.03.19　228 金子十郎
（注）家範の男（埼玉 党家系図村山）。

家長　中条
文治1.01.26　12 中条藤次家長

文治1.10.24　91 中条藤次家長
(注)義勝房盛尋の男(埼玉 党家系図横山)。

家通　　藤原
文治1.06.23　62 別当家通
文治2.01.07　121 別当家通
文治2.09.15　206 別当家通/大理
(注)重通の男，母は源師頼の女(分脈①275)。

家貞　　平
文治3.09.22　261 筑後守家貞
(注)範季の男(分脈④24)。

家任　　山口
文治3.11.25　278 但馬国住人山口太郎家任
(注)家脩の男。

家房　　庄田
文治3.04.29　239 庄田太郎家房

家隆　　藤原
文治2.01.07　122 越中守同家隆元侍従、前中納言光隆卿給
(注)光隆の男(分脈②48)，母は実兼の女(公卿補任)。

蝦夷　　蘇我
文治1.06.21　61 大臣蝦夷
(注)馬子の男，母は物部守屋の妹(続群 蘇我石川両氏系図)。

雅経　　藤原
文治2.01.07　122 近江守藤雅経参議雅長給
(注)雅長の男家信，母は源家長の女(分脈①405)。

雅賢　　源
文治2.01.07　121 参議源雅賢元蔵人頭、右中将
(注)通家の男，母は高陽院雑仕(分脈③391)もしくは皇嘉門院雑仕(公卿補任)。

雅綱　　源
文治2.06.15　185 右中弁源朝臣
(注)雅兼の男，母は源忠宗の女(分脈③537)。

雅長　　藤原
文治1.12.06　106 参議雅長卿，108 雅長卿
文治2.01.07　121・123 藤宰相雅長，122 参議雅長
文治3.10.07　269 国司雅長卿
(注)雅教の男，母は藤原顕能の女(分脈①403)。

雅頼　　源
文治2.01.07　122 前中納言雅頼卿
(注)雅兼の男，母は源能俊の女(分脈③538)。

皆河四郎＊
文治1.10.24　87 皆河四郎

覚助　　(僧)
文治2.03.02　140 覚助
(注)定朝の男(読史備要)。

鶴次郎
文治1.12.16　114 雑色鶴次郎
文治2.01.07　121 御使雑色鶴二郎
文治2.10.16　212 雑色鶴次郎
文治2.11.17　215 雑色鶴次郎

桓武天皇
文治1.06.21　62 桓武天皇
(注)山部。光仁天皇の皇子，母は和乙継の女御笠(紹運録)。

観能
文治1.03.18　26 匠一人字観能

岩原平三＊
文治2.02.06　130 岩原平三

き

希義　　源
文治1.03.27　28 武衛舎弟土佐冠者希義/幽霊
文治1.05.02　45 土佐冠者/故希義主
文治3.01.19　221 希義主
文治3.05.08　241 土左冠者希義
文治3.08.20　256 故土左冠者希義
(注)義朝の男，母は藤原季範の女(分脈③298)。

季厳　　（僧）
文治1.12.30　118 広元弟季厳阿闍梨
文治3.01.15　221 阿闍梨季厳
文治3.10.26　272 別当季厳阿闍梨
（注）大江維光の男（分脈④98）。分脈は秀厳とする。
季光　　藤原
文治2.02.02　129 毛呂太郎藤原季光/大宰権帥季仲卿孫
文治2.06.01　175 豊後守季光
（注）藤原季仲の孫。分脈②6は仲経の男とする。
季綱　　海老名
文治1.04.15　35 兵衛尉季綱
（注）季久の男（続群 本間系図）。
季衡　　平
文治2.07.25　193 下総守季衡
（注）正度の男（分脈④25）。
季重　　平山
文治1.04.15　36 右衛門尉季重
（注）直季の男（埼玉 党家系図西）。
季仲　　藤原
文治2.02.02　129 大宰権帥季仲卿
（注）経季の男，母は藤原邦恒の女（分脈②5）。
季長　　源
文治2.01.07　122 伊与守源季長右大臣給
文治3.04.29　240 伊与守
（注）季兼の男（分脈③456）。
季貞　　源
文治1.04.11　31 源大夫判官季貞
文治1.05.16　49［家人］季貞前廷尉
文治1.06.05　56 囚人前廷尉季貞
（注）季遠の男（分脈③77）。
季範の女　　藤原
文治2.07.15　192 二親
（注）源頼朝の母（分脈②476）。
季隆　　愛甲
文治1.10.24　85 愛甲三郎季隆
（注）季兼の男（埼玉 党家系図横山）。
基綱　　足利・佐野
文治1.10.24　87 足利七郎太郎
文治3.08.20　257 佐野太郎基綱
（注）有綱の男（分脈②406）。
基衡　　藤原
文治3.10.28　274 出羽押領使基衡
（注）清衡の男（続群 奥州御館系図）。
基実　　藤原
文治2.04.20　163 中摂政殿
（注）忠通の男，母は源国信の女（分脈①67）。
基親　　平
文治1.08.13　68［判官代］左少弁平朝臣
文治2.01.07　122 権右中弁平基親元左少
文治2.08.26　203 基親朝臣
（注）親範の男，母は高階泰重の女（分脈④6）。
基清　　後藤
文治1.02.19　18 同養子新兵衛尉基清
文治1.04.15　35 兵衛尉基清
文治1.05.17　50 左典厩侍後藤新兵衛尉基清
文治1.10.24　86 後藤兵衛尉基清
文治1.12.17　114 後藤兵衛尉基清
文治2.06.22　188 兵衛尉基清
文治3.04.29　239 兵衛尉基清
（注）実基の男，実父は藤原仲清（分脈②393）。
基清の僕従
文治1.05.17　50 左典厩侍後藤新兵衛尉基清僕従
基通　　藤原
文治1.12.06　106 本人
文治2.01.24　126 近衛殿
文治2.01.26　127 当執柄
文治2.02.27　134 当摂政殿
文治2.03.12　145・146・147・148・149 殿下
文治2.03.24　154 前摂政家

文治2.04.13　163 前摂政殿
文治2.04.20　163 前摂政殿，164 前摂政家
文治2.05.18　171 前摂政
(注)基実の男，母は藤原忠隆の女(分脈①67)。
基繁　　平
文治1.10.24　86 所雑色基繁，90 基繁
文治2.01.03　120 所雑色基繁
(注)維貞の男(平氏諸流系図)。
基房　　藤原
文治2.04.20　163 松殿
文治2.05.18　171 入道関白
(注)忠通の男，母は源国信の女(分脈①81)。
義胤　　和田
文治1.01.26　12 同四郎義胤
文治1.03.09　24 和田太郎兄弟
(注)義宗の男(平氏諸流系図)。
義幹　　豊田
文治1.04.15　36 豊田兵衛尉
(注)文治5.07.19による。
義経　　源
文治1.01.06　9 鎌倉殿御代官両人/九郎判官
文治1.02.16　15 廷尉義経
文治1.02.18　16 廷尉
文治1.02.19　17 廷尉義経，18 廷尉
文治1.02.21　18 廷尉，19 義経主
文治1.03.08　23 源廷尉義経
文治1.03.09　24 廷尉/義経
文治1.03.21　26 廷尉/義経朝臣
文治1.03.22　26 廷尉
文治1.04.04　29 源廷尉義経
文治1.04.05　30 義経朝臣
文治1.04.11　30 廷尉
文治1.04.12　32 廷尉
文治1.04.15　35 判官殿
文治1.04.21　37 廷尉，38 判官殿，39 判官殿/舎弟両将
文治1.04.24　40 大夫判官義経
文治1.04.26　42 廷尉
文治1.04.29　43 廷尉
文治1.05.04　45 廷尉
文治1.05.05　46 二人舎弟範頼・義経
文治1.05.07　46 源廷尉
文治1.05.09　48 廷尉
文治1.05.15　49 廷尉
文治1.05.17　50 廷尉
文治1.05.19　51 廷尉
文治1.05.24　52 源廷尉義経/左衛門少尉源義経，53 義経，54 左衛門少尉源義経
文治1.06.09　58 廷尉
文治1.06.13　58 廷尉，59 廷尉/義経
文治1.06.21　61 廷尉
文治1.06.23　62 源廷尉
文治1.07.12　64 廷尉
文治1.07.19　65 源廷尉
文治1.08.29　72 義経伊与守/義経朝臣
文治1.09.02　74 伊与守義経/予州
文治1.10.06　77 伊予守/義経
文治1.10.09　78 伊予守義経
文治1.10.13　79 伊予大夫判官義経
文治1.10.17　80 伊予大夫判官義経/予州
文治1.10.18　81 義経/左衛門少尉同朝臣義経
文治1.10.22　83 義経
文治1.10.23　83 伊与守/予州
文治1.10.25　93 義経/両人
文治1.10.26　93 与州
文治1.10.29　94 与州
文治1.11.02　94・95 与州
文治1.11.03　95 伊予守義経
文治1.11.05　95 与州
文治1.11.06　96 義経/与州/両人
文治1.11.07　96 義経/両人

文治1.11.08　97 義経
文治1.11.10　97 義経/与州
文治1.11.11　97 義経，98 源義経
文治1.11.12　98 九郎，99 義経
文治1.11.15　99・100 義経
文治1.11.17　100 予州/与州/九郎大夫判官今伊与守，101 伊与守
文治1.11.18　101 与州
文治1.11.20　101 伊予守義経
文治1.11.22　101 予州，102 与州
文治1.11.25　102 義経/前伊予守同義経
文治1.11.26　103 義経
文治1.11.29　103 予州/与州
文治1.12.01　104 義経
文治1.12.06　105・108・109・110 義経
文治1.12.07　112 義経
文治1.12.08　113 与州
文治1.12.15　113 与州
文治1.12.23　115 義経
文治1.12.26　116 与州
文治2.01.03　119 予州
文治2.01.05　121 予州
文治2.01.17　125 予州/義経
文治2.01.26　127 伊予守義経
文治2.01.29　127 予州
文治2.02.06　130 予州
文治2.02.07　131 義経
文治2.02.18　132 予州
文治2.02.27　134 義経
文治2.03.01　137 予州
文治2.03.06　141 予州
文治2.03.07　142 義経
文治2.03.14　151 前伊予守源義経
文治2.03.15　151 伊予前司義経
文治2.03.18　152 与州
文治2.03.22　153 与州
文治2.03.26　155 義経/与州
文治2.04.08　161 与州，162 義経
文治2.04.20　164 義経
文治2.04.21　164 与州
文治2.05.13　169 義経
文治2.05.14　170 与州/鎌倉殿御連枝
文治2.06.07　175 与州
文治2.06.21　186 義経
文治2.06.22　188 予州
文治2.06.28　189 義経
文治2.⑦.10　196 前伊与守/義経/義行
文治2.⑦.26　197 与州/義行，198 義行
文治2.⑦.28　198 義行
文治2.⑦.29　198 予州，199 其父
文治2.08.03　199 予州/義行
文治2.09.15　206 予州
文治2.09.16　207 予州
文治2.09.22　207 与州/予州
文治2.09.29　209 予州
文治2.10.10　212 義行本名義経
文治2.10.16　212 伊予守義行
文治2.11.05　213 予州/義行，214 義行/義経
文治2.11.29　218 義行改義顕
文治2.12.11　219 義顕
文治2.12.15　219 義顕
文治3.01.20　221 伊与守義経
文治3.01.23　221 義顕
文治3.02.10　223 前伊予守義顕
文治3.03.05　225 与州義顕
文治3.03.08　225・226 予州
文治3.03.18　227 義顕
文治3.04.04　230 予州
文治3.05.15　242 伊予守義顕
文治3.07.19　247 義顕
文治3.08.08　252 九郎判官
文治3.08.27　258 義経
文治3.09.04　259 前伊与守
文治3.09.22　261 予州
文治3.10.03　266 義顕
文治3.10.05　268 伊予前司義顕
文治3.10.29　274 伊予守義顕

文治3.11.25　278 予州
(注)義朝の男，母は九条院雑仕常磐(分脈③303)。

義経の女　源
文治3.02.10　223 男女

義経の男　源
文治2.⑦.29　198 男子/予州息男，199 赤子

義経の男　源
文治3.02.10　223 男女

義景　長江
文治1.10.24　87 長江太郎義景
文治3.08.15　254 長江太郎義景
(注)景次の男(平氏諸流系図)。

義兼　足利
文治1.01.26　11 足利蔵人義兼
文治1.06.07　57 足利冠者
文治1.08.29　72 義兼上総介
文治1.10.24　85 上総介義兼
文治2.06.11　179 上総介
文治3.12.16　281 上総介義兼
(注)義康の男，母は藤原季範あるいは範忠の女(分脈③250)。

義兼　新田
文治1.10.24　86 新田蔵人義兼，90 義兼
(注)義重の男(分脈③246)。

義賢の女　源
→菊

義行　奈胡
文治1.10.24　86 奈胡蔵人義行
(注)清光の男(分脈③352)。

義資　源(石河)
文治1.08.29　72 義資越後守
文治1.10.24　85 越後守義資，90 義資
文治2.04.21　164 義資冠者
(注)義定の男(分脈③348)。分脈は義輔とする。

義時　北条
文治1.01.26　11 北条小四郎
文治1.02.01　13 北条小四郎
文治1.02.16　16 北条小四郎殿
文治1.03.11　24 北条小四郎殿
文治1.10.24　85 北条小四郎義時
文治2.07.19　192 江馬四郎
(注)時政の男(分脈④17)。

義実　岡崎
文治1.10.24　91 岡崎四郎義実
文治2.07.25　193 岡崎平四郎義実
文治2.09.07　205 岡崎四郎義実
文治2.12.01　218 義実
文治3.07.23　247 岡崎四郎
文治3.10.02　263 岡崎四郎
(注)義次の男(平氏諸流系図)。

義信　源
文治1.06.07　57 武蔵守
文治1.08.24　70 武州
文治1.09.03　74 武蔵守義信/武州/号平賀冠者
文治1.10.24　85 武蔵守義信，90 武州
文治2.01.03　119 武蔵守義信
文治2.07.28　195 武蔵守
文治3.08.15　253 武蔵守義信
(注)盛義の男(分脈③354)。

義信　源
文治2.03.26　155 対馬太郎義信対馬守義親男
(注)義親の男(分脈③225)。

義親　源
文治2.03.26　155 対馬守義親
(注)義家の男，母は源隆長の女(分脈③224)。

義成　大多和
文治1.01.26　12 大多和三郎義成
文治1.03.09　24 大多和次郎
(注)義久の男(平氏諸流系図)。同系図は三郎とする。

義成　里見
文治3.10.04　268 里見冠者義成

（注）義俊の男（分脈 ③242）。

義政　　佐竹

文治1.10.28　93 佐竹太郎常春舅

（注）昌義の男（分脈 ③317）。続群 佐竹系図は隆義の男とする。分脈 は忠義と記す。

義盛　　伊勢

→能盛

義盛　　関瀬

文治1.10.24　86 関瀬修理亮義盛

義盛　　和田

文治1.01.12　10 和田小太郎義盛

文治1.01.26　11 和田小太郎義盛

文治1.03.09　24 和田太郎

文治1.04.21　39 和田小太郎義盛

文治1.05.08　48 義盛

文治1.10.24　90・92 義盛

文治2.06.11　179 和田太郎義盛

文治3.08.20　257 和田小太郎義盛

文治3.10.02　263 義盛

文治3.11.15　276 義盛

（注）義宗の男（平氏諸流系図），母は遊女（続群 和田系図）。

義村　　三浦

文治1.01.26　11 同平六義村

文治1.10.24　87 三浦平六

文治2.11.12　215 三浦平六義村

文治3.08.15　255 三浦平六義村

（注）義澄の男（平氏諸流系図）。母は伊東祐親の女（真名本曾我物語109）。

義仲　　源

文治1.01.06　5・9 木曾

文治1.03.03　20 左馬頭義仲朝臣

文治1.04.15　34・35 木曾殿

文治1.05.01　44 故伊与守義仲朝臣/予州

文治1.05.03　45 木曾

文治1.05.09　48 義仲朝臣

文治1.05.24　53 木曾義仲

文治1.11.02　95 木曾

文治3.11.25　278 木曾左馬頭/左典厩

（注）義賢の男，母は遊女（分脈 ③290）。

義忠　　佐那田

文治3.10.02　263 故与一義忠

（注）義実の男（平氏諸流系図），母は中村宗平の女（続群 三浦系図）。

義忠の男　　佐那田

文治3.10.02　263 故与一義忠子息小童

義長　　河内

文治1.05.23　51 当島守護人河内五郎義長

文治1.06.14　59 河内五郎義長

（注）清光の男（分脈 ③350）。分脈 は長義とする。

義朝　　源

文治1.02.05　14 故左典厩

文治1.05.24　52 故亡父，53 故頭殿

文治1.08.20　69 故左典厩

文治1.08.30　72 厳閤/先考，73 故左典厩

文治1.09.03　74 故左典厩/先考

文治1.10.19　81 左典厩，82 先考

文治2.07.15　192 二親

文治2.⑦.22　196 故左典厩義朝

文治3.02.09　222 左典厩

文治3.06.13　243 故左典厩

（注）為義の男，母は藤原忠清の女（分脈 ③290）。

義朝の女　　源

文治1.10.24　84 左典厩室家

文治2.01.28　127 ［左典厩］室家

文治2.02.01　127 ［左典厩］室家

文治2.02.06　130 室家

文治2.05.15　171 左典厩室家

（注）母は藤原季範の女（分脈 ③303）。藤原能保の室。

義澄　　三浦

文治1.01.26　11 三浦介義澄，13 義澄

文治1.03.22 26 三浦介義澄，27 義澄
文治1.10.24 84 三浦介義澄
文治2.06.01 174 三浦介
文治3.02.25 223 三浦介義澄
文治3.08.09 253 義澄
文治3.08.15 253 三浦介義澄
文治3.09.09 260 義澄
文治3.11.15 276 義澄
(注)義明の男(平氏諸流系図)。

義定 宇治
文治1.10.24 88 宇治蔵人三郎
文治3.05.26 243 宇治蔵人三郎義定
(注)義職の男(続群 秀郷流系図松田)。同系図は次郎とする。

義定 安田
文治1.10.14 79 義定朝臣/彼朝臣，80 遠江守館
文治1.10.24 85 遠江守義定
文治2.04.21 164 遠江守義定朝臣/遠州
文治3.08.15 253 遠江守義定
文治3.08.26 257 遠江守義定
(注)清光の男(分脈 ③348)，母は進士判官義基の女(続群 小笠原系図)。

義範 山名
文治1.08.29 72 義範伊豆守
文治1.10.24 85 伊豆守義範，90 義範
(注)義重の男(分脈 ③238)。

義隆 源
文治1.09.03 74 其父毛利冠者義隆
(注)義家の男(分脈 ③307)。

義良 富山
文治1.07.22 65 日向国住人富山次郎大夫義良

義連 三浦
文治1.10.24 86 三浦十郎義連
文治3.08.20 257 三浦十郎義連
文治3.10.02 263 義連
(注)義明の男(平氏諸流系図)。

義廉
文治1.04.15 34 兵衛尉義廉

義廉の父
文治1.04.15 34 父

礒禅師
文治2.03.01 137 母礒禅師
文治2.05.14 170 静母礒禅師
文治2.⑦.29 199 礒禅師
文治2.09.16 207 静母子
(注)静の母。白拍子。

菊 源
文治1.03.03 20 左馬頭義仲朝臣妹公/御息女/姫公/物狂女房
文治1.05.01 44 故伊与守義仲朝臣妹公字菊
文治1.05.03 45 木曾妹公
(注)義賢(分脈 ③290)の女子。頼朝・時政女の猶子。

吉持
文治1.04.29 43 雑色吉持

吉助
文治2.09.25 208 藤三次郎吉助丸/左馬頭殿御使字藤内/貞能法師之郎従高太入道丸之舎弟

吉田中納言阿闍梨*
文治2.09.25 208 吉田中納言阿闍梨，209 件阿闍梨
(注)人名索引・人名総覧は建久2.10.22の中納言阿闍梨忠豪と同一人物と見るが，別人。

吉野山執行*
文治1.11.17 100 執行
文治1.11.18 101 執行
文治1.12.08 113 吉野執行
文治1.12.15 113 執行

久気次郎*
文治3.04.29 239 久気次郎

久経 中原
文治1.02.05 14 典膳大夫中原久経
文治1.03.04 21 典膳大夫久経

文治1.05.25　54 典膳大夫/久経
文治1.06.16　60 典膳大夫/久経
文治1.07.12　64 久経
文治1.08.13　67 中原久経
文治1.12.06　110 久経

久兼　大江
文治1.07.23　66 山城介久兼
文治2.03.16　151 山城介久兼
文治3.04.29　238 山城介久兼
文治3.06.29　245 山城介久兼
文治3.10.13　271 山城介久兼
（注）人名総覧 は久俊の男とする。

久実
文治1.05.27　55 頼兼家人武者所久実
文治1.10.21　82［源蔵人大夫頼兼］家人久実

久長
文治1.10.21　83 息男久長
（注）久実の男。

臼井六郎*
文治1.10.24　88 臼井六郎
（注）人名索引・人名総覧 は常兼の男常安に比定する。しかし常安は千葉常胤の叔父であり世代に難がある。「六郎」は「太郎」の誤記で，常安の子太郎常忠（平氏諸流系図）を指すか。

厩戸王
文治1.06.21　61 上宮太子
文治3.03.19　228 上宮太子
（注）用明天皇の皇子，母は穴穂部間人皇女（紹運録）。

魚名　藤原
文治1.06.21　62 左大臣魚名
（注）房前の男（分脈 ②267）。

教盛　平
文治1.03.24　27 前中納言教盛、号門脇
文治1.04.11　30 門脇中納言教盛
（注）忠盛の男，母は藤原家隆の女（分脈 ④35）。

業清　佐藤
文治2.08.15　202 佐藤兵衛尉業清/西行
文治2.08.16　202 西行上人
（注）康清の男（分脈 ②391）。分脈 は義清とする。

業宗　藤原
文治2.01.07　122 陸奥守藤業宗前中納言雅頼卿給、元近江

業忠　平
文治1.11.10　97 左馬権頭業忠
文治1.12.06　105・109 左馬権頭業忠
文治2.01.07　123 左馬権頭平業忠
文治2.06.09　178 業忠
（注）信業の男（玉葉治承1.04.06）。

近衛局
文治2.07.27　194 近衛局
文治3.04.29　239 近衛局

近清　藤沢
文治3.08.20　257 藤沢次郎近清

近則　金子
文治1.02.19　18 同余一近則
（注）家範の男（埼玉 党家系図村山）。同系図は近範とする。

金連　中臣
文治1.06.21　61 右大臣金連
（注）糠手子大連公の男（分脈 ①26）。

錦織三郎*
文治1.10.09　78 錦織三郎

く

くはゝらの次郎*
文治2.03.27　156 くはゝらの次郎

堀藤太*
文治1.10.24　88 堀藤太

け

下野局
文治1.12.28　116 御台所御方祇候女房下野局

刑部卿典侍
文治2.05.29　174 刑部卿典侍
文治2.06.02　175 刑部卿典侍
(注)美濃国石田郷領主。人名索引・人名総覧は藤原頼輔の女とする。
経伊　(僧)
文治1.11.20　101 村上馬助経業舎弟禅師経伊
(注)為国(分脈③190)の男。分脈には見えず。
経家　波多野・大友
文治1.04.14　33 波多野四郎経家号大友/斎院次官親能之舅
(注)遠義の男(続群 秀郷流系図波多野)。
経基王
文治1.10.06　77 六孫王
(注)貞純親王の男，母は源能有の女(分脈③62)。
経業　村上
文治1.10.24　86 村上右馬助経業，90 経業
文治1.11.20　101 村上馬助経業
(注)為国の男(分脈③192)。分脈は明国とする。
経景　藤原
文治1.04.11　31 飛驒左衛門尉経景
文治1.05.16　49［家人］経景
(注)飛驒守藤原景家の男か。
経広　大江
文治1.06.23　62［検非違使］府生経広
経高　佐々木
文治3.11.11　275 佐々木次郎経高
(注)秀義の男(分脈③438)。
経俊　山内
文治1.04.15　36 刑部丞経俊
文治1.10.23　83 山内瀧口三郎経俊
文治3.04.29　238 刑部丞経俊，239 経俊，240 刑部丞
(注)俊通の男(分脈②392)，母は山内尼(治承4.11.26)。
経俊の僕従
文治1.10.23　83 山内瀧口三郎経俊僕従
経盛　平
文治1.03.24　27 前参議経盛
文治1.04.11　30 平宰相経盛
文治2.07.27　194 経盛卿
(注)忠盛の男，母は源信雅の女(分脈④35)。
経宗　藤原
文治1.10.18　81 左大臣経宗
文治1.11.05　95 左府
文治1.11.10　97 左府
文治1.12.17　114 左府
文治1.12.26　116 左府
文治1.12.29　117 左大臣
文治2.01.17　125 左府
(注)経実の男，母は藤原公実の女(分脈①207)。
経仲　高階
文治1.08.13　68［別当］右馬頭高階朝臣
文治1.10.14　80 右馬頭
文治1.12.06　109 右馬頭経仲
文治1.12.29　117 右馬頭高階朝臣経仲
(注)泰経の男，母は藤原行広の女(分脈④123)。
経直
文治1.06.14　59 高次郎大夫経直種直家子
(注)人名索引・人名総覧は高を苗字とみる。
経房　藤原
文治1.04.24　40 藤中納言経房
文治1.05.16　50 経房卿
文治1.09.18　76 新藤中納言経房卿/黄門
文治1.11.10　97 帥中納言経房
文治1.11.11　98 大宰権帥
文治1.11.25　102 帥中納言
文治1.11.26　103 帥中納言/黄門
文治1.11.27　103 藤中納言経房卿
文治1.11.29　103 帥中納言

文治1.12.06　105 帥中納言，106［権中納言］経房卿，111 帥中納言卿
文治1.12.15　113 帥中納言殿
文治1.12.23　115 帥中納言
文治2.01.05　121 帥中納言
文治2.01.07　123［議奏公卿］帥経房
文治2.01.11　124 帥中納言
文治2.01.24　126 帥中納言殿
文治2.01.29　127 経房卿
文治2.02.02　129 経房卿
文治2.02.09　131 帥中納言，132 帥中納言殿/太宰帥
文治2.02.21　133 帥中納言/黄門
文治2.02.22　133 帥中納言
文治2.02.28　135 帥中納言
文治2.03.01　136 帥中納言/黄門
文治2.03.02　137 帥中納言，138 黄門/帥中納言殿
文治2.03.07　142 帥中納言，143 帥中納言殿
文治2.03.13　151 帥中納言殿
文治2.03.16　152 帥中納言殿
文治2.03.23　153 帥中納言
文治2.03.24　154 帥中納言殿
文治2.03.27　155 帥中納言
文治2.04.01　158 帥中納言殿
文治2.04.05　160 帥中納言
文治2.04.20　164 帥中納言
文治2.05.13　169 帥中納言，170 経房
文治2.05.18　171 帥中納言殿/経房
文治2.06.09　175 帥中納言
文治2.06.21　186 帥中納言，187・188 帥中納言殿
文治2.06.29　190 帥中納言殿
文治2.07.18　192 都督
文治2.07.28　194 帥中納言
文治2.⑦.02　195 帥中納言殿
文治2.⑦.26　198 帥中納言殿
文治2.08.05　200 帥中納言
文治2.08.06　201 帥中納言経房卿/大宰帥
文治2.08.26　204 大宰権帥経房
文治2.10.01　210 帥中納言殿
文治2.11.05　213 帥中納言
文治3.01.23　222 黄門経房
文治3.03.02　224 経房卿
文治3.04.01　229 帥中納言
文治3.04.18　231 帥卿
文治3.06.21　245 帥中納言経房
文治3.08.19　256 帥中納言殿
文治3.08.26　257 権黄門経房
文治3.10.03　267 大宰権帥藤経房
文治3.10.08　270 帥中納言
文治3.11.28　279 太宰権帥藤原経房
文治3.12.18　281 帥中納言
(注)光房の男，母は藤原俊忠の女(分脈②66)。文治1.11.27は「藤中納言経房卿」とあるが，この時期の経房の称は「帥中納言」で，「藤中納言」は定能の称であるから，称号に誤りがある。

景員　　加藤
文治1.02.29　19 加藤五入道
(注)景道の男(分脈②315)。ただし分脈は景清と記す。纂要③665は景清の男とする。

景益　　安西
文治1.01.26　12 安西三郎景益
文治1.10.24　92 安西三郎景益

景遠　　大江
文治2.02.26　134 長門江七景遠
(注)通国の男(分脈④92)。分脈は景定とする。

景季　　梶原
文治1.04.15　36 左衛門尉景季
文治1.09.02　74 梶原源太左衛門尉景季
文治1.09.12　76 景季
文治1.10.06　77 梶原源太左衛門尉景季
文治1.10.24　87 梶原源太左衛門尉景季

文治2.08.15　202 景季
(注)景時の男(平氏諸流系図)。
景義　　大庭
文治1.03.06　22 景義
文治1.08.27　71 景能
文治2.11.12　215 大庭平太景義
(注)景宗の男(平氏諸流系図)。[分脈]④14は景忠の男とする。
景光　　工藤
文治1.05.15　49 廷尉使者景光
文治1.10.24　92 工藤庄司景光
文治1.10.27　93 工藤庄司
文治2.01.03　120 工藤庄司景光
(注)景澄の男([続群]工藤二階堂系図)。
景光　　堀
文治1.06.21　61 堀弥太郎景光
文治1.11.03　95 堀弥太郎景光
文治1.11.06　96 堀弥太郎
文治2.09.22　207 与州家人堀弥太郎景光
文治2.09.29　209 堀弥太郎/景光
景弘　　佐伯
文治3.06.03　243 厳島神主安芸介景弘
(注)厳島神社文書([平遺]3889)による。
景高　　梶原
文治1.10.24　91 梶原平次景高
(注)景時の男(平氏諸流系図)。
景高　　平
文治2.07.27　194 景高
(注)景家の男(山槐記治承4.5.26)。[纂要]③587は藤原とする。
景高
文治1.04.15　35 兵衛尉景高
(注)[人名索引]は梶原景定として採り，[人名総覧]は梶原景高として採る。景定(貞)は同日条に見えること，景高は文治5まで兵衛尉を称していないことから別人とした。
景国　　大江
文治2.08.05　200 景国
文治2.10.23　212 長門江太景国
(注)景遠の男([分脈]④92)。
景時　　梶原
文治1.02.14　15 梶原平三
文治1.02.22　19 梶原平三景時
文治1.04.21　37 梶原平三景時，38 景時，39 梶原平三景時
文治1.04.26　41 景時
文治1.05.04　45 梶原平三景時
文治1.10.06　77 景時
文治1.10.24　90・92 景時
文治2.03.24　154 景時
文治2.04.13　163 播磨国守護人/景時
文治2.06.09　177 景時
文治3.03.10　226 梶原平三景時，227 景時
文治3.08.08　251 梶原平三景時/平景時
文治3.11.15　276 梶原平三景時
文治3.11.21　277 景時
文治3.12.07　280 梶原平三景時
(注)景長の男(平氏諸流系図)。[続群]三浦系図は景清の男とする。
景重
文治2.08.27　204 彼家人刑部丞景重
(注)渡部党。源国基の家人。[人名索引]は高屋景重([分脈]③93)に比定する。
景親　　大庭
文治1.10.29　94 景親
(注)景宗の男(平氏諸流系図)。[分脈]④14は景忠の男とする。
景清
文治1.03.02　20 景清
(注)内蔵寮領山城国精進御薗給人。
景政
文治1.12.28　117 号景政之老翁
(注)鎌倉権五郎景政のイメージか。
景宗　　大江
文治1.08.13　68 主典代織部正兼皇后宮

大属大江朝臣
（注）玉葉寿永1.08.15による。現代語訳は頼経の男とする。

景定　梶原
文治1.04.15　35 同男兵衛尉景貞
文治2.10.24　213 同兵衛尉景定
文治2.11.12　215 同兵衛尉景定
（注）朝景の男（纂要⑧224）。同系図は景貞とする。

景貞　梶原
→景定

景能　大庭
→景義

景茂　梶原
文治2.05.14　170 梶原三郎景茂/和主
文治2.11.12　215 梶原三郎景茂
（注）景時の男（続群 三浦系図）。

景廉　加藤
文治1.01.26　12 加藤次景廉
文治1.02.29　19 愚息景廉
文治1.03.06　22 景廉
文治1.03.11　24 加藤次景廉
文治1.10.24　84 加藤次景廉
（注）景員の男（加藤遠山系図）。分脈②315は景清の男とする。

継信　佐藤
文治1.02.19　18 佐藤三郎兵衛尉継信/廷尉家人継信
文治2.09.22　207 継信
（注）元治の男（続群 佐藤系図），母は藤原清綱の女（分脈②388）。

恵眼　（僧）
文治1.09.03　74 恵眼房
文治2.01.08　123［大法師］恵眼
（注）現代語訳は恵現房性我（守覚法親王の弟子）とする。

潔子内親王
文治3.07.02　246 斎宮
文治3.10.07　269 斎宮
（注）高倉天皇の皇女，母は藤原頼定の女（紹運録）。

兼光　藤原
文治1.08.14　69 左大弁兼光
文治1.12.06　106［参議］兼光卿
文治2.01.07　123［議奏公卿］左大弁兼光
（注）資長の男，母は源季兼の女（分脈②230）。

兼光　藤原
文治3.11.21　278 四代将軍
（注）文脩の男，母は藤原利仁の女（分脈②399）。

兼康　紀
文治1.06.23　62［検非違使府生］兼康
（注）吉記安元2.04.22による。

兼実　藤原
文治1.11.07　96 右府
文治1.11.10　97 右府
文治1.12.06　105 右府/右大臣，106・107 右大臣，109 右府，112 右大臣殿
文治1.12.07　112 右府
文治2.01.07　122 右大臣，123 議奏公卿右大臣
文治2.02.27　134 右府/法性寺殿三男
文治2.03.24　154 当摂籙御方
文治2.04.13　163 当執柄
文治2.04.20　163 新摂政家
文治2.04.30　166 摂政家
文治2.05.18　171 当時摂政
文治2.05.25　172 摂政
文治2.06.09　176 摂政
文治2.10.01　210 摂政家
文治2.11.05　214 摂政家
文治3.10.03　264 摂政
（注）忠通の男，母は藤原仲光の女（分脈①84）。

兼秀　岩国
文治3.03.10　226 平氏家人周防国住人岩国次郎兼秀

兼重　　大鹿
文治3.04.29　241 散位大鹿兼重
兼信　　板垣
文治2.01.03　120 板垣三郎兼信
(注)信義の男(分脈③325)。
兼忠　　源
文治1.04.24　40 権右中弁兼忠朝臣
文治1.05.06　46 弁兼忠朝臣
文治1.12.06　106・108 兼忠朝臣
文治2.01.07　122 右中弁源兼忠元権/従四位下源兼忠
文治2.02.07　131 右中弁兼忠
文治3.07.19　247 左中弁
(注)雅頼の男，母は藤原家成の女(分脈③540)。
兼能
文治1.10.27　93 筑前介兼能
文治2.02.28　135 筑後介兼能
文治2.05.29　174 筑前介兼能
兼房　　藤原
文治2.03.12　145・149 二位大納言
(注)忠通の男，藤原仲光の女(分脈①84)。
兼末　　岩国
文治3.03.10　226［平氏家人周防国住人］同三郎兼末
原次郎*
文治1.10.24　89 原次郎
源信　　(僧)
文治2.01.08　123 大法師源信
(注)人名総覧がト部正親の男源信に比定するのは誤り。
厳実　　(僧)
文治2.06.15　183 厳実是綱子
(注)是綱の男(分脈④73)。

こ

五郎丸
文治2.⑦.10　196 前伊与守小舎人童五郎丸
文治2.⑦.26　197 五郎丸/義行童
公顕　　(僧)
文治1.09.10　75 本覚院僧正公顕
文治1.10.20　82 本覚院僧正坊公顕
文治1.10.24　90 公顕
(注)源顕康の男，母は藤原基忠の女(分脈③550)。園城寺僧。
公佐　　藤原
文治1.06.25　63 侍従公佐朝臣
文治1.10.24　90 侍従公佐
文治1.12.06　107 侍従公佐
文治1.12.07　112 侍従公佐/公佐朝臣
文治2.01.07　122 右馬頭藤公佐元侍従
(注)実国の男，母は藤原俊成の女(分脈①131)。室家が全成の女で，北条時政の外孫。
公時　　藤原
文治1.04.24　40 左中将公時朝臣
(注)実国の男，母は藤原家成の女(分脈①127)。
公宣　　大中臣
文治2.01.19　125 神祇大副大中臣公宣
文治2.06.07　175 神祇権大副公宣
(注)公長の男(続群 大中臣氏系図)。
公長　　橘
文治1.06.09　58 橘馬允
文治1.06.21　61 橘馬允公長
文治1.07.02　63 橘右馬允
(注)姓氏所引の小鹿島橘系図は光綱の男とし，纂要⑭347所引一本楠氏系図は盛仲の男とする。人名総覧は延慶によるとして父公重を掲げるが，延慶の記事は未確認。
公朝　　大江
文治1.06.23　62［検非違使六位尉］公朝
文治1.08.30　73 江判官公朝
文治1.09.01　73 廷尉公朝
文治1.09.04　75 江判官公朝
文治1.10.19　81 江判官公朝

文治2.05.02　168 廷尉公朝
文治2.05.14　170 廷尉公朝
文治2.06.21　186 廷尉公朝
文治3.01.21　221 江廷尉公朝
文治3.03.15　227 江判官公朝
文治3.03.25　229 公朝
文治3.08.27　257 江大夫判官
文治3.10.03　264 公朝
文治3.12.18　281 大夫尉公朝

公朝の所従
文治3.10.03　264 公朝所従

公通　　宇佐
文治2.04.03　159 宇佐大宮司公通
(注)公基の男(兵範記仁平3.10.12)。

公保　　藤原
文治2.03.12　147 一条大納言
(注)実能の男，母は藤原通季の女(分脈①178)。

公房　　宇佐
文治1.05.08　47 宇佐大宮司公房
(注)公通の男(宇佐氏系譜)。

公明　　藤原
文治2.01.07　122 美作守藤公明左衛門督実家卿給
(注)実家の男(分脈①183)。

公友　　膳伴ヵ
文治1.06.20　60 筑前国香椎社前大宮司公友
(注)氏は広渡正利『香椎宮史』所収史料により勘案した。

広義　　佐貫
文治1.10.24　87 佐貫六郎
(注)文治5.07.19による。

広元　　中原
文治1.01.22　10 広元
文治1.03.06　22 因幡前司
文治1.04.11　32 因幡守
文治1.04.13　33 因幡守広元
文治1.05.07　46 因幡前司広元
文治1.05.08　47 因幡前司
文治1.05.16　50 因州
文治1.05.24　52 因幡前司広元，53 貴殿，54 因幡前司殿
文治1.06.07　57 因幡前司/広元
文治1.06.13　58 因幡前司広元
文治1.09.05　75 前因幡守広元
文治1.09.10　75 因幡前司
文治1.10.03　77 因幡前司
文治1.10.21　83 因幡守広元
文治1.10.24　86 因幡守広元，90 広元
文治1.11.12　99 因幡前司広元
文治1.12.06　105 広元
文治1.12.30　118 広元
文治2.01.03　119 因幡守広元
文治2.02.07　131 広元
文治2.03.04　141 因幡前司
文治2.03.29　157 因幡前司広元，158 前因幡守広元
文治2.06.21　186 因幡前司広元
文治2.07.27　193 因幡前司広元
文治2.⑦.19　196 因幡前司広元
文治2.10.01　211 広元
文治3.04.14　230 因幡前司広元/因州
文治3.04.29　238 因幡前司広元，240 広元/因幡前司
文治3.05.20　242 広元
文治3.06.21　245 因幡前司広元
文治3.08.19　256 広元
文治3.08.25　257 因幡前司広元
文治3.10.25　271 広元，272 因幡前司殿
文治3.10.29　274 前因幡守中原
文治3.11.28　279 広元
(注)大江維光の男，中原広季の養子(分脈④97)。のちに大江に復する。

広行　　大河戸
文治1.01.26　12 大河戸太郎広行
文治1.10.24　87 大河戸太郎

(注)重行の男(養和1.02.18)。分脈②400は父を行方とする。
広綱　浅沼
文治1.01.26　11 浅沼四郎広綱
文治1.10.24　91 浅沼四郎広綱
(注)有綱の男(分脈②406)。
広綱　源
文治1.06.07　57 駿河守
文治1.10.24　85 駿河守広綱，90 広綱
文治2.01.03　119 駿河守広綱
文治3.08.15　253 駿河守広綱
(注)頼政の男(分脈③131)。
広綱　佐貫
文治1.10.24　84 佐貫四郎大夫広綱
(注)広光の男(分脈②407)。
広忠　甘糟
文治1.10.24　89 甘糟野次
(注)元暦1.08.18による。
広房　小槻
文治1.12.06　107 日向守広房
文治2.01.07　122 左大史小槻広房元算博士日向守、年卅八
文治2.02.23　133 大夫史広房
(注)永業の男(分脈④167)。
弘安　土師
文治3.04.23　236 散位土師宿禰弘安
弘元
文治2.08.05　200 長門国向津奥庄地頭謀反人豊西郡司弘元
弘綱　源
文治1.04.04　29 源兵衛尉弘綱
弘綱　片岡
文治1.11.03　95 片岡八郎弘綱
弘綱　四方田
文治3.04.29　238 四方田五郎弘綱，239 四方田五郎
(注)弘高の男(埼玉 党家系図児玉)。同系図は弘賢とする。
弘正　土師
文治3.04.23　236 散位土師宿禰弘正
弘盛　多々良
文治3.04.23　237 権介多々良宿禰
(注)鎌遺 1163による。
弘長　中禅寺
文治1.06.05　56 当国住人中禅寺奥次郎弘長
弘長　四方田
文治1.10.24　89 四方田三郎
(注)弘高の男(埼玉 党家系図児玉)。文治5.07.19による。
弘方　賀陽
文治3.04.23　236 散位賀陽宿禰弘方
光員　加藤
文治1.05.10　48 加藤太光員
文治3.04.29　238 加藤太光員，239 加藤太，240 光員
文治3.06.20　244 加藤太光員
(注)景員の男(加藤遠山系図)。分脈②315は景清の男とする。
光家　源
文治2.05.25　172 備州男大夫尉光家，173 検非違使従五位下左衛門権少尉同朝臣光家、備前守行家一男
(注)行家の男(分脈③293)。分脈は家光とする。
光家　中原(岩手)
文治1.09.05　75 小中太光家
文治2.03.12　144 小中太光家
文治2.04.15　163 小中太光家
文治3.10.29　274 中原
(注)建久2.01.15による。
光家　天野
文治1.10.24　88 天野平内
(注)大日本史料4-9，714所引の幕府諸家系譜は景光の男とする。治承4.08.20による。
光雅　藤原
文治1.06.02　55 頭弁光雅朝臣

文治1.06.23　62 頭右大弁光雅朝臣/頭弁
文治1.08.13　68［別当］右大弁兼皇后宮亮藤原朝臣
文治1.10.18　81 蔵人頭右大弁兼皇后宮亮藤原光雅
文治1.11.25　103 蔵人頭右大弁兼皇后宮亮藤原光雅
文治1.12.06　106 光雅朝臣，109 右大弁光雅
文治2.01.19　125［神宮奉行］光雅朝臣
文治2.06.09　176 光雅朝臣
（注）光頼の男，母は藤原親隆の女（分脈②104）。

光兼　　小諸・小室
文治1.05.03　45 小諸太郎光兼
文治1.10.24　89 小室太郎
文治2.01.03　120 小諸太郎光兼

光盛　　平
文治1.10.24　90［侍従］光盛
（注）頼盛の男（分脈④38）。

光忠　　二宮
文治1.10.24　92 二宮小太郎
（注）文治5.06.09による。

光長　　逸見
文治1.06.05　56 逸見冠者光長
（注）清光の男（分脈③320）。

光長　　藤原
文治1.12.06　106・108 光長朝臣，112 右中弁殿
文治2.01.07　122 左中弁藤光長元右中/光長朝臣/蔵人頭藤光長従四位上
文治2.03.14　151 蔵人頭左中弁藤原光長
文治2.07.01　191 左中弁光長/頭左中弁殿
文治2.11.24　216 修理左宮城使従四位上左中弁兼中宮権大進藤原朝臣
（注）光房の男，母は藤原俊忠の女（分脈②69）。

光朝　　加々美・秋山
文治1.01.06　9 かヽ美太郎殿
（注）遠光の男（分脈③332）。

光能　　藤原
文治2.03.02　138 故前宰相光能卿
（注）忠成の男，母は源季忠の女（分脈①288）。

光範　　藤原
文治1.10.21　83 式部大輔光範
（注）永範の男，母は大江行重の女（分脈②467）。

光頼　　藤原
文治3.02.28　224 九条入道大納言光頼
（注）顕頼の男，母は藤原俊忠の女（分脈②91）。

光隆　　藤原
文治1.12.06　108 光隆卿
文治2.01.07　122 前中納言光隆卿
文治2.03.12　149 前治部卿
（注）清隆の男，母は藤原家政の女（分脈②48）。

光倫　　度会
文治1.11.24　102 光倫神主
文治1.12.04　105 光倫神主
文治2.01.19　125 光倫神主
文治3.01.20　221 合鹿大夫光倫
（注）生光の男（元徳度注進度会系図）。

行家　　源
文治1.08.04　66 前備前守行家/二品叔父/備州
文治1.09.02　74 備前々司行家
文治1.10.06　77 行家
文治1.10.13　79 前備前守行家
文治1.10.17　80 行家
文治1.10.18　81 前備前守源朝臣行家
文治1.10.22　83 前備前守行家
文治1.10.25　93 行家/両人
文治1.10.29　94 備州
文治1.11.03　95 前備前守行家

文治1.11.06　96 行家/両人
文治1.11.07　96 行家/両人
文治1.11.08　96 行家
文治1.11.11　97 行家，98 同行家
文治1.11.15　100 行家
文治1.11.20　101 前備前守行家
文治1.11.25　102 前備前守源行家
文治1.11.26　103 行家
文治1.12.06　105・108・109・110 行家
文治1.12.23　115 行家
文治2.01.17　125 行家
文治2.02.07　131 行家
文治2.03.07　142 行家
文治2.03.14　151 前備中守源行家
文治2.04.20　164 行家
文治2.05.13　169 行家
文治2.05.25　172 前備前守行家/備州/前備前守従五位下源朝臣行家、大夫尉為義十男本名義盛，173 行家
文治2.05.28　173 行家朝臣
文治2.06.21　186 行家
文治2.07.11　192 故備前守行家
文治2.12.11　219 行家
文治3.01.23　221 行家
文治3.08.27　258 行家
(注)為義の男(分脈 ③293)。

行快　(僧)
文治1.02.19　17 行快僧都/本夫行快/行範一男/六条廷尉禅門為義外孫
(注)行範の男(続群 熊野別当系図)。

行快の男
文治1.02.19　17 行快子息女子腹云々

行景　源
文治3.05.08　242 源内民部大夫行景
文治3.08.20　256 民部大夫行景

行元　大河戸
文治1.01.26　12 同三郎
(注)行方の男(分脈 ②400)。分脈 は行基とする。養和1.02.18による。

行光　工藤
文治1.05.15　49 工藤小次郎行光
文治1.10.24　88 工藤小二郎
(注)景光の男(続群 工藤二階堂系図)。

行光　浅羽
文治2.04.21　164 浅羽三郎
文治3.08.15　255 浅羽小三郎行光
(注)行親の男(埼玉 党家系図児玉)。

行綱　多田
文治1.11.05　95 多田蔵人大夫行綱
(注)頼盛の男(分脈 ③125)。

行慈　(僧)
文治2.07.11　192 行慈法橋
文治3.01.08　220 行慈法橋

行重　市河
文治3.04.29　240 一河五郎
(注)建仁3.10.09による。

行親　南鬼窪
文治1.03.14　26 南鬼窪小四郎行親
(注)行長の男(埼玉 党家系図野与)。

行政　藤原
文治1.04.13　33 主計允行政
文治1.05.08　47 主計允
文治1.09.05　75 主計允行政
文治1.09.29　76 主計允行政
文治1.10.21　82 主計允
文治1.10.24　90 行政
文治2.03.01　137 主計允
文治2.05.29　174 行政
文治2.06.11　180 主計允行政
文治2.10.03　211 主計允行政
文治3.05.20　242 藤原行政
文治3.08.01　250 行政
文治3.10.29　274 主計允
(注)行遠の男，母は藤原季範の妹(分脈 ②502)。

行盛　平
文治1.04.11　30 左馬頭行盛
(注)基盛の男(分脈 ④34)。

行宗　夜須
文治3.03.10　226 土左国住人夜須七郎行宗，227 行宗
行宗の女　源
文治1.05.01　44 兵衛佐局/件禅尼
（注）分脈 ③565。崇徳天皇の愛物。
行徳　（僧）
文治1.11.29　104［悪僧］行徳
行能　原
文治3.08.08　251 原宗四郎行能/惟宗行能，252 行能/惟宗
行範　（僧）
文治1.02.19　17 行範
（注）長範の男（続群 熊野別当系図）。
行平　下河辺
文治1.01.26　11 下河辺庄司行平，12 行平
文治1.02.01　13 下河辺庄司/行平
文治1.08.24　70 下河辺庄司行平
文治1.10.24　86 下河辺庄司行平
文治2.01.03　120 下河辺庄司行平
文治2.07.28　195 下河辺庄司行平
文治3.08.15　255 下河辺庄司行平
文治3.08.19　255 下河辺庄司行平，257 行平
文治3.08.20　257 下河辺庄司行平
文治3.08.27　257 下河辺庄行平
文治3.08.30　259 行平
文治3.10.03　263 下河辺庄司，267 行平
文治3.10.08　269 下河辺庄司行平，270 行平
文治3.11.15　276 行平
文治3.11.21　277・278 行平
（注）行義の男（分脈 ②404）。
行房　市河
文治2.01.03　120 市河別当行房
文治3.04.29　239・240 一河別当
行明　（僧）
文治1.04.11　32 法眼行明熊野別当
文治1.06.02　56 法眼行明
（注）行範の男（続群 熊野別当系図）。
行隆　藤原
文治2.01.07　121 右大弁藤行隆元左中弁
（注）顕時の男，母は藤原有業の女（分脈 ②112）。
孝謙天皇
文治1.06.21　61 孝謙天皇
（注）聖武天皇の皇女，母は藤原不比等の女光明子（紹運録）。
孝尚　惟宗
文治1.04.11　32 筑前三郎
文治1.04.13　33 筑前三郎孝尚
文治1.05.08　47 筑前三郎
文治1.09.05　75 惟宗孝尚
岡村太郎＊
文治1.10.24　88 岡村太郎
後朱雀天皇
文治1.03.24　27 朱雀院
（注）敦良。一条天皇の皇子，母は藤原道長の女上東門院彰子（紹運録）。「長暦年中」とあることからすれば，「朱雀院」は誤り。
後鳥羽天皇
文治1.03.24　27 今上
文治1.04.28　42 今上
文治1.05.06　46 公家
文治2.02.06　130 禁裏
文治2.03.02　138 上
（注）尊成。高倉天皇の皇子，母は藤原信隆の女七条院殖子（紹運録）。
後白河天皇
文治1.02.19　18 仙洞
文治1.03.07　23 法皇
文治1.04.04　29 仙洞
文治1.04.26　42 法皇
文治1.08.30　72 法皇
文治1.10.13　79 仙洞

文治1.10.17　80 仙洞
文治1.10.19　81 法皇
文治1.10.20　82 仙洞/院
文治1.11.03　95 仙洞
文治1.11.15　100 君
文治1.12.06　110 君
文治2.01.21　126 法皇
文治2.02.02　128 院
文治2.02.04　130 射山
文治2.02.06　130 仙洞
文治2.02.28　135 上皇
文治2.03.01　136 院
文治2.03.08　143 仙洞
文治2.03.12　145・146・147・148 院
文治2.03.16　152 君
文治2.03.21　153 法皇
文治2.03.24　154 公家
文治2.04.01　159 君
文治2.04.05　160 君
文治2.04.07　160 法皇
文治2.05.13　170 君
文治2.06.15　181 上皇
文治2.07.24　192 仙洞
文治2.⑦.19　196 公家
文治2.⑦.26　198 院
文治2.08.04　199 上皇
文治2.09.05　205 院
文治3.02.16　223 法皇
文治3.04.02　230 太上法皇
文治3.04.17　230 仙洞
文治3.04.18　231 院
文治3.04.29　238 院
文治3.05.15　242 上皇
文治3.05.26　243 仙洞
文治3.06.21　245 君
文治3.08.27　258 君
文治3.08.28　259 仙洞
文治3.10.01　262 法皇
文治3.10.06　269 法皇
文治3.10.28　273 仙洞
文治3.12.02　281 法皇
(注)雅仁。鳥羽天皇の皇子，母は藤原公実の女待賢門院璋子(紹運録)。

皇極天皇
文治1.06.21　61 皇極天皇舒明天皇后
(注)茅淳王の皇女，母は桜井皇子の女吉備姫女王(紹運録)。

高家　庄
文治1.11.02　95 庄四郎元与州家人
(注)家弘の男(埼玉 党家系図児玉)。

高元　日置
文治3.04.23　237 散位日置宿禰高元

高光　山上
文治1.01.01　3 山上太郎高光
(注)高綱の男(分脈 ②405)。

高綱　佐々木
文治1.10.24　85 佐々木四郎左衛門尉高綱，90 高綱
文治3.11.10　275 佐々木四郎左衛門尉高綱
(注)秀義の男(分脈 ③442)。

高綱の小舎人童
文治1.10.24　90 高綱小舎人童

高重　源
文治1.10.24　86 安房判官代高重，90 高重
文治2.01.03　120 安房判官代高重
(注)高行の男 (分脈 ③141)。建久2.03.13による。

高重　渋谷
文治1.01.26　11 同二郎高重
(注)重国の男(平氏諸流系図)。同系図は重高とする。

高信　大江
文治3.04.23　232 江所高信，235 所衆高信

高成
文治2.06.17　185 北条殿眼代越後介高

成
(注)北条時政室牧の方の外甥。
高倉天皇
文治1.06.21　62 高倉院
(注)憲仁。後白河天皇の皇子，母は平時信の女建春門院滋子(紹運録)。
高太入道丸＊
文治2.09.25　208 貞能法師之郎従高太入道丸
高範　大江
文治3.04.23　237 権介大江朝臣
(注)[鎌遺]1163による。
高明　源
文治1.06.21　62 左大臣高明
(注)醍醐天皇の皇子，母は源唱の女周子([分脈]③462)。
高野冠者＊
文治3.04.29　238 高野冠者
康助　(僧)
文治2.03.02　140 康助
(注)頼助の男(読史備要)。
康信　三善
文治1.05.08　47 大夫属入道
文治1.10.21　82 大夫属入道
文治1.12.06　105 善信
文治2.01.21　126 大夫属入道
文治2.04.07　160 善信
文治2.05.29　174 善信
文治2.11.05　214 大夫属入道
文治2.11.24　216 大夫属入道
文治2.12.01　218 善信
文治3.07.02　246 善信
文治3.12.07　280 善信
(注)母は頼朝乳母の妹。大日本史料5-1，182所引相杜六郎家譜略は康光の男とする。
康朝　(僧)
文治2.03.02　140 康朝
(注)康助の男(読史備要)。
康定　中原
文治2.07.08　191 院庁官定康
(注)建久3.7.26による。
康頼　平
文治2.⑦.22　196 前廷尉平康頼法師
国延　戸崎
文治1.10.24　89 戸崎右馬允
(注)元暦1.3.18による。
国基　源
文治2.08.27　204 土左守国基
(注)行頼の男([分脈]③121)。貞永1.03.15による。
国真　久米
文治3.04.23　232 久米六郎国真
国忠　大鹿
文治3.04.29　241 惣大判官代散位大鹿国忠
国平　近藤
文治1.02.05　14 近藤七国平
文治1.03.03　21 近藤七国平
文治1.03.04　21 近藤七国平
文治1.05.25　54 近藤七/国平
文治1.06.16　60 近藤七
文治1.07.12　64 国平
文治1.08.13　67 藤原国平
文治1.12.06　110 国平
(注)国澄(隆)の男([分脈]②388)。
国房　土師
文治3.04.23　236 散位土師宿禰国房
黒法師丸
文治1.12.07　112 左典厩下部黒法師丸
文治1.12.16　114 黒法師丸

さ

さかを四郎＊
文治2.03.27　156 さかを四郎
さかを八郎＊
文治2.03.27　156 同八郎
左衛門佐局

文治2.03.12　148 一条院女房右衛門佐局
(注)八条院女房の誤りか。
佐竹蔵人*
文治3.03.21　229 佐竹蔵人
(注)人名索引・人名総覧 は義季に比定する。
佐野又太郎*
文治1.10.24　88 佐野又太郎
斎宮寮頭*
文治3.04.29　239 斎宮寮頭
済盆
文治2.03.12　146 雅楽頭済盆
在殷　(僧)
文治2.06.15　182 在殷在良子
在良　菅原
文治2.06.15　182 在良，183 氏長者式部大輔菅原在良
(注)定義の男，母は藤原実方の女(分脈 ④64)。
三条左衛門尉*
文治3.09.13　260 三条左衛門尉
山の宮*
文治1.01.06　5 山の宮
(注)円恵法親王とともに源義仲に討たれた山(延暦寺)僧ということから，明雲(分脈 ③496)に相当すると考えられるが，宮としている点は不審。

し

しむらの平三*
文治2.03.27　156 しむらの平三
矢作二郎*
文治1.08.24　71 郎従矢作二郎
(注)下河辺行平の郎従。
矢野橘内所*
文治1.06.05　56 矢野橘内所
師兼
文治2.07.18　192 出雲国薗山庄前司師兼
師尚　中原
文治1.12.29　117 大外記中原師尚
(注)師元の男(分脈 ④164)。
師常　千葉
文治1.10.24　92 千葉次郎師常
(注)常胤の男(千葉大系図)。
師仲　源
文治1.03.24　28 師仲卿
(注)師時の男，母は源師忠の女(分脈 ③491)。
師長　藤原
文治1.06.21　62 太政大臣師長
(注)頼長の男，母は源信雅の女(分脈 ①65)。
師能　源
文治2.03.12　146 左中弁師能
(注)師頼の男，母は藤原通宗の女(分脈 ③486)。
資綱　伊達
文治3.04.29　239 常陸三郎
(注)時長の男(文治5.08.08)。
資盛　平
文治1.03.24　27 新三位中将資盛
文治1.04.11　30 新三位中将資盛
(注)重盛の男，母は藤原親方の女(分脈 ④34)。
資忠　出雲
文治2.05.03　168 同資忠
(注)杵築大社惣検校。
資長　藤原
文治1.03.24　28 蔵人頭民部卿資長
(注)実光の男，母は高階重仲の女(分脈 ②218)。
資頼　武藤
文治1.10.24　88 武藤小次郎
(注)頼平の男(分脈 ②391)。文治5.01.19による。ただし，同日条は平家家人で囚人とする。
治田太郎*

文治1.10.24　88 治田太郎
持遠　　遠藤
文治2.01.03　120 遠藤左近将監持遠，121 持遠
時家　　平
文治1.10.24　90 前少将時家
文治2.01.03　119 前少将時家
（注）時忠の男（分脈④7）。
時経　　中村
文治1.04.15　35 馬允時経
文治1.10.24　89 中村右馬允
（注）時重の男（埼玉 党家系図丹党）。
時国　　渋谷
文治3.04.29　240 渋谷四郎
（注）重国の男（平氏諸流系図）。
時子　　平
文治1.01.06　5 二位殿
文治1.03.24　27 二品禅尼
文治1.04.11　30 二位尼上，31 二品
（注）時信の女，母は藤原家範の女（分脈④7）。平清盛の後家。
時実　　平
文治1.04.11　31 左中将時実
文治1.04.26　42 時実
文治1.06.02　55 前左中将時実
文治1.11.03　95 前中将時実
文治1.11.20　101 讃岐中将時実朝臣
文治1.12.01　104 前中将時実
文治1.12.26　116 前中将時実朝臣
文治2.01.05　121 前中将時実朝臣
文治2.02.07　130 前中将時実朝臣，131 時実
（注）時忠の男（分脈④7）。
時信の女　　平
→帥局
時成　　藤原
文治1.12.06　105［左衛門尉］時成，109［左衛門少尉］時成
（注）吉記元暦1.04.02による。
時政　　北条
文治1.04.20　37 北条殿
文治1.05.15　49 北条殿
文治1.06.07　57 北条殿
文治1.08.24　70 北条殿
文治1.10.24　84 北条殿
文治1.11.25　102 北条殿
文治1.11.27　103 北条殿
文治1.11.29　103 北条殿
文治1.12.01　104 北条殿
文治1.12.06　105 北条殿
文治1.12.07　112 北条殿
文治1.12.08　113 北条殿
文治1.12.15　113 北条殿
文治1.12.16　114 北条殿
文治1.12.17　114 北条殿
文治1.12.24　116 北条殿
文治1.12.29　117 北条殿
文治2.01.07　121 北条殿
文治2.01.09　124 北条殿/平
文治2.01.11　124 北条殿
文治2.01.29　127 北条殿
文治2.02.01　128 北条殿
文治2.02.07　130 北条殿
文治2.02.09　131 北条殿，132 時政
文治2.02.13　132 北条殿
文治2.02.21　133 北条殿
文治2.02.22　133 北条殿
文治2.02.25　133 北条殿，134 北条殿/平時政
文治2.02.27　134 北条殿
文治2.02.28　135 北条殿
文治2.03.01　136 北条殿，137 平時政/北条殿
文治2.03.02　137 北条殿，138 北条殿/時政
文治2.03.04　141 北条殿
文治2.03.07　141 北条殿，142 北条殿/時政

文治2.03.16　151 北条殿
文治2.03.23　153 北条殿/時政，154 平時政
文治2.03.24　154 北条殿
文治2.03.27　155 北条殿，157 平
文治2.04.01　158 北条四郎，159 時政/平
文治2.04.08　162 北条殿
文治2.04.13　162 北条殿
文治2.05.13　169 北条殿/時政
文治2.05.15　171 北条殿
文治2.06.17　185 北条殿
文治2.07.27　194 時政
文治2.09.13　206 北条四郎時政
文治2.11.05　213 北条殿
文治3.02.28　223 北条殿
文治3.08.08　252 北条時政
文治3.08.19　255 時政
文治3.09.13　260 北条殿，261 平
文治3.10.08　270 北条殿
文治3.11.25　278 北条殿
文治3.12.10　281 北条殿
(注)時方の男(分脈④17)。

時政の女　平
文治1.01.21　10 御台所
文治1.02.19　17 御台所
文治1.03.03　20 御台所
文治1.05.01　44 御台所
文治1.10.20　82 御台所
文治1.10.24　84 御台所
文治1.12.28　116 御台所
文治2.01.02　119 御台所
文治2.01.28　127 御台所
文治2.02.06　130 御台所
文治2.02.26　134 御台所
文治2.04.08　161 御台所，162 御台所/吾
文治2.06.16　185 御台所
文治2.07.15　192 御台所
文治2.⑦.29　199 御台所
文治2.09.16　207 御台所
文治2.10.23　212 御台所
文治2.12.06　218 御台所
文治3.01.01　220 御台所
文治3.05.05　241 御台所
文治3.09.09　260 御台所
文治3.12.16　281 御台所
(注)源頼朝室，後の政子(分脈④21)。

時政の女　平
文治3.12.16　281 上総介義兼北方
(注)足利義兼の室，義氏の母(分脈③250)。

時政の雑色
文治2.05.15　171 北条殿雑色

時清　源
文治1.11.20　101 八島冠者時清
(注)時成の男忠重(分脈③65)。

時沢　出雲(浜)
文治1.04.12　33 雑色時沢
文治1.12.07　112 雑色浜四郎
文治1.12.16　114 浜四郎

時忠　平
文治1.03.24　27 平大納言時忠
文治1.04.11　31 平大納言時忠
文治1.04.26　42 平大納言
文治1.05.16　50 時忠卿/彼卿
文治1.06.02　55 前大納言時忠
文治1.09.02　74 前大納言時忠卿/件亜相
文治1.09.23　76 前大納言時忠卿
(注)時信の男(分脈④7)。

時長の女　藤原
文治2.02.26　134 常陸介藤時長女/女房
文治2.10.23　212 御妾
(注)頼朝男の母。大進局(建久2.01.23)。

時定　北条
文治2.03.24　154 平六時定
文治2.03.27　155 平六傔仗時定
文治2.05.25　172 平六傔仗時定

文治2.06.28　189 平六傔仗時定
文治2.07.01　191 平六傔仗時定
文治2.09.13　206 北条四郎時政代時定
文治2.09.25　207 平六兵衛尉時定，208 検非違使平六兵衛尉/北条小御館
文治2.09.29　209 北条兵衛尉
文治2.10.16　212 北条兵衛尉
文治2.11.17　215 北条兵衛尉
文治3.09.13　260 時定
（注）時兼の男（建久4.02.25）。

慈円　（僧）
文治2.⑦.10　196 殿法印
（注）藤原忠通の男，母は藤原仲光の女（分脈①85）。延暦寺僧。

実家　藤原
文治1.12.06　106 権中納言実家卿，108 実家卿
文治2.01.07　122 左衛門督実家卿，123［議奏公卿］左衛門督実家
（注）公能の男，母は藤原俊忠の女（分脈①182）。

実基　後藤
文治1.02.19　18 後藤兵衛尉実基
文治2.07.27　194 実基
（注）実信の男（分脈②393）。

実教　藤原
文治2.04.15　163 右中将実教朝臣
（注）家成の男，母は藤原経忠の女（分脈②376）。

実憲　（僧）
文治1.04.28　42 律師実憲
（注）東大寺僧（僧綱補任残闕）。

実高　広沢
文治1.08.24　71 広沢三郎
文治1.10.24　87 広沢三郎実高
（注）実方の男（分脈②398）。

実春　大井
文治1.10.24　85 大井兵三次郎実春
文治1.11.12　99 大井兵三次郎実春
（注）実直の男（分脈④217）。

実政　宇佐美
文治1.06.09　58 宇佐美平次
文治2.06.29　189・190 宇佐美平次実正

実定　藤原
文治1.11.10　97 内府
文治1.12.06　105・107 内大臣
文治2.01.07　123［議奏公卿］内大臣
文治2.04.15　163 内府
文治2.04.30　165 内府
文治2.06.17　185 内大臣家
文治2.11.24　216 内大臣
（注）公能の男，母は藤原俊忠の女（分脈①179）。

実平　土肥
文治1.02.14　15 土肥次郎
文治1.04.26　40・41 実平，42 土肥次郎実平
文治1.10.24　91 土肥次郎実平
文治1.10.29　94 土肥次郎実平
文治1.11.19　101 土肥次郎実平
文治2.04.04　160 土肥次郎実平
文治2.06.17　185 土肥次郎実平
文治2.07.27　194 実平
文治2.09.05　205 実平
（注）恒宗の男（平氏諸流系図）。分脈④12は宗平の男とする。

実房　藤原
文治1.08.13　68 別当大納言兼皇后宮大夫藤原朝臣
文治1.12.06　106 権大納言実房卿
文治2.01.07　123［議奏公卿］皇后宮大夫実房
（注）公教の男，母は藤原清隆の女（分脈①132）。

若狭局
文治2.06.09　177 若狭局
（注）播磨国安田荘領家。

守屋　物部

文治1.06.21　61 大臣守屋
(注)尾輿の男(先代旧事本紀)。
守覚法親王　(僧)
文治1.11.02　95 仁和寺宮
文治2.03.12　146 御室
文治2.11.05　213 仁和寺宮/御室
文治3.09.13　260 御室
(注)後白河天皇の皇子，母は藤原季成の女成子(紹運録)。仁和寺僧。
守清
文治2.01.09　124 雑色守清
守直　三奈木
文治3.04.23　232 三奈木次郎守直
守貞
文治2.08.26　203 七条細工宗紀太/銅細工字七条紀太/七条紀太丸
文治2.09.25　208 紀伊国由良庄七条紀太/七条紀太守貞
守貞親王
文治1.03.24　27 若宮今上兄
文治1.04.11　30 若宮
文治1.04.28　42 若宮今上兄
(注)高倉天皇の皇子，母は藤原信隆の女七条院殖子(紹運録)。
朱雀天皇
→後朱雀天皇
姝子内親王
文治2.03.12　149 高松院
(注)鳥羽天皇の皇女(紹運録)。
種益　賀摩
文治1.02.01　13 子息賀摩兵衛尉
文治1.05.05　46 加摩兵衛尉
文治1.06.14　59 種益
(注)種直の男(続群 大蔵氏系図)。
種遠　板屋
文治1.07.12　65 種遠
文治1.12.06　110 種遠
(注)延慶 下227による。
種直　原田
文治1.02.01　13 太宰少貳種直
文治1.03.02　20 種直
文治1.05.09　48 原田
文治1.06.14　59 少貳種直
文治1.07.12　64 原田，65 種直
文治1.12.06　110 種直
文治2.05.02　167 少貳種直
(注)種平の男(続群 大蔵氏系図)。
種直の郎従
文治2.05.02　167 少貳種直郎従
諏方大祝＊
文治2.11.08　214 諏方大祝
秋家　大中臣(甲斐)
文治1.04.13　33 甲斐小四郎秋家
文治1.09.05　75 大中臣秋家
文治3.07.23　247 故一条次郎忠頼之侍甲斐中四郎秋家
文治3.10.29　274 大中臣
秀遠　山鹿
文治1.03.24　27 山峨兵藤次秀遠
文治1.07.12　65 秀遠
文治1.12.06　110 秀遠
秀綱　佐々木
→盛綱
秀衡　藤原
文治1.04.15　35 秀衡
文治2.04.24　165 陸奥守秀衡入道/御館/奥御館
文治2.05.10　169 陸奥守秀衡入道
文治2.08.16　202 陸奥守秀衡入道
文治2.09.22　207 鎮守府将軍秀衡
文治2.10.01　209 秀衡
文治2.10.03　211 秀衡
文治3.02.10　223 陸奥守秀衡入道
文治3.03.05　225 秀衡入道
文治3.09.04　259 秀衡入道
文治3.10.29　274 秀衡入道/鎮守府将軍兼陸奥守従五位上藤原朝臣秀衡法師/出羽押領使基衡男

(注)基衡の男(分脈②387)。

秀郷　藤原
　文治2.08.15　202 秀郷朝臣
　文治3.08.15　253 秀郷朝臣
(注)村雄の男，母は下野掾鹿島の女(分脈②386)。

十字坊＊　(僧)
　文治1.11.22　102 坊主号十字坊之悪僧
　文治1.11.29　103 多武峯十字坊
(注)多武峯南院内藤室坊主。

拾悟　(僧)
　文治1.11.29　104［悪僧］拾悟

拾禅　(僧)
　文治1.11.29　104［悪僧］拾禅

重遠　平(市)
　文治1.04.28　42 近江国住人前出羽守重遠
(注)嘉禄01.12.21による。

重遠の弟　平(市)
　文治1.04.28　42 舎弟十郎

重家
　文治2.01.24　126 重家

重経
　文治1.04.15　35 兵衛尉重経
(注)人名索引・人名総覧は師岡重経に比定する。しかし師岡重経は寿永1.08.12段階ですでに兵衛尉の官職を有しており，比定には疑念がある。

重源　(僧)
　文治1.03.07　22 大勧進重源聖人
　文治2.08.16　202 重源上人
　文治3.04.23　232 勧進上人重源，233 重源
　文治3.11.10　275 重源上人
(注)季重の男(群類紀氏系図)。

重弘　小林
　文治1.01.01　3 小林次郎重弘
(注)人名総覧は時重の男(畠山氏系図)とする。しかし世代の難あるか。

重弘　藤原
　文治1.10.21　82 大和守
　文治1.10.24　86 大和守重弘，90 重弘
　文治1.11.08　96 大和守重弘
　文治3.04.17　230 大和守重弘
　文治3.05.15　242 大和守重弘
(注)孝兼の男(分脈②276)。

重衡　平
　文治1.04.11　31 重衡卿
　文治1.06.07　57 本三位中将
　文治1.06.09　58 重衡卿
　文治1.06.21　61 重衡卿
　文治1.06.22　62 重衡卿
　文治1.06.23　62 前右三位中将重衡
　文治1.07.02　63 重衡
　文治2.03.26　155 三位中将重衡卿
　文治2.07.27　193 重衡卿
(注)清盛の男，母は平時信の女時子(分脈④36)。

重国　渋谷
　文治1.01.26　11 渋谷庄司重国
　文治1.02.01　13 渋谷庄司/重国
　文治1.03.02　20 渋谷庄司重国
　文治1.04.15　35 父
　文治1.05.05　46 渋谷庄司重国
　文治1.05.09　48 父重国
　文治1.10.24　87 渋谷庄司重国
　文治2.01.03　120 渋谷庄司重国
(注)基家の男(平氏諸流系図)。続群千葉上総系図は重家の男とする。

重国　山名
　文治1.10.24　85 山名小太郎重国
(注)義範の男(分脈③274)。

重俊　賀陽
　文治3.04.23　236 散位賀陽宿禰重俊

重助　渋谷
　文治1.04.15　35 渋谷馬允
　文治1.05.09　48 渋谷五郎重助
　文治3.04.29　239 渋谷五郎

(注)重国の男(平氏諸流系図)。文治1.04.15は同年05.09の内容から重助に当たると判断した。
重成　小栗
文治1.10.24　87 小栗十郎重成
(注)重義の男(続群 常陸大掾系図)。
重成　稲毛
文治1.10.24　86 稲毛三郎重政
文治3.08.20　257 稲毛三郎重成
(注)有重の男(平氏諸流系図)。
重政　稲毛
→重成
重清　亀井
文治1.05.07　46 源廷尉使者号亀井六郎
(注)盛衰記⑥230による。姓氏 所引の鈴木家譜は重倫の男とする。
重盛　平
文治1.12.17　114 小松内府
文治1.12.24　115 祖父内府
文治1.12.26　116 故小松内府
(注)清盛の男，母は高階基章の女(分脈④34)。
重宗　江戸
文治1.10.24　88 江戸七郎
(注)重長の男(平氏諸流系図)。同系図は実名を載せないが文治5.07.19による。
重忠　畠山
文治1.10.24　84 畠山次郎重忠
文治2.04.08　161 畠山次郎重忠
文治3.06.29　245 畠山次郎重忠
文治3.08.09　253 重忠
文治3.09.27　262 畠山次郎重忠
文治3.10.04　268 重忠
文治3.10.13　271 畠山次郎重忠
文治3.11.15　276 畠山次郎重忠
文治3.11.21　277 重忠/貴殿，278 貴殿/重忠
(注)重能の男(平氏諸流系図)。
重長　江戸
文治2.01.03　120 江戸太郎
(注)重継の男(平氏諸流系図)。治承4.08.26による。
重朝　榛谷
文治1.10.24　84 榛谷四郎重朝
文治3.08.20　257 榛谷四郎重朝
文治3.10.02　263 重朝
(注)有重の男(平氏諸流系図)。
重澄　山田
文治1.10.24　88 山田太郎
(注)寿永1.03.05による。時成の男重隆(分脈③65)の可能性あり。
重能　畠山
文治1.07.07　64 重能
(注)重広の男(平氏諸流系図)。
重房　河越
文治1.10.23　83 河越小太郎重房
(注)重頼の男(平氏諸流系図)。
重頼　河越
文治1.11.12　99 河越重頼
文治3.10.05　268 河越太郎重頼
(注)能隆の男(平氏諸流系図)。
重頼　藤原
文治1.10.24　84・90 宮内大輔重頼
文治2.01.03　119 宮内大輔重頼
(注)重方の男，母は藤原清隆の女(分脈②97)。
重頼の後家　藤原
文治3.10.05　268 後家尼
(注)比企尼の女(寿永1.08.12)。
重頼の女　平
文治3.02.10　223 妻室
(注)源義経の室。
重頼の母
文治1.11.12　99 重頼老母
春日三郎*
文治1.10.24　89 春日三郎
(注)人名索引・人名総覧 は刑部三郎貞幸と同一人とするが，通称から考えて

別人であろう。
春日部兵衛尉＊
文治3.03.10　227 春日部兵衛尉
(注) 人名索引・人名総覧 は実直の男実高（分脈 ④217）とするが，同系図は左衛門尉とする。
俊兼　藤原
文治1.03.12　25 俊兼
文治1.04.11　32 俊兼
文治1.04.26　40 俊兼
文治1.05.08　47 筑後権守
文治1.06.07　57 筑後権守
文治1.06.13　58 筑後権守俊兼
文治1.06.16　60 俊兼
文治1.06.20　61 俊兼
文治1.07.15　65 俊兼
文治1.08.13　67 俊兼
文治1.09.29　76 筑後権守俊兼
文治1.10.03　77 筑後権守
文治1.10.24　90 俊兼
文治1.11.15　100 俊兼
文治1.12.06　105 俊兼
文治2.01.03　119 筑後権守俊兼
文治2.03.06　141 俊兼
文治2.03.21　153 俊兼
文治2.04.07　160 俊兼
文治2.05.29　174 俊兼
文治2.07.11　192 俊兼
文治2.07.28　195 俊兼
文治2.08.15　202 俊兼
文治2.11.24　216 筑後権守
文治3.03.03　225 俊兼
文治3.03.10　227 俊兼
文治3.07.03　246 俊兼
文治3.08.01　250 俊兼
文治3.10.29　274 藤原
文治3.12.27　282 筑後権守俊兼
(注) 氏は建久2.01.15による。
俊光　大鹿
文治3.04.29　241 介大鹿俊光
俊綱　佐々木
文治1.06.25　63 子息俊綱
(注) 盛綱の男。続群 佐々木系図のうち一本は成経の男，別の本は成綱の男とする。
俊章　（僧）
文治2.⑦.10　196 叡山悪僧俊章
俊成
文治1.02.19　17 散位俊成
(注) 三河国竹谷・蒲形荘の開発領主。
俊長　藤井（鎌田）
文治1.09.05　75 新藤次俊長
(注) 姓氏 所引の鎌田系図は鎌田政家の男とする。
俊隆
文治2.01.03　119 加賀守俊隆
文治2.03.18　152 加賀守俊隆
所司次郎＊
文治1.12.28　116 甘縄辺土民字所司次郎
助遠　土師
文治3.04.23　236 散位土師宿禰助遠
助経　工藤
→祐経
助重　玉井
文治1.06.16　60 玉井四郎助重
舒国
文治1.04.15　36 宮内丞舒国
舒明天皇
文治1.06.21　61 舒明天皇
(注) 田村。押坂彦人大兄皇子の男（紹運録）。
小河右馬允＊
文治1.04.15　35 小河右馬允
小揚土藤三＊
文治2.02.06　130 小揚土藤三
少将局
文治2.09.20　207 女房少将局
庄小次郎＊

文治3.04.29　239 庄小次郎

承意　（僧）

文治2.⑦.10　196 ［叡山悪僧］承意

文治2.08.03　199 ［同意予州悪僧］承意

承意の母

文治2.08.03　199 承意母女

昌寛　（僧）

文治1.01.26　12 一品房昌寛

文治1.11.08　96 一品房昌寛

文治3.04.29　240 一品房

昌俊　（僧）

文治1.01.26　12 土佐房昌俊

文治1.10.09　78 土左房昌俊

文治1.10.17　80 土左房昌俊

文治1.10.22　83 土左房

文治1.10.26　93 土左房昌俊

昌俊の子

文治1.10.09　78 嬰児

昌俊の母

文治1.10.09　78 老母

昌明　（僧）

文治2.03.27　156 ひたちはう

文治2.05.25　172 常陸房昌明

文治2.09.13　206 常陸房昌明

章綱　藤原

→範綱

章貞　中原

文治1.04.26　42 明法博士章貞

文治1.06.23　62 ［検非違使］六位尉章貞

（注）季盛の男（書陵部本中原氏系図）。

暲子内親王

文治2.03.12　145・146・147・149 八条院

（注）鳥羽天皇の皇女，母は藤原長実の女美福門院得子（紹運録）。

上野局

文治3.06.08　243 女房上野局

（注）染殿別当。

常胤　千葉

文治1.01.06　7 千葉介

文治1.01.26　11 千葉介常胤，12 常胤

文治1.03.11　24 千葉介常胤

文治1.04.21　39 常胤

文治1.10.24　86・91 千葉介常胤，92 常胤

文治1.10.28　94 千葉介常胤

文治1.10.29　94 千葉介常胤

文治2.01.03　120 千葉介常胤，121 常胤

文治2.12.01　218 千葉介常胤

文治3.08.09　253 常胤

文治3.08.15　253 千葉介常胤

文治3.08.19　255 千葉介常胤，256 常胤

文治3.08.30　259 千葉介常胤

文治3.10.03　263 千葉介，267 常胤

文治3.10.08　269 千葉介常胤，270 常胤

文治3.11.11　275 千葉介常胤

（注）常重の男（平氏諸流系図）。

常秀　千葉

文治1.01.26　11 同平次常秀

文治1.10.24　87 千葉平次常秀

文治2.05.14　170 千葉平次常秀

文治2.11.12　215 千葉平次常秀

（注）胤正の男（平氏諸流系図）。

常春　片岡

文治1.10.28　93 片岡八郎常春

常通

文治1.05.12　49 雑色常通

常盤

文治1.05.24　53 母

文治2.06.13　180 与州母

（注）義経の母で九条院雑仕（分脈 ③303）。

常陸平四郎*

文治1.10.24　88 常陸平四郎

信永　（僧）

文治2.06.15　184 信永

信円　（僧）

文治2.12.15　219 山階寺別当僧正

（注）藤原忠通の男，母は源国信の女（分脈

①85)。興福寺僧。

信基　平
文治1.04.11　31 前内蔵頭信基
文治1.04.26　42 信基
文治1.06.02　55 前内蔵頭信基
(注)信範の男(分脈④9)。

信義　武田
文治2.03.09　143 武田太郎信義
(注)清光の男，母は手輿の遊女(分脈③324)。

信業　平
文治3.10.03　266 故信業朝臣
(注)信重の男(吉記寿永1.07.15)。

信兼　平
文治2.07.27　193 信兼
(注)盛兼の男(平氏諸流系図)。

信光　伊沢・武田
文治1.01.06　9 いさわ殿
文治1.02.13　14 伊沢五郎
文治1.10.24　85 武田五郎信光
文治3.08.15　254 伊沢五郎信光
(注)信義の男(分脈③326)。

信康　後藤
文治1.04.11　31 後藤内左衛門尉信康
文治1.05.16　49［家人］信康

信康　中原
文治1.04.11　30 中原信泰
文治1.12.06　105 少内記信康伊予守右筆
文治1.12.29　117 少内記中原信康

信綱　田代
文治1.02.19　18 田代冠者信綱
文治1.04.29　43 田代冠者信綱
(注)為綱の男，母は狩野茂光の女(延慶下235)。分脈②500は宗茂の養子として載せる。

信実　藤原
文治1.12.06　105 左衛門尉信実，109［左衛門少尉］信実
(注)信盛の男(分脈②34)。

信親
文治1.03.02　20 刑部丞信親

信清　藤原
文治1.04.28　42 侍従信清
(注)信隆の男，母は藤原通基の女(分脈①323)。

信盛　藤原
文治1.04.05　29 大夫尉信盛
文治1.06.23　62［検非違使六位尉］信盛
文治1.12.06　105［大夫判官］信盛，109 左衛門少尉信盛
文治2.01.07　122［左衛門少尉］同信盛検非違使
文治3.10.03　264 信盛
(注)盛景の男，実父は磯部公春(分脈②34)。

信泰　中原
→信康

信方
文治1.01.06　4・8［雑色］信方

信忠　大江
文治2.03.12　149 備中前司信忠
(注)兵範記保元3.10.06による。

信貞　中原
文治2.01.07　122［左衛門少尉］中原信貞

信濃国保科宿遊女長者＊
文治3.02.25　223 信濃国保科宿遊女長者

信濃国目代＊
文治3.07.27　249 当国目代/信濃御目代殿

信房　中原(宇都宮)
文治2.02.29　136 所衆中原信房/造酒正宗房孫子
文治3.09.22　261 所衆信房号宇都宮所
(注)分脈①361は宗房の男とする。

信連　長谷部
文治2.04.04　159 右兵衛尉長谷部信連

（注）為連の男（建保6.10.27）。

真常　　天羽

文治1.10.24　89 天羽二郎

（注）建久2.01.01による。

真正

文治3.06.29　245 重忠眼代内別当真正

文治3.09.27　262 代官真正

文治3.10.04　268 真正男

親家　　近藤

文治1.02.18　16 当国住人近藤七親家

（注）阿波国住人。

親家　　堀

文治3.08.20　256 堀藤次

文治3.11.21　277 親家

（注）治承4.08.17による。

親雅　　藤原

文治1.04.24　40 蔵人左衛門権佐親雅

文治1.08.13　68［判官代］左衛門権佐兼皇后宮大進藤原朝臣

（注）親隆の男，母は平知信の女（分脈②118）。

親経　　藤原

文治1.08.13　68 判官代宮内権少輔藤原朝臣

文治1.12.06　107 親経

文治2.01.07　121 蔵人宮内権少輔親経，122 右少弁藤親経元蔵人宮内権少輔

（注）俊経の男，母は平実親の女（分脈②197）。

親光　　藤原

文治1.03.13　25 対馬守親光/武衛御外戚/対馬前司

文治1.05.23　51 対馬守親光

文治1.06.14　59 対馬守親光

文治1.10.24　85・90 前対馬守親光

文治1.12.23　115 前対馬守親光

文治2.02.02　128 前対馬守親光

文治2.05.02　167 前対馬守親光

文治2.06.11　179 親光朝臣

（注）資憲の男（分脈②213）。

親光の郎従

文治1.06.14　59 親光郎従

親広　　中臣

文治1.08.21　69 鹿島社神主中臣親広

（注）則親の男（鎌遺433）。

親俊　　大中臣

文治2.01.19　125 祭主神祇権大副親俊卿

（注）親康の男（続群 大中臣氏系図）。

親重　　秦

文治3.08.03　250 筑前国筥崎宮々司親重

（注）廣渡正利『筥崎宮史』による。

親成　　足立

文治1.10.24　91 足立十郎太郎親成

親宗　　平

文治1.08.13　68［別当］参議讃岐権守平朝臣

文治1.12.06　109 参議親宗

文治2.01.07　122 参議平親宗

文治2.01.19　125 神宮奉行親宗卿

（注）時信の男，母は藤原家範の女（分脈④7）。

親能　　中原

文治1.01.26　11 斎院次官親能

文治1.02.16　16 斎院次官

文治1.03.11　24 斎院次官親能

文治1.04.14　33 斎院次官親能

文治1.04.24　40 親能

文治1.09.10　75 斎院次官

文治2.07.27　194 親能

文治3.02.16　223 美濃権守親能

文治3.04.29　238 次官親能，239 親能，240 次官

文治3.08.19　256 親能

文治3.08.28　259 美濃権守親能

文治3.10.28　273 親能

（注）広季の男（分脈④163）。続群 大友系

図は光能の男とする。

神武天皇

文治1.03.24　27 神武天皇

す

水尾谷十郎＊

文治1.10.17　80 水尾谷十郎

水尾谷藤七＊

文治2.06.18　186 水尾谷藤七

帥局

文治1.04.11　31 帥局二品妹

（注）平時信（分脈④7）の女。

崇神天皇

文治1.03.24　27 神武天皇第十代崇神天皇

（注）開化天皇の皇子，母は伊香色謎命（紹運録）。

崇徳天皇

文治1.04.29　43 崇徳院

文治1.05.01　44 崇徳院/彼院

文治1.09.04　75 崇徳院

文治1.12.28　117 讃岐院

文治2.03.02　139 崇徳院

（注）顕仁。鳥羽天皇の皇子，母は藤原公実の女待賢門院璋子（紹運録）。

せ

是綱　菅原

文治2.06.15　183 是綱

（注）定義の男，母は藤原相任の女（分脈④63）。

正光

文治3.06.29　245 雑色正光

正衡　平

文治1.06.07　58 将軍

（注）宗盛を「将軍四代之孫」としていることによる。

正清　鎌田

文治1.08.30　73 正清号鎌田次郎兵衛尉

文治1.09.03　74 正清

（注）通清の男（分脈②393）。

正利　船所

文治1.03.21　26 周防国在庁船所五郎正利

生沢五郎＊

文治1.12.16　114 [雑色]生沢五郎

文治2.11.17　215 貢馬御使生沢

西太郎＊

文治1.10.24　89 西太郎

成光

文治1.04.21　38 景時郎従海太成光

成綱　佐々木

文治1.06.25　63 佐々木三郎成綱

文治1.10.11　78 佐々木三郎成綱号本佐々木

（注）成経の男（続群 佐々木系図）。

成綱　横山

文治1.10.24　89 横山野三

文治3.08.15　254 野三刑部丞成綱

（注）成任の男（埼玉 党家系図横山）。

成佐

文治3.03.02　224 越中国吉岡庄地頭成佐

成尋　（僧）

文治1.09.02　74 義勝房成尋

文治1.09.12　76 成尋

文治1.10.03　77 義勝房

（注）小野成任の男（埼玉 党家系図横山）。同系図は盛尋と記す。

成長　勝田

文治2.02.06　130 勝田三郎

文治2.04.21　164 勝田三郎成長/玄蕃助

成朝　（僧）

文治1.05.21　51 南都大仏師成朝

文治1.10.21　82 仏師成朝

文治2.03.02　139 南都大仏師成朝/南京大仏師成朝，140 成朝

（注）康朝の男（読史備要）。

成直　田内
文治1.02.21　19 平氏家人田内左衛門尉
(注)成良の男(延慶 下376)。覚一本下308は教能と表記する。
成通　藤原
文治2.06.15　184 権中納言藤原朝臣成通
(注)宗通の男，母は藤原顕季の女(分脈 ①273)。
成範　藤原
文治1.08.13　68 [別当]民部卿藤原朝臣
文治1.12.07　112 民部卿成範卿
(注)通憲の男，母は藤原朝子(分脈 ②488)。
成房　菅乃
文治3.04.23　236 散位菅乃朝臣成房
成務天皇
文治1.06.21　61 成務天皇
(注)景行天皇の皇子，母は八坂入姫命(紹運録)。
成良　粟田
文治1.02.18　16 散位成良
文治1.04.11　31 民部大夫成良
(注)氏は五味文彦『院政期社会の研究』による。
性空　(僧)
文治1.08.30　73 性空上人
(注)善根の男(分脈 ④49)。
政義　下河辺
文治1.01.26　11 同四郎政能
文治1.08.21　69 下河辺四郎政義
文治1.11.12　99 下河辺四郎政義/重頼之聟
(注)行義の男(分脈 ②404)。
政光　小山
文治3.12.01　280 下野大掾政光入道
(注)行政の男(分脈 ②401)。
政綱
文治1.04.15　36 兵衛尉政綱
政重　小槻
文治2.06.15　185 大史小槻宿禰
(注)盛仲の男(分脈 ④167)。実父は三善国信(纂要 ⑭144)。
政能　下河辺
→政義
政頼　河匂
文治1.10.24　89 河勾七郎
文治3.02.23　223 河匂七郎政頼
文治3.08.15　254 河匂七郎政頼
清家　平
文治2.07.27　194 故平内尉
(注)覚一本下193による。延慶 下195は平内左衛門尉家長とする。
清経　安達
文治2.02.27　134 安達新三郎
文治2.03.01　137 安達新三郎
文治2.⑦.29　199 安達新三郎
(注)延慶 下17による。
清経　平
文治1.10.20　82 清経朝臣
(注)重盛の男，母は藤原家成の女(分脈 ④35)。
清元　豊島
文治1.10.24　88 豊島権守
(注)康家の男(平氏諸流系図)。治承4.09.03による。
清広　大原
文治3.04.23　236 散位大原宿禰清広
清綱
文治3.04.18　230 御家人平九郎瀧口清綱，231 清綱/平九郎瀧口殿
清実　品河
文治1.02.01　13 品河三郎
(注)実直の男(分脈 ④217)。
清実
文治2.05.25　172 和泉国一在庁日向権守清実
清重　葛西
文治1.01.26　11 葛西三郎清重

文治1.03.11　24 葛西三郎清重
文治1.10.24　84 葛西三郎清重
文治3.10.02　263 清重
（注）清元の男（平氏諸流系図）。
清盛　平
文治1.06.07　58 相国
文治1.07.07　63 故入道大相国
（注）忠盛の男（分脈 ④34）。
清宗　平
文治1.03.24　27 右衛門督清宗
文治1.04.11　31 右衛門督清宗
文治1.04.26　42 右衛門督/前内府父子
文治1.05.15　49 前内府父子
文治1.05.16　49 金吾/彼父子
文治1.06.21　61 前右金吾清宗/父子/両客
文治1.06.23　62 右衛門督清宗
文治1.07.02　63 前内府父子
（注）宗盛の男，母は平時信の女（分脈 ④35）。
盛家　内藤
文治1.01.06　5 内藤六
（注）盛定の男（続群 内藤系図）。建久2.01.18による。
盛経　内藤
文治3.04.23　232 内藤九郎盛経
盛景　藤沢
文治2.11.08　214 藤沢余一盛景
盛継　平
文治1.02.19　18 越中二郎兵衛尉盛継［平氏家人］
（注）盛俊の男（吉記養和1.09.23）。
盛高　内藤
文治2.03.27　156 ないとう四郎
（注）盛定の男（続群 内藤系図）。
盛綱　佐々木
文治1.01.06　6 佐々木三郎
文治1.10.24　92 佐々木三郎盛綱
文治2.06.17　185 佐々木三郎秀綱
文治2.10.24　213 佐々木三郎盛綱
（注）秀義の男（分脈 ③438）。
盛国　平
文治1.05.08　47 盛国法師
文治1.05.16　49［家人］盛国入道
文治2.07.25　193 大夫尉伊勢守平盛国入道/下総守季衡七男
（注）季衡の男。延慶 上121は盛遠の男とする。
盛子　平
文治2.04.20　163 中摂政殿後室白河殿
（注）清盛の女（分脈 ④36）。
盛時　平
文治2.03.06　141 盛時
文治2.04.05　160 盛時
文治2.05.29　174 盛時
文治2.08.05　200 平五盛時
文治2.10.01　211 盛時
文治3.04.18　231 平五盛時
文治3.10.25　271・272 盛時
文治3.12.27　282 平五盛時
（注）氏は文治5.07.10による。
盛成　伊豆
文治1.04.20　37 神主盛成号西大夫
（注）三島社神主。
盛長　安達
文治1.10.24　85 藤九郎盛長
文治2.01.02　119 藤九郎盛長
文治2.08.20　203 藤九郎盛長
文治2.10.24　213 藤九郎盛長
文治2.12.01　218 盛長
文治3.04.04　230 藤九郎盛長
（注）兼盛の男（分脈 ②286）。
盛澄　平
文治1.04.11　31 摂津判官盛澄
文治1.05.16　49［家人］盛澄
（注）兵範記仁安3.12.13による。
盛澄　松本
文治3.04.29　238 松本判官代盛澄

盛澄　諏方
文治3.08.15　253 諏方大夫盛澄，254 盛澄
(注)人名総覧は盛重の男盛高と同一人と見る。
盛平　中村
文治2.02.06　130 中村次郎
(注)治承4.08.20による。
盛保　中原
文治3.04.23　236 散位中原朝臣
(注)鎌遺1163による。
盛方　伊豆
文治1.04.20　37 神主盛方号東大夫
(注)三島社神主。
聖弘　(僧)
文治2.02.18　132 南都周防得業
文治2.09.29　209 南京聖弘得業
文治2.10.10　212 聖弘得業
文治2.12.15　219 聖弘得業
文治3.03.08　225 南都周防得業聖弘/貴房
聖子　藤原
文治2.05.18　171 皇嘉門院
(注)忠通の女，母は藤原宗通の女(分脈①85)。
聖徳太子
→厩戸王
静
文治1.11.06　96 妾女字静
文治1.11.17　100 与州妾静/吾/九郎大夫判官今伊与守妾，101 我
文治1.11.18　101 静
文治1.12.08　113 静
文治1.12.15　113 与州妾/吾
文治1.12.16　114 静
文治2.01.29　127 静女
文治2.02.13　132 静女
文治2.03.01　137 予州妾静
文治2.03.06　141 静女
文治2.03.22　153 静女
文治2.04.08　161 静/与州妾，162 静
文治2.05.14　170 静/吾/彼妾
文治2.05.27　173 静女
文治2.⑦.29　198 静，199 母/静
文治2.09.16　207 静
(注)源義経の妾，礒禅師の女。
赤兄　蘇我
文治1.06.21　61 左大臣赤兄
(注)倉麻呂の男(続群 蘇我石川両氏系図)。
千常　藤原
文治3.11.21　278 四代将軍
(注)秀郷の男，母は源通の女(分脈②388)。
千法師丸　小山
文治3.08.15　255 小山千法師丸
泉乃判官代
文治3.04.29　240 泉乃判官代
全玄　(僧)
文治2.⑦.10　196 座主
文治2.⑦.26　197 山座主/座主全玄，198 座主
文治3.03.18　227 座主僧正全玄
文治3.10.07　269 座主全玄僧正
(注)藤原実明の男(分脈②5)。延暦寺僧。
全真　(僧)
文治1.04.11　32 僧都全真
文治1.06.02　55 権少僧都全真
(注)藤原親隆の男，母は平時信の女(分脈②119)。平時子の養子(山槐記治承3.01.17)。延暦寺僧。
全成の女
文治1.12.07　112 法橋全成息女
(注)右馬頭公佐の室(分脈③301)。
全珍　(僧)
文治2.06.15　180 全珍
文治2.08.18　203 大法師全珍
(注)菅原為恒の男(分脈④69)。園城寺僧。
前斎院＊
文治2.03.12　147・149 前斎院

（注）式子・頌子・範子の可能性がある。
禅師君
　文治2.08.05　200 前領家孫/禅師君

そ

曾井入道*
　文治3.04.29　239 曾井入道
宗家　藤原
　文治1.12.06　106［権大納言］宗家卿，107 宗家卿
　文治2.01.07　123［議奏公卿］中御門大納言宗家
　文治2.03.12　148 中御門大納言
（注）宗能の男，母は藤原長実の女（分脈①254）。
宗季　飯富（源）
　文治1.06.05　56 囚人前廷尉季貞子息/源太宗季改宗長
　文治1.10.24　88 飯富源太
（注）季貞（分脈③77）の男。
宗光
　文治1.01.06　4・8［雑色］宗光
宗綱の女　藤原
　文治3.12.01　280 小山七郎朝光母下野大掾政光入道後家
（注）八田宗綱（分脈①360）の女。
宗実　和田
　文治1.01.26　12 同三郎宗実
　文治1.03.09　24 和田太郎兄弟
　文治1.10.24　87 和田三郎
（注）義宗の男（平氏諸流系図）。
宗実　平
　文治1.12.17　114 前土左守宗実小松内府息/左府猶子
　文治1.12.26　116 故小松内府末子前土左守宗実
（注）重盛の男，藤原経宗の養子（分脈④35）。
宗重
　文治2.11.17　215 御厩舎人宗重
宗信　浅羽
　文治1.06.09　58 浅羽庄司
　文治1.07.02　63 浅羽庄司
（注）養和1.03.13による。
宗親　牧
　文治1.05.15　49 武者所宗親
　文治1.05.16　49 宗親
　文治1.10.24　86 牧武者所宗親，91 武者所宗親
　文治1.12.26　116 武者所宗親
（注）宗兼の男（分脈①310）。
宗親の女　藤原
　文治1.10.24　84 北条殿室
（注）北条時政の室。牧の方。
宗政　小山
　文治1.01.26　11 同五郎宗政
　文治1.03.11　24 同五郎宗政
　文治1.10.24　85 小山五郎宗政
　文治2.01.03　120 小山五郎宗政
　文治2.10.24　213 小山五郎宗政
　文治2.11.12　215 小山五郎宗政
（注）政光の男（分脈②402）。
宗盛　平
　文治1.01.06　5 内府
　文治1.02.16　16 前内府
　文治1.02.19　18 前内府
　文治1.03.24　27 前内府宗盛
　文治1.04.11　31 前内大臣/内府
　文治1.04.26　42 前内府/父
　文治1.05.11　49 前内府
　文治1.05.15　49 前内府父子
　文治1.05.16　49 前内府/彼父子
　文治1.05.24　52 前内府
　文治1.06.07　57 前内府/彼，58 内府/相国第二之息
　文治1.06.09　58 前内府
　文治1.06.21　61 前内府/父子/両客/前内府宗盛/此内府

文治1.06.23　62 前内大臣
文治1.07.02　63 前内府父子
文治1.07.07　64 前内府
文治1.12.17　114 屋島前内府
文治2.03.08　143 屋島前内府
文治3.02.01　222 八条前内府
(注)清盛の男，母は平時信の女時子(分脈④35)。

宗盛の男　平
文治1.12.17　114 屋島前内府息童二人

宗像少輔＊
文治2.03.12　145 宗像少輔
(注)藤原師綱の男親綱(分脈②23)に比定する説有り。

宗長　源(飯富)
→宗季

宗平　中村
文治2.06.01　174 中村庄司
(注)恒宗の男(妙本寺本平家系図)。治承4.10.18による。

宗房　原
文治1.10.29　94 相模国住人原宗三郎宗房

宗房　中原
文治2.02.29　136 造酒正宗房
(注)宗円の男(分脈①361)。分脈は中原に改姓したとする。

宗房
文治1.06.14　59 拒捍使宗房種益郎等

宗茂　狩野
文治1.06.09　58 狩野介宗茂
文治1.07.26　66 宗茂
文治1.10.24　91 狩野介宗茂
(注)茂光の男(分脈②500)。

宗頼　藤原
文治1.12.06　107 宗頼朝臣
文治2.01.07　122 大蔵卿藤宗頼前伯耆守
(注)光頼の男，母は藤原親隆の女(分脈②109)。

宗廉
文治2.06.13　180 雑色宗廉

則綱　猪俣
文治1.10.24　89 猪俣平六
(注)資綱の男(埼玉党家系図猪俣)。元暦1.02.05による。同系図は「小平太範綱」とする。

則国　藤井
文治2.09.25　207・208 召使則国，209 御使召使藤井

則清　源
文治1.04.11　31 美濃前司則清
文治1.04.26　42 美濃前司
文治1.05.16　49 家人則清
(注)光遠の男(分脈③78)。

則房　出雲
文治2.05.03　168 出雲則房
(注)杵築大社惣検校。

尊暁　(僧)
→円暁

た

たしりの太郎＊
文治2.03.27　156 たしりの太郎

多胡宗太＊
文治1.10.24　89 多胡宗太

多子　藤原
文治3.08.12　253 太皇太后宮
(注)頼長の女，実父は藤原公能，母は藤原俊忠の女(分脈①65)。

苔田太郎＊
文治1.10.24　89 苔田太郎

泰経　高階
文治1.02.16　15 大蔵卿泰経朝臣
文治1.04.14　33 大蔵卿泰経朝臣
文治1.07.29　66 泰経朝臣
文治1.08.13　68［別当］大蔵卿兼備後権守高階朝臣
文治1.08.29　72 泰経朝臣

文治1.08.30　73 泰経朝臣
文治1.11.15　99 大蔵卿泰経朝臣/府卿
文治1.11.26　103 大蔵卿泰経朝臣/彼朝臣
文治1.12.06　109 大蔵卿泰経
文治1.12.29　117 大蔵卿兼備後権守高階朝臣泰経
文治2.01.07　123 前大蔵卿高階泰経
文治2.03.29　157 前大蔵卿泰経
文治2.04.01　158 大蔵卿殿
文治2.04.02　159 前大蔵卿泰経/泰経朝臣
文治2.05.09　168 前大蔵卿/泰経
文治3.04.19　231 前伊予大蔵卿泰経
文治3.07.19　247 前大蔵卿泰経/泰経卿
（注）泰重の男，母は藤原宗兼の女（分脈④123）。

泰綱　　岡辺
文治1.11.12　98 駿河国岡辺権守泰綱
文治2.01.03　120 岡部権守泰綱
文治3.03.21　229 岡辺権守泰綱
（注）清綱の男（分脈②501）。

泰衡　　藤原
文治3.10.28　274 男泰衡
（注）秀衡の男，母は藤原基成の女（分脈②387）。

泰子　　藤原
文治2.04.20　163 高陽院
（注）忠実の女，母は源顕房の女師子（分脈①65）。

泰通　　藤原
文治1.04.24　40 宰相中将泰通
（注）為通の男，母は源師頼の女（分脈①269）。

大見平六＊
文治1.10.24　88 大見平六

大江朝臣＊
文治2.11.24　216 正六位上行左少史大江朝臣

大夫属＊
文治2.03.01　137 大夫属殿
文治2.04.01　159 大夫属殿
（注）藤原経房の家人。

大方十郎＊
文治2.03.27　157 大方十郎

大友皇子
文治1.06.21　61 太政大臣大友皇子
文治3.12.07　280 大友皇子
（注）天智天皇の皇子，母は伊賀采女宅子娘（紹運録）。

醍醐天皇
文治1.06.21　62 醍醐天皇
（注）敦仁。宇多天皇の皇子，母は藤原高藤の女胤子（紹運録）。

丹後内侍
文治2.06.10　179 丹後内侍
文治2.06.14　180 丹後内侍

湛快　　（僧）
文治1.02.19　17 別当湛快
（注）快真の男（続群 熊野別当系図）。

湛快の女
文治1.02.19　17 女子/行快僧都之妻

湛増　　（僧）
文治1.02.21　19 熊野別当湛増
文治1.03.09　24 熊野別当湛増
文治1.03.11　24 湛増
文治2.06.11　179 熊野別当
文治3.09.20　261 熊野別当法印湛増
（注）湛快の男（続群 熊野別当系図）。

湛豪　　（僧）
文治1.06.21　61 大原本性上人
（注）覚一本下368による。

ち

ちうた＊
文治2.03.27　156 ちうた

地平次＊
文治3.04.29　239 地平次

知家　　八田

文治1.01.26　11 八田武者知家
文治1.04.15　36 右衛門尉友家
文治1.10.24　86・91 八田右衛門尉知家
文治2.01.03　120 右衛門尉朝家
文治2.05.10　169 右衛門尉朝家
文治2.05.14　170 知家
文治3.01.12　220 八田右衛門尉知家
文治3.08.15　253 八田右衛門尉知家
(注)宗綱の男(分脈 ①368)。

知康　藤原
文治2.01.07　122 左衛門少尉藤知康大夫尉
(注)平知康の誤りか。

知康　平
文治1.06.23　62 検非違使大夫尉知康/廷尉知康
文治1.11.10　97 廷尉知康
文治1.12.06　105 大夫判官知康
文治2.12.11　219 前廷尉知康
文治3.01.23　221 前廷尉知康
文治3.08.27　258 壹岐判官
文治3.10.03　265 知康
(注)知親の男(覚一本下151)。

知重　八田
文治1.01.26　11 同太郎知重
文治1.10.24　84 八田太郎朝重
文治2.05.14　170 八田太郎朝重
文治3.04.29　240 八田太郎
(注)朝家の男(分脈 ①368)。

知盛　平
文治1.02.16　16 新中納言知盛
文治1.04.11　30 新中納言知盛
文治1.06.14　59 中納言知盛卿
文治2.04.20　164 新中納言知盛卿
(注)清盛の男, 母は平時信の女時子(分脈 ④36)。

中禅寺平太＊
文治1.10.24　88 中禅寺平太

中村五郎＊
文治1.10.24　89 中村五郎
(注)埼玉 党家系図丹党の時重の男に中村五郎時賢が見える。

中村蔵人＊
文治3.04.29　238・239 中村蔵人

仲教　(僧)
文治2.⑦.10　196［叡山悪僧］仲教
文治2.08.03　199 同意予州悪僧仲教

仲賢　藤原
文治3.08.12　253 大夫進仲賢
(注)仲頼の男(分脈 ②52)。分脈 は仲方と表記する。

仲綱　源
文治1.05.19　51 伊豆守仲綱
文治2.06.28　189 伊豆守仲綱
(注)頼政の男, 母は源斉頼の女(分脈 ③128)。

仲麻呂　藤原
文治1.06.21　62 大師正一位仲麻呂号恵美
(注)武智麿の男(分脈 ②417)。

仲頼
文治1.10.24　86 皇后宮亮仲頼, 90 仲頼
(注)人名総覧 は源資遠(分脈 ③44)の男に比定する。

忠家　佐野
文治3.04.29　239 佐野太郎忠家
(注)人名索引・現代語訳 は「佐野太郎」の通称が同じことから基綱(有綱の男, 続群 佐野系図)と同人と見る。

忠快　(僧)
文治1.04.11　32 律師忠快
文治1.06.02　56 権律師忠快
文治1.07.26　66 前律師忠快
(注)平教盛の男(分脈 ④36)。延暦寺僧。

忠景　阿多
文治3.09.22　261 薩摩国住人阿多平権守忠景

忠光　藤原
文治1.02.19　18 上総五郎兵衛尉忠光平

氏家人
(注)忠清の男(盛衰記⑤125)。

忠綱　岡部
文治1.10.24　88 岡部小次郎
(注)泰綱の男(分脈②501)。文治5.07.19による。分脈は八郎とする。

忠綱　波多野
文治1.10.24　87 波多野小次郎忠綱
(注)義通の男，母は宇都宮宗綱の女(続群秀郷流系図松田)。

忠綱
文治1.04.15　36 兵衛尉忠綱

忠実　藤原
文治2.04.20　163 知足院殿
(注)師通の男，母は藤原俊家の女(分脈①64)。

忠常　新田
文治1.03.11　24 新田四郎忠常
文治1.10.24　88 新田四郎
文治1.10.27　93 新田四郎
文治3.01.18　221 新田四郎忠常
文治3.07.18　246 新田四郎忠常/夫，247 忠常

忠常の妻
文治3.07.18　246 新田四郎忠常妻/此女

忠信　佐藤
文治1.02.19　18 同四郎兵衛尉忠信
文治1.04.15　35 兵衛尉忠信/秀衡之郎等
文治1.10.17　80 佐藤四郎兵衛尉忠信
文治1.11.03　95 佐藤四郎兵衛尉忠信
文治2.09.22　207 家人忠信
文治2.09.29　209 佐藤兵衛尉
(注)元治の男(続群佐藤系図)，母は藤原清綱の女(分脈②388)。

忠親　藤原
文治1.12.06　106［権大納言］忠親卿
文治2.01.07　123［議奏公卿］堀河大納言忠親
文治2.03.12　149 堀河大納言
(注)忠宗の男，母は藤原家保の女(分脈①205)。

忠清　藤原(伊藤)
文治1.05.10　48 平氏家人上総介忠清法師
文治1.05.16　49 忠清法師
文治2.03.12　146 忠清法師
(注)景綱の男(纂要③586)。

忠澄　岡部
文治3.04.29　239 岡部六野太
(注)文治5.07.19による。

忠通　藤原
文治2.02.27　134 法性寺殿
(注)忠実の男，母は源顕房の女師子(分脈①64)。

忠度　平
文治1.02.19　17 前薩摩守平忠度朝臣
(注)忠盛の男(分脈④37)，母は鳥羽院女房(覚一本上88)。

忠房　平
文治1.12.17　114 小松内府息丹後侍従忠房
(注)重盛の男，母は藤原家成の女(分脈④35)。

忠頼　一条
文治2.03.09　143 子息忠頼
文治3.07.23　247 故一条次郎忠頼
(注)信義の男(分脈③324)。

長栄　(僧)
文治1.04.13　33 武蔵国威光寺院主長栄

長重　横地
文治2.02.06　130 横地太郎
文治3.08.15　255 横地太郎長重

長重　荒木田
文治2.⑦.28　198 皇大神宮禰宜長重
(注)皇大神宮延喜以後禰宜補任次第には見えない。

長成　藤原

文治1.11.03　95 一条大蔵卿長成
(注)忠能の男，母は藤原長忠の女(分脈①322)。

長成の女　藤原
文治2.06.13　180［予州]妹
(注)源義経の同母妹。

長清　加々美
文治1.01.06　9 か丶美殿/次郎殿
文治1.10.24　87 加々美次郎長清
文治2.10.27　213 地頭加々美次郎長清
(注)遠光の男(分脈③333)，母は和田義盛の女(続群 小笠原系図)。信濃国伴野荘地頭。

長盛　津守
文治1.02.19　18 住吉神主津守長盛
(注)国盛の男(続群住吉社神主幷一族系図)。

長方　藤原
文治1.08.13　68［別当]権中納言藤原朝臣
(注)顕長の男，母は藤原俊忠の女(分脈②99)。

長法寺五郎＊
文治3.04.29　239 長法寺五郎

長房　藤原
文治2.01.07　122 和泉守藤長房光長朝臣給
(注)光長の男，母は藤原俊経の女(分脈②69)。

鳥羽天皇
文治3.10.03　265 鳥羽院
(注)宗仁。堀河天皇の皇子，母は藤原苡子(紹運録)。

朝家　八田
→知家

朝景　梶原
文治1.04.15　35 刑部丞友景
文治1.10.24　86 梶原刑部丞朝景
文治2.06.17　185 梶原刑部丞朝景
文治2.06.22　188 刑部丞朝景
文治2.09.15　206 梶原刑部丞朝景
文治2.10.24　213 梶原刑部丞朝景
(注)景長の男(平氏諸流系図)。同系図は友景とする。

朝光　小山
文治1.01.26　11 同七郎朝光
文治1.05.05　46 小山七郎朝光
文治1.05.15　49 小山七郎朝光
文治1.10.24　86 小山七郎朝光，92 朝光
文治2.04.21　164 小山七郎朝光
文治2.06.10　179 朝光
文治2.10.24　213 同七郎朝光
文治2.11.12　215 同七郎朝光
文治3.03.08　225 小山七郎朝光
文治3.11.15　276 朝光
文治3.12.01　280 小山七郎朝光
(注)政光の男(分脈②403)。

朝光　所
文治1.10.24　88 所六郎
(注)光郷の男(分脈②398)，母は源邦業の女(建保3.09.14)。文治5.06.09による。

朝光の母
→宗綱の女

朝綱　宇都宮
文治1.07.07　63 宇都宮左衛門尉朝綱，64 朝綱
文治1.10.24　86 宇都宮左衛門尉朝綱
文治3.11.11　276 宇都宮左衛門尉朝綱
(注)宗綱の男(続群 宇都宮系図)。

朝重　八田
→知重

朝政　小山
文治1.01.26　11 小山兵衛尉朝政
文治1.03.11　24 小山小四郎朝政
文治1.04.15　37 兵衛尉朝政
文治1.10.24　85 小山兵衛尉朝政，92 朝政

文治2.12.01　218 朝政
文治3.08.09　253 朝政
文治3.08.15　253 小山兵衛尉朝政
文治3.11.11　275 小山兵衛尉朝政
文治3.11.15　276 朝政
(注)政光の男(分脈②401)。

朝宗　比企
文治1.01.26　11 比企藤内朝宗
文治1.02.16　16 比企藤内
文治1.03.11　24 比企藤内朝宗
文治1.10.24　90 比企藤内朝宗
文治2.06.17　185 藤内朝宗
文治2.08.04　199 比企藤内
文治2.09.29　209 比企藤内朝宗
文治2.10.10　212 朝宗
文治2.12.15　219 比企藤内朝宗
文治3.03.21　229 比企藤内朝宗
(注)埼玉叢書所収比企氏系図は遠宗(掃部允)の男とする。

朝方　藤原
文治1.12.06　106 朝方卿
(注)朝隆の男，母は藤原顕隆の女(分脈②115)。

澄雲　(僧)
文治3.03.18　228 澄雲法印
(注)章尋の男(分脈④113)。延暦寺僧。

直家　熊谷
文治1.10.24　89 熊谷小次郎
(注)直実の男(埼玉 熊谷系図)。

直実　熊谷
文治3.08.04　250 熊谷次郎直実
(注)直貞の男(埼玉 熊谷系図)。

珍全　(僧)
→全珍

つ

通具　源
文治2.01.07　122 因幡守源通具権中納言通親卿給
(注)通親の男，母は平通盛の女(分脈③500)。

通綱　河辺
文治3.09.22　261 河辺平太通綱

通資　源
文治1.04.24　40 頭中将通資朝臣
(注)雅通の男，母は藤原長信の女あるいは藤原行兼の女(分脈③497)。

通信　河野
文治1.02.21　19 河野四郎通信
(注)通清の男(続群 河野系図)。

通親　源
文治1.06.02　55 源中納言通親
文治1.12.06　106［権中納言］通親卿，108 通親卿
文治2.01.07　122 権中納言通親卿，123［議奏公卿］源中納言通親
(注)雅通の男(分脈③497)，母は藤原行兼の女(公卿補任)。

通盛　平
文治1.06.25　63 越前三位通盛
文治1.12.17　114 越前三位通盛卿
(注)教盛の男(分脈④35)，母は藤原資憲の女(分脈②213)。

通盛の男　平
文治1.12.17　114 越前三位通盛卿息一人

て

定遠
文治1.01.06　4・8 雑色定遠

定経　藤原
文治1.08.13　68［判官代］勘解由次官兼皇后宮権大進藤原朝臣
(注)経房の男，母は平範家の女(分脈②66)。

定綱　佐々木
文治1.08.04　67 佐佐木太郎定綱
文治1.09.10　76 佐々木太郎左衛門尉定綱

文治1.10.11　79 佐々木太郎左衛門尉定綱/佐々木庄惣管領
文治1.10.24　87 佐々木太郎左衛門尉定綱
文治2.09.05　205 定綱
文治3.02.09　222 守護定綱
文治3.10.07　269 佐々木定綱
(注)秀義の男(分脈③421)。

定綱の郎従
文治3.10.07　269 定綱郎従

定康　中原
→康定

定康
文治3.02.09　222 大夫属定康
(注)人名索引・人名総覧は建久2.05.12の大夫尉橘定康と同一人とする。

定長　藤原
文治1.08.13　68 [判官代]右少弁藤原朝臣
文治1.10.21　83 右少弁定長
文治1.11.26　103 定長朝臣
文治2.01.07　122 左少弁藤定長元右少
文治2.02.09　131 定長/左少弁，132 左少弁定長
文治2.03.01　136 定長朝臣
文治2.03.02　138 左少弁
文治2.03.07　142 左少弁，143 左少弁定長
文治2.05.09　169 左少弁定長
文治2.05.25　172 左少弁定長
文治2.⑦.26　198 左少弁定長
文治2.11.24　217 左少弁定長
文治3.03.18　227 権右中弁定長朝臣
(注)光房の男，母は藤原為忠の女(分脈②66)。

定朝　(僧)
文治2.03.02　140 定朝
(注)康尚の弟子(読史備要)。

定能　藤原
文治1.03.04　22 藤中納言殿
(注)季行の男，母は藤原宗能の女(分脈①346)。引用文書の内容からすると，師中納言藤原経房の称号を誤った可能性がある。

定房　源
文治2.03.12　147 前堀河源大納言
(注)雅兼の男，母は源能俊の女(分脈③543)。

定祐　(僧)
文治2.06.15　184 僧定祐

貞家
文治3.05.20　242 鹿島社領名主貞家

貞盛　平
文治1.12.24　116 平将軍
(注)国香の男(分脈④15)。

貞能　平
文治1.05.08　47 貞能
文治1.07.07　63 前肥後守貞能/故入道大相国専一腹心者，64 彼入道
文治2.09.25　208 貞能法師
(注)家貞の男(分脈④24)。

天智天皇
文治1.06.21　61 天智天皇
(注)葛城。舒明天皇の皇子，母は皇極天皇(紹運録)。

天武天皇
文治1.06.21　61 天武天皇
文治3.12.07　280 天武天皇/帝
(注)大海人。舒明天皇の皇子，母は皇極天皇(紹運録)。

と

とのおかの八郎*
文治2.03.27　156 とのおかの八郎

都筑平太*
文治1.10.24　89 都筑平太

東光坊阿闍梨*
文治2.02.18　132 鞍馬東光坊阿闍梨

統子内親王

文治2.01.03　120 上西門院
文治2.03.12　145・146・148・149 上西門院
(注)鳥羽天皇の皇女，母は藤原公実の女待賢門院璋子(紹運録)。

道綱　小野寺
文治1.01.26　12 小野寺太郎道綱
(注)義寛の男(続群 山内首藤系図)。同系図は通綱とする。

道真　菅原
文治1.06.21　62 右大臣菅原公
文治2.06.15　181 天神，183 天満天神
(注)是善の男，母は伴氏(分脈 ④58)。

道徳　(僧)
文治1.11.29　104［悪僧]道徳

徳子　平
文治1.03.24　27 建礼門院
文治1.04.11　30 建礼門院
文治1.04.28　42 建礼門院
文治1.05.01　44 建礼門院
文治3.02.01　222 建礼門院
(注)清盛の女（分脈 ④36)，母は平時信の女時子(女院小伝)。

敦種　美気
文治1.02.01　13 美気三郎敦種
文治1.08.24　70 美気三郎

な

菜七郎*
文治1.10.24　89 菜七郎

内舎人*
文治3.11.25　278 内舎人
(注)源為義の右筆。

に

入鹿　蘇我
文治1.06.21　61 大臣入鹿大臣蝦夷子

入道鍛冶*
文治2.02.25　134 入道鍛冶

任賢　(僧)
文治1.06.05　57 少別当任賢
(注)石清水社。

任憲　(僧)
文治2.07.18　192 任憲大徳
(注)祐範の男(分脈 ②476)。仁和寺僧。

の

のいらの五郎*
文治2.03.27　156 同五郎

のいらの五郎太郎*
文治2.03.27　156 のいらの五郎太郎

のいらの三郎*
文治2.03.27　156 同三郎

の太の平三*
文治2.03.27　156 の太の平三

能員　比企
文治1.01.26　11 同藤四郎能員
文治1.02.16　16 同藤四郎
文治1.03.11　24 同藤四郎能員
文治1.06.07　57 比企四郎能員
文治1.09.01　73 比企四郎
文治1.10.24　91 比企藤四郎能員
(注)埼玉叢書所収比企氏系図は遠宗(掃部允)の男とする。

能円　(僧)
文治1.04.11　32 法眼能円
文治1.06.02　56 法眼能円
(注)藤原顕憲の男，母は二条大宮半物(分脈 ②137)あるいは藤原家範の女(分脈 ④7)。延暦寺僧。

能季　海老名
文治2.06.25　189 海老名四郎能季

能成　藤原
文治1.11.03　95 侍従良成義経同母弟、一条大蔵卿長成男
文治1.12.06　105 侍従良成
文治1.12.29　117 侍従藤原朝臣能成
(注)長成の男，母は常盤(分脈 ①322)。

源義経の同母弟。
能盛　　伊勢
文治1.02.19　18 伊勢三郎義盛
文治1.03.24　27 伊勢三郎義盛
文治1.04.26　42 伊勢三郎能盛
文治1.05.17　50 廷尉侍伊勢三郎能盛，51 能盛
文治1.11.03　95 伊勢三郎能盛
能盛　　藤原
文治2.07.08　191 院北面左衛門尉能盛入道
(注)盛景の男(分脈②34)。しかし藤原為房家の厩司の子で平忠盛に仕えたと自称する(局中宝)。
能盛の下部
文治1.05.17　50 廷尉侍伊勢三郎能盛下部，51 能盛下部
能忠　　本間
文治1.04.15　36 馬允能忠
(注)季定の男，母は横山孝兼の女(続群 海老名荻野系図)。文治5.07.19による。
能保　　藤原
文治1.05.11　49 左典厩能保
文治1.05.17　50 左典厩能保
文治1.05.21　51 左典厩
文治1.10.03　77 左馬頭
文治1.10.22　83 左馬頭能保
文治1.10.24　84 左典厩
文治1.10.24　90 左馬頭能保，92 左典厩
文治1.11.10　97 左典厩
文治1.11.15　99 左典厩，100 典厩
文治1.12.07　112 左典厩
文治2.01.03　119 左典厩
文治2.01.10　124 左馬頭能保
文治2.01.28　127 左典厩
文治2.02.01　127 左典厩能保
文治2.02.06　130 左典厩能保
文治2.02.27　135 左典厩
文治2.03.12　144 左典厩
文治2.03.23　154 左馬頭殿
文治2.04.15　163 左典厩
文治2.05.09　168 左典厩
文治2.05.15　171 左典厩
文治2.05.25　172 能保朝臣/左典厩
文治2.05.28　173 左馬頭/能保朝臣
文治2.05.29　174 左典厩能保
文治2.06.09　177 能保朝臣
文治2.06.22　188 左馬頭
文治2.06.28　189 左馬頭能保
文治2.07.08　191 左馬頭
文治2.07.27　193 左馬頭
文治2.⑦.10　196 左馬頭
文治2.⑦.26　197 左典厩
文治2.08.03　199 左典厩
文治2.09.25　208 左馬頭殿
文治2.09.29　209 左典厩
文治2.11.29　218 右武衛
文治2.12.15　219 右武衛
文治3.01.19　221 右武衛能保
文治3.03.05　225 右武衛能保
文治3.03.18　227 右武衛
文治3.07.04　246 右武衛能保
文治3.07.19　247 右武衛/右兵衛督殿
文治3.08.12　253 右武衛能保
文治3.10.03　266 能保朝臣
文治3.10.07　269 右武衛
(注)通重の男，母は藤原公能の女(分脈①259)。
能保の室
→義朝の女
能保の女　　藤原
文治2.02.01　127 [左典厩]男女御子息
文治2.02.06　130 姫君二人
文治2.05.15　171 女子
文治3.07.04　246 右武衛能保姫公
能保の男　　藤原
文治2.02.01　127 [左典厩]男女御子息
文治2.03.12　144 左典厩賢息二品御外姪

文治2.04.15　163 賢息

能隆　　大中臣

文治2.01.19　125 能隆朝臣

文治2.06.07　175 祭主能隆朝臣

（注）親隆の男（分脈 ④84）。

は

白河天皇

文治3.10.03　265 白河［院］

（注）貞仁。後三条天皇の皇子，母は藤原能信の養女茂子（紹運録）。

白山別当＊

文治3.04.29　240 白山別当

範季　　藤原

文治1.08.13　68 ［別当］木工頭藤原朝臣

文治2.03.12　149 木工頭

文治2.08.26　203 領家範季朝臣，204 木工頭範季/領家範季朝臣

文治2.09.29　209 木工頭範季

文治2.10.16　212 木工頭範季朝臣

文治2.11.05　213 範季朝臣

文治2.11.17　215 木工頭兼皇后宮亮範季

（注）範兼の男（分脈 ②477），実父は能兼，母は高階為時の女（分脈 ②480），あるいは高階為賢の女（公卿補任）。紀伊国由良庄領家。

範綱　　藤原

文治1.12.06　105・109 兵庫頭章綱

文治2.01.07　123 兵庫頭藤範綱

（注）有信の男範綱（分脈 ②229）。

範重

文治3.04.29　238 民部大夫範重

範信　　藤原

文治1.10.24　85・90 前上野介範信

（注）季兼の男（分脈 ②472）。

範能　　藤原

文治1.04.24　40 右少将範能朝臣

（注）脩範の男，母は平範家の女（分脈 ②490）。

範頼　　源

文治1.01.06　4 参河守範頼，7 蒲殿，8 参川守殿，9 三川守/鎌倉殿御代官両人/参河守

文治1.01.12　10 参州/三川守

文治1.01.26　10 参州，12 大将軍/三州

文治1.02.01　13 参州

文治1.02.14　15 参州

文治1.02.16　16 参州

文治1.02.29　19 参州

文治1.03.02　20 参州

文治1.03.06　22 三州

文治1.03.09　24 参河守/範頼

文治1.03.11　24 参州

文治1.03.13　25 参河守

文治1.03.14　26 参州

文治1.04.12　32 参河守

文治1.04.21　38 参河守殿，39 舎弟両将/参州

文治1.04.24　40 範頼朝臣

文治1.05.05　45 参州，46 二人舎弟範頼・義経

文治1.05.07　46 三州

文治1.05.08　47 参州

文治1.05.09　48 参州

文治1.05.12　49 参州

文治1.05.23　51 参河守範頼

文治1.06.14　59 参河守範頼

文治1.07.12　64 参州/件範頼/彼朝臣，65 範頼/参州

文治1.08.24　70 参州/大将軍

文治1.09.21　76 三河守範頼

文治1.10.20　82 参河守範頼朝臣

文治1.10.24　85 参河守範頼

文治3.05.13　242 参河守範頼/参州

文治3.08.15　253 参河守範頼

（注）義朝の男，母は遠江国池田宿の遊女（分脈 ③298）。

繁政　平
文治1.10.24　86 平式部大夫繁政，90 繁政
(注)実繁の男(平氏諸流系図)。同系図は繁雅と記す。
番　源
文治1.03.24　27 渡部党源五馬允
(注)親の男(分脈 ③22)。延慶 下402による。
播磨局
文治2.03.12　149 播磨局

ひ

ひせんの江三*
文治2.03.27　156 ひせんの江三
ひろさわの次郎*
文治2.03.27　156 ひろさわの次郎
比企藤次*
文治1.10.24　89 比企藤次
文治2.02.06　130 比企藤次
比企尼
文治2.06.16　185 比企尼
文治3.09.09　260 比企尼
美気大蔵大夫*
文治1.05.08　47 美気大蔵大夫
尾前七郎*
文治3.04.29　239 尾前七郎

ふ

武内宿禰
文治1.06.21　61 武内宿禰
(注)屋主忍男武雄心命の男(日本書紀)。
副将丸　平
文治1.04.11　31 内府子息六歳童字副将丸
(注)宗盛の男。
仏厳　(僧)
文治1.07.29　66 仏厳上人
(注)仏厳房聖心(高野山往生伝)。
文覚　(僧)
文治1.07.15　65 神護寺文覚房
文治1.08.30　73 文学上人
文治1.12.17　114 神護寺文学上人
文治1.12.24　115 文学上人，116 上人
文治2.01.03　121 神護寺文学上人
(注)為長の男盛遠(続群 遠藤系図)。延慶 上449は父を茂遠，盛衰記③191は盛光とする。
文覚の弟子　(僧)
文治1.12.24　115 文学上人弟子僧某
文実　(僧)
文治1.11.29　104 [悪僧]文実
文脩　藤原
文治3.11.21　278 四代将軍
(注)千常の男(分脈 ②388)。
文妙　(僧)
文治1.11.29　104 [悪僧]文妙

へ

へいこ次郎*
文治2.03.27　156 へいこ次郎
平一の三郎*
文治2.03.27　157 平一の三郎
平庄司*
文治2.09.15　206 群盗張本平庄司丹波国住人
弁慶　(僧)
文治1.11.03　95 弁慶法師
文治1.11.06　96 武蔵坊弁慶

ほ

輔子　藤原
文治1.04.11　31 大納言典侍重衡卿妻
(注)邦綱の女(分脈 ②54)。安徳天皇の乳母。
邦業　源
文治2.02.02　128 散位源邦業
(注)盛邦の男(分脈 ③467)。
邦通　藤原
文治1.04.11　32 藤判官代

文治1.04.13　33 判官代邦通
文治1.09.01　73 藤判官代邦通
文治1.09.05　75 藤判官代邦通
文治1.10.24　86 藤判官代邦通，90 邦通
文治1.12.06　105 邦通
文治1.12.28　117 邦通
文治2.01.03　120 藤判官代邦通
文治2.01.08　123 邦通
文治2.05.01　167 邦通
文治2.05.14　170 藤判官代邦通
文治2.05.29　174 邦通
文治2.06.15　180 藤判官代邦通
文治2.09.09　205 藤判官代邦通，206 邦通
文治3.02.23　223 藤判官代邦通
文治3.11.25　278 邦通

豊成　藤原
文治1.06.21　62 右大臣豊成
(注)武智麿の男，母は安倍真虎の女(分脈②413)。

豊島冠者＊
文治1.11.05　95 豊島冠者
(注)源親弘(分脈③164)の子孫。住摂津国豊島。

縫殿助＊
文治1.04.15　36 縫殿助
(注)人名索引・人名総覧は山内首藤重俊に比定する。

牧の方
→宗親の女

ま

摩々
文治3.06.13　243 故左典厩御乳母
(注)建久3.02.05による。

万寿　源
文治1.12.11　113 若公
文治1.12.15　113 若公
文治2.04.21　164 若公
文治2.11.12　215 若公
文治3.01.01　220 若公
文治3.01.12　220 若公
文治3.12.24　281 若公
(注)源頼朝の男，母は北条時政の女(分脈③296)。後の頼家。

満仲　源
文治2.03.26　155 多田新発満仲
(注)経基王の男，母は橘繁古の女(分脈③221)。

み

民部卿禅師＊　（僧）
文治3.03.18　227 山徒民部卿禅師

め

明基　中原
文治1.06.23　62 [検非違使]志明基
(注)兼成の男(書陵部本中原氏系図)。

明義　長江
文治1.10.24　87 長江太郎
(注)義景の男(平氏諸流系図)。建久2.07.28による。

明景　安西
文治1.01.26　12 同太郎明景

明宗　多々良
文治1.10.24　87 多々良四郎
(注)義明の男(続群三浦系図)。

明宗
文治1.06.14　59 高麗国主
(注)第19代高麗王。実名は王晧。

も

門真太郎＊
文治1.10.09　78 門真太郎

や

やしはらの十郎＊
文治2.03.27　156 やしはらの十郎

やわたの六郎＊
文治2.03.27　156 やわたの六郎
弥源次＊
文治2.03.27　156 弥源次

ゆ

友家　八田
→朝家
友景　梶原
→朝景
友兼　吉河
文治1.10.24　88 吉河二郎
(注)経義の男(続群 吉川系譜)。
友実　藤原
文治1.11.02　94 大夫判官友実，95 友実/廷尉
文治2.07.27　193 友実
文治2.11.05　213 大夫尉友実
(注)実信の男(分脈 ②341)。
有季　糟屋
文治1.10.24　87 糟屋藤太有季
文治2.09.22　207 糟屋藤太有季
文治2.09.29　209 糟屋藤太有季
(注)久綱の男(続群 糟谷系図)。
有義　武田
文治1.01.26　11 武田兵衛尉有義
文治2.01.03　120 武田兵衛尉有義
(注)信義の男(分脈 ③325)。
有経
文治1.04.15　35 馬允有経
有経
文治2.03.26　155 紀伊権守有経
(注)人名総覧は豊島朝経の男(布川系豊島系図)とする。
有高　小山
文治1.04.13　33 小山太郎有高
文治1.09.05　75 小山太郎有高
有綱　源
文治1.05.19　51 伊豆守仲綱男/号伊豆冠者有綱/廷尉聟
文治1.11.03　95 伊豆右衛門尉有綱
文治1.11.06　96 伊豆右衛門尉
文治2.06.28　189 伊豆右衛門尉源有綱義経聟/右金吾/伊豆守仲綱男
(注)仲綱の男(分脈 ③129)。
有重　小山田
文治1.07.07　64 有重
(注)重広の男(平氏諸流系図)。
有尋　(僧)
文治2.02.03　129 僧有尋/院主
(注)武蔵国真慈悲寺院主。
有盛　平
文治1.03.24　27 前少将有盛朝臣
文治1.04.11　30 小松少将有盛
(注)重盛の男，母は藤原家成の女(分脈 ④35)。
有長　平子
文治1.04.15　36 馬允有長
(注)広長の男(埼玉 党家系図横山)。
有直　勅使河原
文治1.08.27　72 勅使河原後三郎
文治1.10.24　89 勅使河原三郎
文治3.08.15　255 勅使河原後三郎有直
(注)直兼の男(埼玉 党家系図丹党)。
祐義　小河
文治1.10.24　89 小河小次郎
(注)元暦1.02.05による。
祐経　工藤
文治1.01.26　12 工藤一臈祐経
文治1.03.09　24 工藤一臈
文治1.03.11　24 工藤一臈祐経
文治1.10.24　91 工藤一臈祐経
文治2.04.08　161 左衛門尉祐経
文治2.05.14　170 左衛門尉祐経
文治3.04.29　238 工藤左衛門尉助経
(注)祐次の男(分脈 ②499)。
祐綱　曾我
文治1.10.24　88 曾我小太郎

（注）正治1.10.28による。
祐信　　曾我
文治1.10.24　92 曾我太郎祐信
祐茂　　宇佐美・工藤
文治1.01.26　12 同三郎祐茂
文治1.03.11　24 宇佐美三郎祐茂
文治1.10.24　92 宇佐美三郎祐茂
文治3.04.29　239 宇佐美三郎
（注）祐次の男（分脈②499）。

よ

用明天皇
文治1.06.21　61 用明天皇
（注）欽明天皇の皇子，母は蘇我馬子の女堅塩姫（紹運録）。

ら

頼経　　藤原
文治1.11.10　97 刑部卿頼経
文治1.12.06　109 刑部卿頼経
文治2.01.07　122 刑部卿藤頼経，123 前刑部卿藤頼経
文治2.04.01　158 刑部卿殿
文治2.04.02　159 前刑部卿頼経
文治2.05.09　168 前刑部卿/頼経
（注）頼輔の男（分脈①219）。
頼兼　　源
文治1.05.27　54 源蔵人大夫頼兼
文治1.06.09　58 源蔵人大夫頼兼
文治1.10.21　82 源蔵人大夫頼兼
文治1.10.24　85 源蔵人大夫頼兼，90 頼兼
文治2.01.03　119 散位頼兼
文治2.03.08　143 源蔵人大夫頼兼
（注）頼政の男（分脈③130）。
頼行　　藤原
文治3.11.21　278 四代将軍
（注）兼光の男（分脈②399）。
頼綱　　吉見
文治3.10.13　271 吉見次郎頼綱
頼時　　村上
文治1.10.24　87 村上左衛門尉頼時
（注）明国の男（分脈③193）。
頼時　　那古谷
文治1.10.24　89 那古谷橘次
（注）治承4.08.20による。
頼助　　（僧）
文治2.03.02　140 頼助
頼政　　源
文治2.03.08　143 入道源三位卿頼政
（注）仲政の男，母は藤原友実の女（分脈③128）。
頼盛　　平
文治1.06.18　60 池亜相頼盛/法名重蓮
文治2.06.18　186 入道前大納言頼盛
文治3.07.03　246 池亜相禅門
（注）忠盛の男，母は藤原宗兼の女（分脈④37）。
頼朝　　源
文治1.01.01　3 武衛
文治1.01.06　9 鎌倉殿，10 前右兵衛佐源朝臣
文治1.01.21　10 武衛
文治1.01.26　13 武衛
文治1.02.12　14 武衛
文治1.02.13　14 武衛
文治1.02.14　15 武衛
文治1.02.16　16 武衛
文治1.02.18　16 武衛
文治1.02.19　17 武衛
文治1.02.29　19 君/武衛
文治1.03.02　20 武衛
文治1.03.03　20 武衛
文治1.03.04　21・22頼朝
文治1.03.06　22 武衛
文治1.03.07　22 武衛，23 前右兵衛佐源朝臣
文治1.03.13　25 武衛/前右兵衛佐源朝

臣
文治1.03.18　26 武衛
文治1.03.21　26 鎌倉殿
文治1.03.27　28 武衛
文治1.03.29　28 武衛
文治1.04.11　30・32 武衛
文治1.04.14　33 武衛
文治1.04.15　34 鎌倉殿
文治1.04.20　37 武衛
文治1.04.21　38 君，39 武衛
文治1.04.28　42 武衛
文治1.04.29　43 武衛
文治1.05.01　44 武衛
文治1.05.05　46 武衛
文治1.05.07　47 武衛
文治1.05.09　48 武衛
文治1.05.11　49 武衛
文治1.05.16　50 二品
文治1.05.17　50 二品
文治1.05.21　51 二品
文治1.05.23　51 二品
文治1.05.27　55 二品
文治1.06.05　56 二品，57 前右兵衛佐源朝臣頼朝
文治1.06.07　57 君/二品
文治1.06.09　58 二品
文治1.06.13　58 二品
文治1.06.14　59 二品
文治1.06.16　60 二品
文治1.06.18　60 二品
文治1.07.12　64 二品
文治1.07.15　65 二品
文治1.07.23　66 二品
文治1.08.04　66 二品
文治1.08.13　67 従二位源卿
文治1.08.24　70 二品
文治1.08.27　71 二品
文治1.08.28　72 二品
文治1.08.29　72 二品
文治1.08.30　72・73 二品
文治1.09.01　73 二品
文治1.09.02　74 二品
文治1.09.03　74 二品
文治1.09.04　75 二品
文治1.09.18　76 二品
文治1.09.29　76 二品
文治1.10.06　77 二品
文治1.10.09　78 二品
文治1.10.11　78 二品
文治1.10.13　79 鎌倉二品卿/頼朝
文治1.10.14　79 二品
文治1.10.18　81 二品/従二位源頼朝卿
文治1.10.19　81 二品
文治1.10.20　82 二品
文治1.10.22　83 二品
文治1.10.24　84 二品
文治1.10.27　93 二品
文治1.10.29　94 二品
文治1.11.01　94 二品
文治1.11.05　95 二品
文治1.11.07　96 二品
文治1.11.11　97 二品
文治1.11.12　99 二品
文治1.11.15　99 鎌倉殿，100 二品/頼朝
文治1.11.24　102 二品
文治1.11.25　102 二品/従二位源朝臣
文治1.11.26　103 源二位卿
文治1.11.29　104 二品
文治1.12.04　105 二品
文治1.12.06　108・109・110・112 頼朝
文治1.12.07　112 二品
文治1.12.17　114 二品
文治1.12.23　115 二品
文治1.12.24　115 貴辺
文治1.12.28　117 二品
文治2.01.02　119 二品
文治2.01.03　121 二品

文治2.01.17　125 二品
文治2.01.19　125 二品
文治2.01.23　126 二品
文治2.01.24　126 二品/頼朝
文治2.01.26　127 二品
文治2.01.28　127 二品
文治2.02.02　128 二位家
文治2.02.06　130 二品
文治2.02.07　131 源二位
文治2.02.09　131 源二品
文治2.02.23　133 二品
文治2.02.26　134 二品
文治2.03.01　137 二位家
文治2.03.02　138 二位卿，139 頼朝，140 鎌倉殿
文治2.03.07　142 二位卿
文治2.03.08　143 二品
文治2.03.12　144 二品
文治2.03.13　151 頼朝
文治2.03.16　152 頼朝
文治2.03.23　153 二品/鎌倉殿
文治2.03.24　154 二品
文治2.03.29　157 二品
文治2.04.01　158 二位殿
文治2.04.08　161 二品，162 二品/君
文治2.04.13　163 二品
文治2.04.20　163 二品
文治2.04.21　164 二品
文治2.04.24　165 予
文治2.04.30　165・166 頼朝
文治2.05.01　167 二品
文治2.05.02　167・168 二品
文治2.05.09　168 二位卿
文治2.05.13　170 源二位殿
文治2.05.14　170 鎌倉殿
文治2.05.28　173 二品
文治2.05.29　174 二品
文治2.06.01　174 二品
文治2.06.02　175 二品
文治2.06.10　179 二品
文治2.06.11　179 二品
文治2.06.14　180 二品
文治2.06.15　180 二品
文治2.06.16　185 二品
文治2.06.17　185 二品
文治2.06.21　186 二品，187・188 頼朝
文治2.06.25　189 二品
文治2.06.29　190 頼朝
文治2.07.15　192 二品
文治2.07.24　192 二品
文治2.07.25　193 二品
文治2.07.27　193 二品
文治2.⑦.02　195 二品/頼朝
文治2.⑦.19　196 二品
文治2.⑦.26　198 二位卿
文治2.⑦.28　198 二品
文治2.08.05　201 頼朝
文治2.08.09　201 二品
文治2.08.15　201・202 二品
文治2.08.16　202 二品
文治2.08.18　203 二品
文治2.08.27　204 二品
文治2.09.07　205 二品
文治2.10.01　209 二品，210 二品/頼朝
文治2.10.24　213 二品
文治2.10.27　213 二品
文治2.11.24　217 源二位殿/頼朝，218 源頼朝
文治2.12.01　218 二品
文治2.12.11　219 二品
文治3.01.01　220 二品
文治3.01.12　220 二品
文治3.01.18　221 二品
文治3.01.19　221 二品
文治3.01.23　221 二品
文治3.02.01　222 二品
文治3.02.20　223 二品
文治3.02.25　223 二品

■編者紹介

髙橋秀樹（たかはし ひでき）

一九六四年神奈川県生まれ。

学習院大学大学院人文科学研究科博士後期課程修了。博士（史学）。

日本学術振興会特別研究員、国立歴史民俗博物館歴史研究部非常勤研究員（COE）、東京大学史料編纂所研究機関研究員、青山学院大学非常勤講師などを経て、現在、文部科学省初等中等教育局教科書調査官。

専攻　日本中世史。

主要著書

『日本中世の家と親族』（吉川弘文館）
『中世の家と性』（山川出版社）
『古記録入門』（東京堂出版）
『新訂吉記』全四冊（和泉書院）
『史料纂集　勘仲記』（共編）（八木書店）
『玉葉精読―元暦元年記―』（和泉書院）
『三浦一族の中世』（吉川弘文館）
『三浦一族の研究』（吉川弘文館）

新訂吾妻鏡 二
頼朝将軍記2
文治元年（一一八五）～文治三年（一一八七）

二〇一七年二月二八日初版第一刷発行

編者　髙橋秀樹
発行者　廣橋研三
発行所　和泉書院

〒543-0037　大阪市天王寺区上之宮町七―六
電話　〇六―六七七一―一四六七
振替　〇〇九七〇―八―一五〇四三

印刷・製本　亜細亜印刷　装訂　森本良成

ISBN978-4-7576-0818-4 C3321